Caoir Gheal Leumraich

White Leaping Flame

Caoir Gheal Leumraich
White Leaping Flame

Somhairle MacGill-Eain/
Sorley MacLean

Collected Poems in Gaelic
with English Translations

EDITED BY
CHRISTOPHER WHYTE
& EMMA DYMOCK

First published in Great Britain in 2011 by
Polygon, an imprint of Birlinn Ltd,
in association with Carcanet Press

Birlinn Ltd
West Newington House
10 Newington Road
Edinburgh
EH9 1QS

www.polygonbooks.co.uk

ISBN 978 1 84697 190 7
epub ISBN 978 1 84777 883 3
mobi ISBN 978 1 84777 884 0

British Library Cataloguing-in-Publication Data
A catalogue record for this book is available on request from the British Library.

The publishers wish to acknowledge subsidy towards publication
of this book from Bòrd na Gàidhlig and Creative Scotland.

Typeset by Koinonia, Bury, Lancashire
Printed and bound by the MPG Books Group

mar a bhiodh Somhairle air iarraidh
tha an t-saothair uile
ga coisrigeadh
do Rìnidh

Contents

Clàr-innsidh

2: Extracts from 'An Cuilithionn' (1939)

3: Poems to Eimhir

2: An Cuilithionn (1939) (cùibhreannan)

3: Dàin do Eimhir

4: 1941–1944

5: Battlefield (1942–1943)

4: 1941–1944

5: Blàr (1942–1943)

6: 1945–1972

6: 1945–1972

7: 1972 and After

8: The Cuillin (1989)

9: Unpublished poems

7: 1972 is as dèidh sin

8: An Cuilithionn (1989)

9: Dàin nach deach fhoillseachadh

Foreword

This new edition of the poems of Sorley MacLean brings together all the items known to have been published during the poet's lifetime, along with a significant selection of items remaining in manuscript after his death. His love sequence, the 'Dàin do Eimhir', appears in a section to itself, complete except for one still-untraced item, while extracts are given from the 1939 manuscript of 'An Cuilithionn', of which the poet prepared an abridged, shortened version between 1987 and 1989, here presented in full. Where English translations by the poet himself were not available, translations have been supplied by the editors, and are marked with the relevant initials. A Glossary of Place-names, which are so fundamental to the background of MacLean's poems, appears at the end of the volume. Further relevant information is given in a section of notes. A biographical outline is also supplied, plus a select bibliography of items repeatedly referred to in the course of this book. The sections into which poems are divided correspond largely to those of *O Choille gu Bearradh/From Wood to Ridge*, of which the present volume is an expanded version. The editors are extremely grateful to Ian MacDonald for his assistance and encouragement. A bibliography of MacLean's work produced by Ronald Black in the 1980s was helpful in tracing published but uncollected items, concerning which Peter Mackay also provided useful indications. The editors are grateful to the Trustees of the National Library of Scotland in Edinburgh, and to Library and Historic Collections, University of Aberdeen, for permission to reproduce manuscript materials in their possession. They also wish to thank Professor William Gillies for his input at the outset of this project, and the poet's daughter, Ishbel, for support and advice throughout the time when this new collected volume was being prepared.

The Poetry of Sorley MacLean: Reinvention and Reparation

Christopher Whyte

I

In a letter to Douglas Young dated 19 August 1940, MacLean referred to the twenty-third item in the 'Dàin do Eimhir' sequence as 'the Beethoven poem which is almost my own favourite'. The poem was groundbreaking in several respects. The practice of attending orchestral concerts of symphonic music was hardly an obvious subject for a poem in Gaelic, and MacLean aggressively combined references to the Vienna-based composer with others to Patrick Mor MacCrimmon, the seventeenth-century author of several famed pibroch tunes, thus hinting at a potential for cross-fertilisation which, if it had already borne admirable fruit in the work of Bartók and Kódaly, was nonetheless innovative in the Scottish context.

In a subsequent letter to Young of 30 March 1942, MacLean was surprisingly specific in dating this item to between 10 and 13 December 1939. On Saturday 9 December the Reid Symphony Orchestra, consisting of members of the university's music faculty, performed Beethoven's Eighth Symphony at an afternoon concert in the Usher Hall, Edinburgh. The information comes as something of a surprise. References in XXIII to 'the great music', 'the great choir' and 'my love in the great choir' would lead one to think the composer's Ninth Symphony, the 'Choral', was in question. The Gaelic text is less explicit in this respect. Gaelic lacks a specific word for 'orchestra', the calque 'orcastra' being the currently recommended term. In a surviving manuscript translation dating from not long after the poem was written,[1] 'còisir' is translated as 'orchestra' on its first appearance, while at its next occurrence a word has been deleted so energetically as to leave a hole in the paper, the new version reading 'my love stood in the great choir'.

The manuscript version of this poem preserved in Aberdeen,

---

[1] National Library of Scotland MS. 29557 f122.

however, clinches the matter.[2] Two stanzas of 'Craobh nan Teud' depict MacLean's beloved as playing a stringed instrument. In Aberdeen, 'agus mo ghaol sa chòisir mhòir' ('and my love in the great choir~orchestra') reads 'is shuidh mo ghaol sa chòisir mhòir' ('and my love sat in the great choir~orchestra'). The poem there bears a title, reminiscent of the style of certain English Metaphysical poets and subsequently deleted, 'An t-ochdamh aig Beethoven agus Eimhir' ('Beethoven's Eighth and Eimhir').

If the details may be insignificant, the incident in itself is not, given that it reveals the poet actively engaged in covering over his traces. Presumably he feared that the poem, if published in its original form, could lead too easily to the actual woman who had inspired it being traced. In a letter to Young dated 9 November 1941, MacLean recommended omitting the planned dedication of his first collection 'Do A. M.' ('To A. M.'), adding that it was 'a point on which I change my mind almost as often as I think about it'. The programme for the concert of 9 December is not preserved in the Reid Music Library. But the programme for a concert given by the same orchestra on 9 March 1939 lists a woman's name corresponding to these initials amongst the violinists.

2

These aspects of 'the Beethoven poem' indicate tension between an outspokenness at times pushed so far as to border on the scandalous (for example, in poems XL, XLVI and XLVII from the love sequence, withheld from publication until 1970, and in certain passages excised from 'An Cuilithionn', concerning which the poet wrote to Hugh MacDiarmid that 'a good deal of it is libellous and I can't afford a libel action'[3]) and an almost equally powerful urge to self-censorship, to return within the norms of what is decorous and respectable. Possibly the first tendency should be seen as more characteristic of the poet, and the second of the man whose business it was to see the poems into print, as it were to manage their encounter with the public.

Surely any scholar or editor of MacLean's work must sooner or later

[2] Special Collections at Aberdeen University Library MS. 2864.
[3] Susan Wilson ed. *The Correspondence between Hugh MacDiarmid and Sorley MacLean* (Edinburgh, Edinburgh University Press 2010) p. 186.

be confronted with this doubleness. Both his major achievements, the 'Dàin do Eimhir' and 'An Cuilithionn', survive in at least two versions. As in the 1970s and 1980s his poetry finally won the recognition and celebration it richly deserved but had so long awaited, MacLean can be argued to have reinvented himself by recasting the achievements of his most prolific period, running approximately from April 1939 to the early summer of 1940. To all intents and purposes, the love sequence vanished. Of forty-nine items published in 1943 (and of sixty-one which survive today), only twenty-seven figure in his 1977 selected volume *Reothairt is Conntraigh/Spring Tide and Neap Tide*, apparently disconnected poems each with a title of its own. When 'An Cuilithionn' reached publication in the literary magazine *Chapman* between 1987 and 1989, MacLean cut the original by a quarter, producing an abridgement whose tonality and balance are strikingly different from those of the work he had originally penned between April and the end of December 1939.

To a significant extent, then, the editor's job will be one of undoing those changes which MacLean subsequently wrought in his most significant works, setting the profile which emerges from the publications of what was effectively his old age against that of the actual texts he wrote as a young man. Disaffection with what he had done was not by any means a prerogative of the later MacLean. As early as May 1941 he requested that Young should destroy his copies of certain of the 'Dàin do Eimhir', including the splendid XIX – though the poet changed his mind about omitting XXII. On 11 November he is still 'touchy about several of the Eimhir poems, even about some I have not debarred from publication', and finds the concluding 'Dimitto' 'damnably silly'. On 6 October 1942 he tells Young that many poems 'which formerly pleased me well enough, now fill me with shame and disgust', while on 15 June 1943 he writes of the 'Dàin do Eimhir' that 'I am in no hurry for them but would like to see them off my hands as soon as possible, and for good'. During a radio interview broadcast in 1989 MacLean went so far as to claim of these poems that 'it's not really a sequence'.[4]

It is worth considering the implications for an editor who labours to present the 'Dàin do Eimhir' in the fullest possible form. Writing to Young on 22 February 1941, MacLean indicated twelve poems from the sequence as 'worthless as poetry and capable of misunderstanding' and

---

[4] Joy Hendry, 'An Interview with Sorley MacLean' in *Chapman* 66 (Autumn 1991), p. 3.

therefore never to be published, at a stage when the last four numbered items had not yet been written. There is therefore a sense in which the 'Dàin do Eimhir' will always be a 'virtual' entity, the sequence which might have resulted had the poet not taken so savagely against certain of the poems it included. Concerning 'An Cuilithionn', MacLean's own preface informs us that 'the behaviour of the Russian government to the Polish insurrection in 1944 made me politically as well as aesthetically disgusted with most of it'. He had proclaimed to Young on 11 July 1944 that he was 'sick of certain parts of "The Cuillin"'. Writing on 16 December 1980 to Dugald McArthur, librarian at St Andrews University, the poet states that as early as January or February 1940 'I had already taken a scunner of a great deal of it', while 'by 1944 I had such a strong revulsion against most of it that I decided not to publish any but selected pieces of it'.[5]

What one is to make of claims, in this letter and elsewhere, that 'An Cuilithionn' was left unfinished, belied by the surviving correspondence from the time when it was written, as well as by the evidence of the poem itself, is uncertain. Should they be looked upon as a lapse of memory, or else as a deliberate attempt to mislead? The same doubts hover over a revised chronology for the Eimhir sequence given in Joy Hendry's essay 'The Man and his Work', assigning IV to XXII to '1938 and the first half of 1939', with the added observation that the poems in question 'are not ordered chronologically'.[6] Surviving copies of V, bearing the unmistakable date of September 1939, as well as MacLean's instructions to Young (letter dated 1 May 1941) that the Eimhir poems could 'be published without numbers but in the order of the old numbers which is merely chronological', suggest that the later information may simply be untrue.

3

Reconstructing and repairing are therefore, with MacLean's poetry, an essential part of the editor's task. There could have been little question of republishing the sequence while the poet himself was still alive. One difficulty lay in the manifest ambivalence which repeatedly assailed him about his poetry as such. Another was embarrassment provoked

---

[5] See letter included in St Andrews University Library Special Collections MS. 38372.
6 Ross and Hendry 1986, p. 24.

by the biographical situation against which the love sequence had been written, and a third an unequivocal desire on MacLean's part to protect the Scottish woman who dominates so much of it. If oral tradition still current in Edinburgh sheds valuable light on aspects of the story which cannot today be committed to print, it is crucial to remind oneself that the 'Dàin do Eimhir' do not offer, or aspire to offer, a faithful record of what happened. XXII, according to which it was love for Eimhir which prevented the poet from going to fight in the Spanish Civil War, is instructive in this respect, as the real cause for holding back lay in family circumstances. Rather MacLean shaped a 'biographical legend' which can be teased out from the poems themselves, a heightened and more shapely 'fabula' which constitutes their backbone.

Now that all the poems known to have survived in manuscript have been printed, it is possible to reconstruct the story with greater clarity. It would appear that behind the 'Scottish Eimhir' stood not one but two other men. One was a young Lowlander, subsequently killed in combat, whom she dishonestly claimed was responsible for the physical damage which must prevent her ever becoming MacLean's wife in the fullest sense. The other was a well-to-do married man in whose company she could often be seen, though implications of bisexuality on his part raise doubts as to whether one should speak of an 'affair'. The facts of the matter, as opposed to the 'fabula', cannot be clarified until a detailed and honest biography has been completed. As for the inescapable curiosity the background to the sequence inspires, the words of Hungarian writer Sándor Márai, concerning Thomas Mann's evocation of Goethe in his novel *Lotte in Weimar*, may offer some comfort:

> Goethe, or more precisely Thomas Mann's Lotte knows – perhaps not in her heart, but in her mind – that the private life of the creative individual has just as much influence on the masses of men as his art. It is not a matter of indifference for the masses how someone capable of influencing mankind in and through his work acts, lives and makes decisions in his private life. The private life is an integral part of the work and they wield a common influence. This accounts for the particular interest, in the form of excitement, gossip and slander, which accompanies his actions. People can sense that these actions have an effect on their lives too.[7]

---

[7] Sándor Márai *Ami a naplóból kimaradt 1945–1946* (Toronto, Vörösváry 1991) p.121 (translation CW).

The 'other' Eimhir items to be found among the manuscript material demonstrate the undeniable unity of the sequence, resulting not only from the artistic 'fabula', but also from one of its major themes, namely the speaker's conscious and intended affirmation of his own poetic gift through the very act of writing these poems. In so far as Eimhir and his love for her act as fuel, this is the end towards which the resulting energy gets directed.

Where the two versions of 'An Cuilithionn' are concerned, dating from 1939 and 1989 respectively, it is possible that a future edition of MacLean's collected poems will present both, despite the considerable degree of overlap between them. Whether or not the earlier redaction, fuller, richer and more varied, can come to supersede the later, more compact and consistent, is a matter time alone can decide. The current book offers six extracts from the manuscript, including the splendidly exultant and celebratory lyric in 'pìobaireachd' metre, 112 lines long, which originally preceded the poem's conclusion. This probably constitutes the most outstanding addition to the 'corpus' of MacLean's poetry to have been achieved by the labour of reconstruction and reparation undertaken after his death.

4

If the MacLean who in the 1970s and 1980s oversaw the republication, or first publication, of so much work from 1939 and the years immediately following was a very different man from the MacLean who wrote the poetry, the surrounding circumstances were also radically different. In 1939 the concept of a Scottish literature written in three languages – Gaelic, Scots and English – interacting on terms approaching equality was still a living and almost credible one. Douglas Young, Sydney Goodsir Smith and Robert Garioch made translations into Scots of items from the love sequence. On his own, Young made a complete English 'projection' of the earlier version of 'An Cuilithionn'. Hugh MacDiarmid, having produced English versions of classic poems by Alasdair Mac Mhaighstir Alasdair and Duncan Bàn MacIntyre on the basis of literals supplied by MacLean, agreed with delight to be one of the dedicatees, the supervisory luminaries of 'An Cuilithionn'. Philosopher George Davie penned, on Christmas Day 1939, an excited letter giving his overwhelmingly positive impressions after reading

MacLean's English version of the still-incomplete poem. The dimensions of the idealism pervading these men emerge from a proposal, on Young's part, that a text of the linguistic richness and complexity of Grassic Gibbon's *A Scots Quair* should be translated into Gaelic!

By 1980 the aspiration to such an equal interchange between Scotland's languages had become a vapid dream. The supremacy of English as the medium not just for prose, but for poetry, was uncontested. When MacLean re-entered the public scene, this was as a poet in two languages, Gaelic with his own facing English translations, henceforth the obligatory mode of presenting, not merely his own work, but almost all new Gaelic poetry. A bilingual Italian anthology of contemporary Scottish poetry printed MacLean's English opposite the Italian, as if his Gaelic could be passed over in silence. A selected poems printed in the United States similarly dispensed with the Gaelic, while in the bilingual edition of MacLean's collected poems issued in 1989 the Gaelic was so disfigured with mistakes that, had these texts been in English, the publisher in question would quite simply have been laughed off the marketplace for incompetence.

The function of a translation is not to obliterate the original and substitute for it. Unfortunately, the relations of power and usage subsisting at present between English in Scotland and Scottish Gaelic make this not only possible but an ever-present danger. Under more favourable circumstances, a translation will enrich and deepen our understanding of the original on which it is based, while the function of the original will be, in time, to generate repeated, new and fresh translations. Rather than of translation, one is tempted to speak of a wholesale transportation of MacLean into the new language, as a result of which his poetry came to be identified with what he had himself put into English. Despite his own protests concerning their inadequacy ('Gaelic poetry that is published with English translations cannot be assessed on its translation alone even by the most honest and perceptive of critics who do not know Gaelic'),[8] the fact that they came from the poet's own hand conferred a spurious authenticity on his English versions, while the actual Gaelic, including the significant body of untranslated work, remained the preserve, and the concern, of a lucky, isolated few. On the one hand, a damage was wrought, not only in our understanding of MacLean's work, but more generally in

[8] MacLean 1985, p. 14.

the reception and appreciation of the Gaelic heritage in Britain and beyond, whose dimensions have still to be calculated. On the other, the fact that the overwhelming majority of the new audience gained for his work were English monoglots facilitated the reinvention of himself, the tendentially deceptive reorganisation of his poems which MacLean undertook, in terms already outlined.

In a recent monograph, Peter Mackay sheds fascinating light on the poet's reception during the 1980s, in particular as conditioned by justly celebrated renderings of his poetry before audiences who understood not a single word of Gaelic. For Seamus Heaney, MacLean's readings

> had the force of revelation: the mesmeric, heightened tone; the weathered voice coming in close from a far place; the swarm of the vowels; the surrender to the otherness of the poem; above all the sense of bardic dignity that was entirely without self-parade but was instead the effect of a proud self-abnegation, as much a submission as a claim to heritage.[9]

In a review for the *New Statesman*, James Campbell offered the following account:

> MacLean, who descends from a line of distinguished Gaelic singers and tradition-bearers, brings to his oral performance the entire history of his people, and the music in his verse has its source somewhere in the authority of Calvinist religion, the ancient Celtic concern with landscape, and the sufferings and forced emigrations which resulted from the Highland Clearances. These and other historical facts and folk memories are all present each time he reads from his own work.[10]

Projections of such magnitude require an empty vessel to be poured into. This vessel was MacLean's incomprehensible Gaelic text. If poetry thrives on a fundamental tension between sound and sense, here it is demoted to the level of mere noise as part of what is effectively a colonialist appropriation. The words chosen by the poet are cancelled out in favour of the meanings which an English-speaking listener assigns to them.

In casting a critical glance on the comments of people who were instrumental in MacLean's at last achieving something close to the

[9] Mackay 2010, p. 20.
[10] Ibid., p. 21.

recognition he deserved, one risks being accused of both ingratitude and mean-spiritedness. There can be no doubt that the English-language readership he acquired at the close of the 1970s procured for MacLean an iconic status that led to his work being as widely read, and as closely studied, as that of any other Scottish poet from his century. Nonetheless, three decades later, the time has arguably come to scrutinise the assumptions behind that promotion, the distortions and incomprehensions which accompanied it, as well as the confusion, even the damage, which inevitably resulted.

MacLean wrote to Young of 'the Beethoven poem', which he considered 'very untranslatable', that he could 'hear the influence of Shakespeare's Sonnets' (letters of 20 April 1943 and 11 September 1941). In the passage quoted, Campbell fills the void created by his own lack of understanding of Gaelic with a series of stereotypes which traduce the essential nature of MacLean's poetry, as does Heaney's supposition of a submission to tradition. Did either listener guess that what they were hearing contained echoes, not merely of Shakespeare, but of Marvell and Horace, of Baudelaire and Yeats (whose 'Where had her sweetness gone?' constitutes the germ of LVII)? That MacLean's glorious litany of Gaelic heroines in XIII took as its point of departure the version of a Provençal poem by Ezra Pound? Did they reflect that many of the love lyrics they were hearing had been addressed to a woman there is little reason to imagine understood a word of Gaelic? That one of these lyrics talks, in a manner that is only half-joking, about the possible establishment of a Bolshevik regime in Scotland? That, even in its published version, 'An Cuilithionn' implies that nothing but occupation by Soviet forces can finally resolve the problem of equitable land distribution within Scotland? There is no evidence that any preceding Gaelic poet had actually invoked Russian intervention to resolve, or offer reparation for, the difficulties his community faced.

The break with tradition, in the poetry of MacLean, is as important, perhaps more important, than any aspiration towards continuity. Among his predecessors, MacLean devotes the most extended consideration to the work of Uilleam MacDhunlèibhe (William Livingston of Islay (1808–1870)), in which a separation of poetry from song is adumbrated that did not become prevalent, within Gaelic tradition, until he himself emerged into print. According to John MacInnes when *Dàin do Eimhir* appeared, it was not any traditional quality, as that is more usually defined, which seized the imagination of his Gaelic readers. There were some who criticised the poetry for its strangeness; others for its difficulty.[11]

Young informed MacLean, in a letter dated 2 April 1943, that when the poet's elder brother John, a notable scholar who would go on to produce a Gaelic version of the *Odyssey*, was 'confronted with your productions', he 'roundly denied they were Gaelic poetry at all'. As for self-parade and self-abnegation, MacLean's lyrics repeatedly stage a 'psychomachia', an impassioned debate between different elements of his own personality. The dialogues which result have at times an obsessive tone, and consistently fail to reach beyond the limits of the poet himself so as to confer on his beloved the status of effective inter-locutor.

MacLean's poetry could not have been generated exclusively from within the Gaelic tradition. He is an exquisitely bicultural figure, strad-dling at least two languages and cultures, embracing a predicament whose difficulty turns to a trump card thanks to the sheer genius of the man. The value of a culture (and of culture in general) lies not in sameness to itself (which is tantamount to saying, not in the expres-sion of an identity), but in reaching out for that which it is not, or has not so far been. As Marina Tsvetaeva puts it in a letter to Rainer Maria Rilke:

> The reason one becomes a poet (if it were possible even to *become* one,
> if one *were* not one before all else!) is to avoid being French, Russian,
> etc., in order to be everything.[12]

MacLean's gaining of iconic status occurred at a time when Gaelic culture was relegated to an efficiently policed reservation within Scottish writing as a whole. It is a moot point whether or not the role his English versions came to play was subservient to that relegation. They certainly did nothing to challenge it. Those responsible for the promotion could do little with his contemporary George Campbell Hay (Deòrsa Caimbeul Hay, 1915–1984), still a hugely underrated figure, a poet in Gaelic, Scots and English whose achievement in three

---

[11] John MacInnes 'A radically traditional voice: Sorley MacLean and the evangelical background' in *Cencrastus* 7 (Winter 1981–82) p.15.

[12] Boris Pasternak/Marina Tsvetayeva [sic]/Rainer Maria Rilke *Letters Summer 1926* trans. Margaret Wettlin and Walter Arndt (London, Jonathan Cape 1986) p.170.

languages neatly reverses the status accorded them in political and social terms.

The editor's task, then, will be to restore its strangeness to MacLean's poetry, to recover its quality of even irritating surprise, its refusal to fall in with preconceptions regarding the tone and subject matter appropriate to discourse in a language as maltreated and threatened as Scottish Gaelic. It is possible that the 'ratreuta', the 'retreat' MacLean attributed to his brother Calum in a celebrated elegy from 1968, can be detected in his own poetry in the decades following the war. An often-quoted item on the Clearances, 'Hallaig', issues in a solipsism very different from the call to international militancy animating 'An Cuilithionn'. Yet in much of his work MacLean achieves a miracle of utterance, a possibility for discourse rooted in a particular moment of time which it simultaneously transcends. The reparatory task of his editors is to restore to that utterance its uncompromising and breathtaking limpidity, even at the cost of rescuing it from the hands of the poet himself.

The Poet's Landscape:
Shifting Boundaries

Emma Dymock

On the Ridge: Limits of Scholarship and the Changing Landscape of Study on Sorley MacLean

> *do gach fear a roghainn bearraidh*
> *a ruigeas a shùil leis an sgaradh*
> *a nì geur aighnidhean no 'n spàirn*
> *tha eadar Alba is e fhèin.*

> to each man his choice of ridge
> that his eye reaches with the division
> made by acute perceptions, or the struggle
> that is between Scotland and himself.

From Sorley MacLean's 'Dàn a rinneadh nuair a bha Comann Gàidhlig Inbhir Nis ceud bliadhna a dh'aois' ('A Poem made when the Gaelic Society of Inverness was a hundred years old')

It may appear surprising to a younger generation, interested in the poetry of Sorley MacLean, that as recently as 1986, a poem of such stature as MacLean's 'An Cuilithionn' was only mentioned briefly in *Sorley MacLean: Critical Essays*, which is, to date, the sole example of an edited book of essays by various contributors dedicated to the work of MacLean. Robert Calder writes that 'From what one can gather of "An Cuilithionn" there was to be a resolution' and refers to the 'published fragments of "An Cuilithionn"'[1] in his chapter on the tensions and polarity in MacLean's poetry. John Herdman's chapter, 'The Ghost Seen by the Soul: Sorley MacLean and the Absolute', with its clear acknowledgment of 'An Cuilithionn' in the title, begins with an excerpt from the last section of the poem, before moving on to explore other poems by MacLean in light of this concept of the absolute.[2] Perhaps most surprisingly, Raymond Ross's politically driven chapter, 'Marx, MacDiarmid and MacLean', only makes mention of 'An Cuilithionn',

[1] Ross and Hendry 1986, p. 155.
[2] Ross and Hendry 1986, pp. 165–75.

MacLean's communist-inspired poem, in discussion of a letter from MacLean to Hugh MacDiarmid.[3] Quite simply, this poem did not feature on the radar of many scholars because it was not published until after 1986, in sections between summer 1987 and summer 1989,[4] and then in its entirety in *O Choille gu Bearradh/From Wood to Ridge: Collected Poems* in 1989.[5] This situation perfectly illustrates how study of the poetry of MacLean has developed over the decades and how greatly it relies on what is available in published form during this period.

Thus, the development of Sorley MacLean studies can be placed into two categories; the collection and presentation of his work (sometimes previously unpublished) as part of an editorial process, and the analysis of themes, symbols and structure of his poems – in other words, the examination and consideration of the poetry's content. These two aspects of the work on Sorley MacLean have not always advanced in the order that they should have – for example, analysis of the content of the 'Dàin do Eimhir' took place long before Christopher Whyte's edition of the same poems, which was published for the first time in its correct order and almost in its entirety with notes and commentary indicating the publication history of the poems and any anomalies and variations, in 2002.[6] This is not to criticise the good work which has already been carried out on the analysis of MacLean's poetry, its influence and place within Gaelic literature and the wider European spectrum. Scholars work with what is available and it could also be argued that there were poems that were given attention in the *Critical Essays* which have been mentioned in very little detail since. Often, like 'Twenty-Five Years from Richmond 1965', these are poems which were previously uncollected and yet belong within the canon of MacLean's work, and can either provide new insights or reinforce the themes of better-known poems.

It is undoubtedly the case that Sorley MacLean is the most written about and analysed Gaelic poet of the twentieth century. In the centenary year of 2011 his work is now fully available in contextual

[3] Ross and Hendry 1986, p. 95.

[4] *Chapman*, 50–51 (Summer 1987), pp. 158–63; 52 (Spring 1988), pp. 36–49; 53 (Summer 1988), pp. 68–74; 54 (Autumn 1988), pp. 58–69; 55–6 (Spring 1989), pp. 152–63; and 57 (Summer 1989), pp. 30–9.

[5] MacLean 1999, pp. 63–131.

[6] MacLean 2002.

detail. There are now available publications such as Christopher Whyte's edition of *Dàin do Eimhir*, and his more recent edition of the 1939 version of 'An Cuilithionn' with previously unpublished poems.[7] Peter Mackay's recent publication on MacLean's work in 2010 is the first single-authored English language introduction to MacLean's work and has set out a broad overview of the poetry and the questions that need to be raised in relation to a poet of this stature.[8] In a way, the scholarly discussion and analysis of Sorley MacLean in the twentieth century, and now the twenty-first century, is representative of the changes in the study of Gaelic poetry in general; as confidence has grown, scholars have been more able to assess Gaelic literature within the theoretical structure of an all-encompassing modern literature. MacLean's work is particularly accommodating to the use of various strands of literary theory, as the likes of Máire Ní Annracháin's monograph, *Aisling agus Tóir: An Slánú i bhfilíocht Shomhairle MhicGill-Eain*, has proved.[9] It can be no coincidence that out of the twelve chapters in the forthcoming *Lainnir a' Bhùirn/The Gleaming Water: Essays on Modern Gaelic Litera-ture*, three are dedicated solely to a study of MacLean.[10] MacLean is viewed as a modern European poet who is strongly influenced by Gaelic tradition which permeates his poetry. It is perhaps the 'modern' aspect of his work that continues to attract scholars to find new ways of approaching poems which are now firmly embedded in the minds of Gaels and non-Gaels alike. It is hoped that this new collected edition of Sorley MacLean's poetry will enable lesser-known poems to be assessed alongside the 'greats' such as 'Hallaig'; also that strong themes such as MacLean's political commitment can be seen to stretch throughout his lifetime of poetic composition, rather than just being confined to a specific period of the twentieth century when political concerns were pressing.

[7] MacLean 2011.

[8] Mackay 2010.

[9] Máire Ní Annracháin, *Aisling agus Tóir: an Slánu i bhfilíocht Shomhairle MhicGill-Eain*. (Maynooth, An Sagart 1992).

[10] See Máire Ní Annracháin, 'Sorley MacLean's "The Woods of Raasay"', pp. 99–114, Emma Dymock, '"Cas agam anns a' bhoglaich agus cas air a' Chuilithionn": unstable borders in the poetry of Sorley MacLean', pp. 115–29, and Pàdraig MacAoidh, "S trom an èire, an Eire, an èirigh, an èirig: Somhairle MacGill-Eain agus Èirinn', pp. 130-42, in *Lainnir a' Bhùirn/The Gleaming Water: Essays on Modern Gaelic Literature* eds Emma Dymock and Wilson McLeod (Edinburgh, Dunedin Press 2011).

Another feature of the publication of a number of new editions and critical essays is the increased interest in the biographical threads which, to a greater or lesser extent, will inevitably be brought into question as more new poems and fragments come to light. While the dangers of assessing poetry too closely in relation to a poet's own life should never be ignored, aspects of biographical detail nevertheless come in useful when preparing new editions and tracing symbols and themes in the poetry itself. As Susan Wilson has shown in *The Correspondence between Hugh MacDiarmid and Sorley MacLean*,[11] these biographical details also become a 'story' in their own right, existing beside the poems as new or alternative 'voices' while offering indications about the poet's own desires and impulses in relation to the poetry he was producing at any given time. The network of Scottish literati during the Scottish Renaissance and beyond, and MacLean's own place within this network, is only now being more fully explored and may yet offer up more insights into Scottish as well as Gaelic literature in the process. As boundaries continue to shift, new perspectives on Sorley MacLean's poetry are likely to emerge.

Ascending the Eternal Hills: Internal and External Landscapes in Sorley MacLean's Poetry

In his essay, 'My Relationship with the Muse', MacLean writes about the perceived role of the poet and his own refusal to remain detached from political and social subjects.

> Iain Lom's famous words to Alastair MacDonald 'You do the fighting and I'll do the praising' I consider disgusting, however expedient they might have been to the exigencies of the situation, and however wise they might have been in the long run. I could not have been an Iain Lom at Inverlochy or an Auden in America in 1939.[12]

While the above quote is dealing with his sense of a duty to fight against fascism, it also raises other questions about MacLean's view of the role of the poet. In the same article he states that 'What keeps me writing nowadays is a question I cannot easily answer, nor could anyone else in my position. I have always had long silences, periods of

---

[11] Susan Wilson ed. *The Correspondence between Hugh MacDiarmid and Sorley MacLean* (Edinburgh, Edinburgh University Press 2010).

[12] MacLean 1985, p. 12.

not writing . . . In spite of MacDiarmid, the "full-time" professional poet is not for me and never has been.'[13] MacLean made no secret of his belief that his teaching career did not always aid the poetic process and it is tempting to view the poems he composed for the annual dinners and other events of the Gaelic Society of Inverness while he was Bard to the society as 'poetry on demand', which punctuate an otherwise rather quiet landscape of poetic output during certain periods. It cannot be doubted that poems such as 'Cò rinn coimeas ur saothrach' and 'Cò Their' are very different in nature from his socialist-minded poems such as 'Ban-Ghàidheal' and 'Calbharaigh' or his love poems. However, on closer inspection, connections can be made. When he praises the members of the Gaelic Society of Inverness for their diligent work in furthering Gaelic studies, he employs the traditional panegyric imagery for an audience who would be well-versed in this style – the last lines of 'Cò rinn coimeas ur saothrach' are pertinent to the understanding of MacLean's more far-reaching vision – ''s ann a lean sibh an tòrachd/ os cionn tòrachd na fala' ('you engaged in a chase/ better than chasing blood'). While it is the passing of time that might decimate their numbers rather than a clan feud or a battle, it is the honour to be found in the acquisition of knowledge that MacLean is really praising here:

> Tha iad togte fa chomhair
> sruth bras domhainn na tìme:
> tha iad àrd air na slèibhtean
> far nach ruig beud no dìobhail.

> They stand erect in the face
> of time's swift, deep onward flow:
> they stand high on the hillsides
> beyond the reach of infamy or ruin.

The imagery which he employs in this 'ode' to the Gaelic Society of Inverness is reminiscent of his more personal poetry, which also employs landscape imagery in relation to the striving for mankind's potential. It is no coincidence that the only lines of poetry by another poet adapted and given in full in 'An Cuilithionn' are 'If there are bounds to any man' from MacDiarmid's *Second Hymn to Lenin and*

---

[13] MacLean 1985, p. 13.

Other Poems in which 'dùintean beaga moraltachd' ('mole-heaps of morality') are contrasted with 'beann[tan] bith-bhuan' ('eternal hills'). Striving for mankind's potential and for an intellectual capacity which is raised above the mundane and the threat of mass inertia was a common strand outside of the poetry of MacLean too. MacDiarmid's *To Circumjack Cencrastus* is preoccupied with the role of the artist and, as Margery McCulloch has pointed out in her analysis of the poem:

> the theme of Scotland's lost cultural heritage is the story of the struggle of an artist to find his own artistic identity in a situation where there is neither a living tradition nor a sympathetic environment to nourish him; the philosophical pursuit of ultimate reality frequently merges with the artist's search for its equivalent in his work.[14]

Unlike MacDiarmid, MacLean did not have to invent a 'Gaelic Idea' to strengthen his cultural identity. For MacLean, his perceived place in a Gaelic tradition was indisputable, but there is the same sense of striving for wisdom, understanding and knowledge as MacDiarmid laid out in his poem. Even in his elegy to his brother Calum, a highly personal poem despite the implication that an elegy or praise poem is often a more 'public' poetic genre, the pursuit of knowledge (this time, folkloric) is attributed a high status, akin to that of a hero in battle:

> *Bha thu san Ros Mhuileach*
> *mar Leathanach nach trèigeadh,*
> *mar Eachann Bacach air tigh'nn dhachaigh*
> *l' a leòin à Inbhir Chèitein.*

> You were in the Ross of Mull
> like an unyielding MacLean,
> like Lame Hector come home
> with his wounds from Inverkeithing.

There is polarity in the sense of duty to fight in a physical war against a very real threat of fascism in, for example, the 'Dàin do Eimhir', and the idea of the pursuit of knowledge being compared to the bravery and valour of a clan hero in other poems by MacLean. These two strands meet and sometimes merge – they can never really be viewed as separate themes in his poetry. Superficially at least, the pursuit of

[14] Margery McCulloch, 'The Undeservedly Broukit Bairn: Hugh MacDiarmid's *To Circumjack Cencrastus*', *Studies in Scottish Literature* 17 (1982) pp. 165–85 (p. 167).

knowledge and intellect, and the role of the poet or artist, appear to be an individual experience in contrast to the more communal experience of political commitment and the social responsibility that MacLean also pursued. However, this is not necessarily the case. The 'Samhlaidhean air bearradh a-nochd' ('Ghosts on a ridge tonight') in 'Dàn a rinneadh nuair a bha Comann Gàidhlig Inbhir Nis ceud bliadhna a dh'aois' must surely come from the same ilk as 'an samhla a chunnaic an t-anam' ('the ghost seen by the soul') in the last section of 'An Cuilithionn', in which the speaker in the poem sees a vision of a spectre a little in front of him on the mountain ridge. Rather than being an elitist occupation for the gifted, the dissemination of knowledge to the 'masses' was at the forefront of MacLean's mind when he wrote to Douglas Young on 2 May 1943 of the hope that 'An Cuilithionn' could be published at a 'crofter's price'.[15]

It is an almost impossible idea that the individual and the collective can somehow be teased out and separated in MacLean's work. The arrival of Modernism and the changes from a Gaelic oral tradition to poetry which relied more heavily on the written medium have meant that Sorley MacLean, who certainly embraced these new influences, could never fulfil exactly the same criteria as a Gaelic poet from the older tradition, and it is almost certainly the case that he never set out to emulate these poets in the first place. Like the Blasket Island writers, who often said 'we' when they meant 'I' and often had no qualms about the interchange between themselves and their wider community in the same sentence, MacLean's sense of community, imagined or otherwise, cannot always be separated from his sense of self. Màiri Mhòr's presence in 'An Cuilithionn' is overt, to the extent that the weight of her imagined gaze on the poet is almost unbearable – 'seachnaidh mi clàr treun a h-aodainn / 's mo sgeul air buaidh ar n-Eilein traoighte' ('I will avoid her brave forehead, / as my tale is of the ethos of our island ebbed'). It is this awareness of their shared island of Skye ('ar n-Eile[a]n / our island') which is so important here because the shared land is also tied to their shared tradition. T. S. Eliot's words in his influential essay, 'Tradition and the Individual Talent', could be quoted in this context:

[15] MacLean's letters to Douglas Young may be consulted in National Library of Scotland, accession 6419 box 38b.

If we approach a poet without this prejudice we shall often find that not only the best, but the most individual parts of his work may be those in which the dead poets, his ancestors, assert their immortality most vigorously.[16]

MacLean's poetry is inhabited by many ghosts and these ghosts are not limited to dead poets. The ghostly, macabre dance on the peaks of the Cuillin in Part I of 'An Cuilithionn' perhaps stands in contrast to the regenerative ghostly presences of the young people in 'Hallaig', but the one thing that these ghosts have in common is that they are present in a timeless space within the landscape. The 'historical sense' that a poet must have, according to Eliot, is:

a perception, not only of the pastness of the past, but of its presence . . . This historical sense, which is a sense of the timeless as well as of the temporal and of the timeless and of the temporal together, is what makes a writer traditional.[17]

It may be that MacLean's role as a modern Gaelic poet in the twentieth century is to foster an awareness of these 'ghosts' within his poetic landscape and to find his own sense of place and sense of self within these circumstances. And the physical landscape in his poetry is often the site where the individual and the collective meet most effectively.

In 'Hallaig', time is brought down by the gun of love and thus time is stilled and the eternal takes over. By stilling time and ending the linear movement of history the poet succeeds in preserving his sense of place and the emotion of the people and the land. As a poet, MacLean exercises an element of control within his landscape in this poem at least, but under other circumstances the power of the landscape is considerably more dominant. The dichotomy of the morass and mountain symbols in 'An Cuilithionn' is perhaps the best example in MacLean's work of the landscape directly interacting with the psychology of the poet. The liminal state of the morass is viewed as dangerous and the threat of it encroaching on the individuality of the poet is clear in Part IV, ll. 41–4:

> *Cus dhen bhoglaich 'na mo spiorad,*
> *cus dhen mhòintich 'na mo chridhe,*

---

[16] T. S. Eliot, 'Tradition and the Individual Talent' in *The Sacred Wood: Essays on Poetry and Criticism* (London, Methuen 1920) pp. 42–53.

[17] Eliot 1920, pp. 42–53.

cus dhen ruaimle 'na mo bhuadhan:
ghabh mo mhisneachd an tuar glas.

Too much of the morass in my spirit,
too much of the bog in my heart,
too much of the scum in my talents:
my courage has taken the grey hue.

The morass is actually a real landscape feature, the marsh of Maraulin, at the top of Glen Brittle north of the Cuillin hills and, while it is used as a symbol for the decay of the bourgeoisie in the poem, it is also inextricably bound to MacLean's own sense of self or, in actuality, his fear of loss of self. The excerpt from 'An Cuilithionn' above agrees perfectly with the observations of the Irish naturalist and cartographer Tim Robinson, who writes about the sense of the bog pulling on what is above the surface: 'Mind is being reabsorbed into matter; humanity's imposition of language, order, meaning, is being sucked down and choked off by Nature.'[18] If the bog takes on animate characteristics in MacLean's mind, it is not the only landscape feature to do this. In 'Coilltean Ratharsair', the wood is described as a verdant landscape, and at the beginning of the poem at least, as an Edenic paradise, but the poem also gives the impression that the wood is a living entity which Máire Ní Annracháin suggests 'is personified to an extent, and the speaker, whose personal relationship with it is apostrophic at this stage, addresses it directly in the second person.'[19] If MacLean's responses to certain landscape features show up the psychological drives inherent in many of the poems, providing an opportunity to explore his sense of self in relation to the inner and outer worlds, other poems, such as 'Do Uilleam MacMhathain', conjure up a landscape which is fully alive because of the songs and traditions associated with it. Dianne Meredith's discussion of the physical environment and psychological responses is pertinent in relation to this:

> Our world is inhabited by meanings that go beyond the present physical environment and even beyond the knowledge of the past physical environments. Such meanings touch on the primordial inner landscape, on 'paths and routes and journeys and placenames, and the

---

[18] Tim Robinson as quoted in Dianne Meredith, 'Hazards in the Bog – Real And Imagined'. *Geographical Review*, 92: 3 (2002) pp. 319–33 (p. 320).
[19] Ní Annracháin 2011, p. 100.

stories, memories, songs, half-forgotten though they may be that they call to mind; a network of associations that is as much a part of the landscape as the heather and the clouds'.[20]

But where does that leave the unfamiliar landscapes in MacLean's poetry – the landscape containing neither the ghosts of ancestors and older poets nor the wealth of 'dualchas' and inherited memory? MacLean's war poems also chart his psychological response to his surroundings, and the place-names he provides conjure up the battles fought on those desert plains in the same way that Culloden and Auldearn are employed in other poems. MacLean writes in 'Dol an Iar':

> 'S fhada bhuamsa an t-Eilean
> agus gach ìomhaigh ghaoil an Alba,
> tha gainmheach choigreach anns an Eachdraidh
> a' milleadh innealan na h-eanchainn.

> Far from me the island
> and every loved image in Scotland,
> there is a foreign sand in History
> spoiling the machines of the mind.

The foreign sand may be seeping into his brain in the same way that the bog encroaches, but the very act of composing poetry in a foreign land continues to aid him in his search for identity and sense of self. By naming these places and experiences, allowing them to mingle with fragments of older Gaelic poetry, as he does in 'Curaidhean', and giving life to them in his work, they become fixed points at which he can survey the strivings and struggles of mankind as a whole before relating it back to his individual experiences.

In much of MacLean's poetry he is an active participant rather than a passive one. MacLean's boundaries are constantly shifting as new experiences come into effect. A person is not static and through interpersonal relationships and an active experience with the external world the poet can gain self-knowledge. This is why MacLean's assertion while he is in the desert, facing Rommel's army, in 'Dol an Iar' – 'tha mi de dh'fhir mhòr' a' Bhràighe' ('I am of the big men of Braes') – is so poignant. In this journeying into unfamiliar territory, MacLean is at his most perceptive about his own identity. Within the multiplicity of

[20] Meredith (quoting Tim Robinson), 2002, p. 331.

the fragments of the poet's character at different stages in his develop-
ment can be found the visionary moments that connect the poet to the
greater whole. He may be only able to catch a glimpse of 'am falbhan'
('the journeying one') on the heights of the Cuillin in Part VII of 'An
Cuilithionn' at any given time, but the affirmation that something
exists as part of and yet beyond himself is crucial. This self-awareness
in MacLean's poetry, which often transforms established symbols of
the Gaelic tradition into new signifiers for a modern age, is what will
ensure that the vibrancy and urgency of MacLean's work will continue
to be appreciated by Gael and non-Gael in the years that are to come.

Sorley MacLean:
Biographical Outline

1911   MacLean is born on 26 October in Osgaig, Raasay, to Malcolm MacLean (1880–1951), crofter and tailor, and Christina Nicolson (1886–1974). He is the second of seven children (two sisters and five brothers). The island's population at the time is just over 400, overwhelmingly adherents of the Free Presbyterian Church, strictly Calvinist but Tory in politics, which broke away from the Free Church of Scotland in 1893. His father is a native of Raasay whose antecedents came from North Uist and perhaps, before that, from Mull. His paternal grandmother, who lives with the family until her death, is a Matheson whose antecedents had moved in the eighteenth century from Lochalsh to Staffin in Skye. As a child, MacLean makes regular visits to his mother's relatives in Braes, Skye, and learns much from the conversation of his maternal uncle Alexander Nicolson, a distinguished linguist and historian.

1918–1924   He attends Raasay Primary School. The language of the classroom is English, and of the playground predominantly Lowland Scots, due to an influx of workers come to man the local mine.

1924–1929   MacLean attends Portree High School, where Latin is taught by the headmaster, A. J. Tait, and English by Miss Jean Mackenzie. Greek is not available to MacLean's year, but he becomes acquainted with the work of a range of French poets in the original language.

1929–1933   He studies Honours English Language and Literature at the University of Edinburgh, where the Professor of English is Herbert Grierson (1866–1960). He will obtain a first class degree, also taking Ordinary classes in Celtic and French. Close friends from summer 1933 onwards are J. B. Caird (1913–1990) and George Elder Davie (1912–2007), who introduce MacLean to the work of Hugh MacDiarmid (pen-name of Christopher Murray Grieve (1892–1978)). When, in 1931, the family leaves the croft to move to better accommodation, they become entirely dependent on the tailoring business, as well as on support from the children's earnings. Through Ellis Stuart, with whom MacLean plays shinty, he will meet Jack Stuart, a future colleague at Portree, who in his turn introduces MacLean to Robert Garioch (pen-name of Robert Sutherland (1909–1981)).

1934 Having completed teacher training at Moray House, Edinburgh, MacLean takes up a post at Portree High School, living alongside boarding pupils at Elgin Hostel. In May Caird introduces him to MacDiarmid in Rutherford's Bar, Edinburgh. This year marks a five-year break in MacLean's acquaintance with A. M., the 'Scottish Eimhir', whose family had been in the habit of holidaying in Raasay. In 1934 and 1935 MacLean is powerfully, but transitorily, attracted to a Skye girl, the focus of 'Dàin do Eimhir' III.

1936 His family's precarious economic situation, and his mother's illness, prevent MacLean from enlisting to serve on the Republican side in the Spanish Civil War, which breaks out in July.

1937 Angus Matheson introduces MacLean to Nessa Ní Sheaghdha (O'Shea), who is visiting Edinburgh in order to undertake research at the National Library of Scotland. She will become the 'Irish Eimhir', focus of several items in the earlier part of MacLean's love sequence, between IV and XXII.

1938 In January MacLean takes up a post as teacher of English at Tobermory Secondary School, on the island of Mull. It is here that he conceives the idea for 'An Cuilithionn'.

1939 MacLean moves in January to Boroughmuir High School in Edinburgh. In April or May he renews contact with the 'Scottish Eimhir'. When war is declared in September, MacLean asks to be released from his contract with Edinburgh Corporation, but permission is refused. From October until July of the following year he teaches evacuated children in Hawick, making frequent trips to Edinburgh. In December Nessa Ní Sheaghdha marries an Irishman, David Doran, who has abandoned his training as a Jesuit to become something of a socialist. On 19 December MacLean gets a letter from 'the person, to whom all my letters were the most intimate of all my letters', which 'meant for me the end of my period of great activity in poetry' (letters to Young dated 11 September 1941 and 30 March 1942). In it the 'Scottish

Eimhir' would appear to have laid out the reasons which must prevent her ever becoming the poet's wife.

1940   In May MacLean begins a correspondence with Greek scholar, poet and nationalist leader Douglas Young (1913–1973) which will continue, gaining in intensity, during his period of active war service. These letters constitute an invaluable source for the cultural, personal and political background to MacLean's most prolific period as a poet (extending roughly from April 1939 to April 1940). Having been conscripted into the Signal Corps, he travels south on 26 September to begin training at Catterick Camp in Yorkshire. Robert Garioch publishes, in two successive editions, *17 Poems for 6d*, featuring several of MacLean's poems (including a passage from 'An Cuilithionn') along with Scots translations by Garioch.

1941   Late in July, MacLean learns the extent to which the 'Scottish Eimhir' has misled him, though he will not understand the full circumstances of the case till he is on active service. In December he departs for North Africa.

1942   In the course of the Battle of El Alamein, on 2 November, a mine explodes near MacLean's command post. He is injured for the third time during his period as a soldier, so seriously that he must spend nine months recovering in a series of military hospitals, at Burg el Arab, Cantara, Suez, Baragwanth, Netley and, finally, Raigmore Hospital, Inverness, from which he is released in August 1943.

1943   *Dàin do Eimhir agus Dàin Eile* which, in MacLean's absence, has become the responsibility of Douglas Young, with linguistic input from Rev. John Mackechnie, is published by William Maclellan of Glasgow in November.

1944   MacLean makes the acquaintance of Renée Cameron, a native of Inverness. He becomes Bard to the Gaelic Society of Inverness.

1945   A visit to the 'Irish Eimhir' and her family in Dublin has a strongly curative effect, and marks the end of the poet's near-obsession with the 'Scottish Eimhir'.

1946   MacLean and Renée Cameron are married on 24 July. His younger brother Calum, the eminent folklorist, is best man. The couple live for eighteen months in the upper floor of a house in Craigmillar

Park, Edinburgh, which they share with poet Sydney Goodsir Smith (1915–1975) and his wife. They then move to rented accommodation in Atholl Place, to a double top flat at 54 Queen Street, and, in Spring 1953, to a terraced house at 8 St Ninian's Terrace, Morningside, which is their own property. Singer Calum Johnstone from Barra is a regular Sunday evening visitor.

1947   MacLean is promoted prinicipal teacher of English at Boroughmuir High School.

1948   The poet's first daughter, Ishbel Christine, is born on 16 May.

1951   His second daughter, Catriona Margaret Anne, is born in Inverness on 30 August. The family regularly spends the Easter and summer holidays at the home of the poet's mother in Churchton, Raasay.

1953   His third daughter, Mary Rona, is born on 20 February. Around this time MacLean visits Bavaria as part of a delegation of English teachers from Edinburgh, including Garmisch, Munich and Regensburg in the trip.

1956   In February MacLean takes up his appointment as headmaster at Plockton High School in Ross-shire, where he will remain until retirement in 1972. The family lives in the schoolhouse. MacLean starts teaching Higher History and offers Gaelic as a subject of study. A firm believer in the principles of comprehensive education, he also introduces the game of shinty to the school. Visitors at Plockton will include Gaelic singer James Campbell and the artists Denis Peploe, D. M. Sutherland, Dorothy Johnstone and Adam Bruce Thomson.

1964   A new school is built about half a mile outside Plockton village. The family moves to a new schoolhouse, from which a short walk brings the poet to a spot where he may view the Cuillins.

1970   Generous coverage in a special issue of *Lines Review*, along with MacLean's inclusion in *Four Points of a Saltire*, an anthology introduced by Tom Scott and featuring four poets (the others are George Campbell Hay, William Neill and Stuart MacGregor), signals the reawakening of interest in his work. In the course of the 1970s, MacLean and his family visit France, inspired in part by the poet's passion for the architecture of the Gothic cathedrals there.

1971   He takes part in the first Cuairt nam Bàrd ('poets' tour'), visiting a series of locations in Ireland in the company of Colonel Eoghan Ó Néill, and receives a standing ovation at Trinity College, Dublin. Iain Crichton Smith publishes *Poems to Eimhir translated from the Gaelic*, including several items which will not be reprinted during the poet's lifetime.

1972 MacLean receives an honorary degree from Dundee University. Further honorary degrees will be awarded in 1979 by the National University of Ireland, and in 1980 by the University of Edinburgh. On retiring from Plockton High School, he moves with his wife to Braes in Skye, renovating and extending the house which they have bought there. MacLean is related to most of the people in the township.

1973 An LP recording of MacLean reading his own poetry, *Barran agus Asbhuain* ('crops and stubble'), is issued by Claddagh Records. He begins two years as Creative Writer in Residence at the University of Edinburgh, returning to reside in the capital, where his wife teaches part-time in a primary school.

1974 Douglas Eadie directs the film *Sorley MacLean's Island*.

1975 MacLean receives a one-year appointment as *Filidh* at the recently founded Gaelic college in Sabhal Mòr Ostaig, Skye. His reading is a highlight of the Cambridge Poetry Festival, to which he will return in 1977.

1976 MacLean declines the award of an OBE.

1977 After an interval of over thirty years, a volume of MacLean's poetry again comes into print, *Reothairt is Contraigh: Taghadh de Dhàin 1932–1972 / Spring tide and Neap tide: Selected Poems 1932–1972*. Poems appear with facing English translations. The love sequence is fragmented, appearing only in part. 'An Cuilithionn' is not included.

1984 Timothy Neat directs the film *Hallaig*, which takes its title from MacLean's celebrated poem of the Raasay Clearances.

1985 A selection of MacLean's critical writings, edited by Professor William Gillies, appears as *Ris a' Bhruthaich*.

1986 Publication of *Sorley MacLean: Critical Essays*, edited by Raymond Ross and Joy Hendry, marks the poet's 75th birthday, and heralds the beginning of serious critical consideration of his work.

1987 *Chapman* magazine begins the publication, in five successive issues, of a version of 'An Cuilithionn' adapted from the original manuscripts, with facing English translation.

1989 MacLean's collected poems appear as *O Choille gu Bearradh/ From Wood to Ridge*, with corrected editions following in 1990 and 1999.

1990 MacLean receives the Queen's Medal for Poetry.

1991 His daughter Catriona, who lives about a mile away in Braes, is diagnosed as having cancer.

1993 On the death of MacLean's daughter, concern for her sons causes a severe curtailment of the trips away from Skye which have been such a feature of recent years.

1996 MacLean celebrates his last birthday by watching his three grandsons win a shinty match, and dies after a short illness.

This account is based on the relevant chapter in Mackay 2010, on Joy Hendry's essay in Ross and Hendry 1986, and on information about the post-war years kindly supplied by the poet's daughter Ishbel.

Select Bibliography

The following items are referred to repeatedly in the course of this book:

Mackay, Peter 2010 *Sorley MacLean* (Aberdeen, AHRC Centre for Irish and Scottish Culture).

MacLean, Sorley [as Mac Ghill Eathain, Somhairle] 1943 *Dàin do Eimhir agus Dàin eile* (Glasgow, William MacLellan).

MacLean, Sorley 1977 *Spring tide and Neap tide: Selected Poems 1932–72/ Reothairt is Contraigh: Taghadh de Dhàin 1932–72* (Edinburgh, Canongate).

MacLean, Sorley 1985 *Ris a' Bhruthaich: the Criticism and Prose Writings of Sorley MacLean* ed. William Gillies (Stornoway, Acair).

MacLean, Sorley 1999 *O Choille gu Bearradh/From Wood to Ridge* Collected Poems in Gaelic and in English translation (Manchester and Edinburgh, Carcanet and Birlinn).

MacLean, Sorley 2002 *Dàin do Eimhir* ed. Christopher Whyte (Glasgow, Association for Scottish Literary Studies).

MacLean, Sorley 2011 *An Cuilithionn 1939 and Unpublished Poems* ed. Christopher Whyte (Glasgow, Association for Scottish Literary Studies).

Ross, Raymond and Hendry, Joy eds 1986 *Sorley MacLean: Critical Essays* (Edinburgh, Scottish Academic Press).

As already noted MacLean's letters to Douglas Young can be consulted in the National Library of Scotland, Accession 6419, Box 38b.

A full bibliography of MacLean's publications and of the secondary literature can be found in Mackay 2010, pp.145–71. Bibliographical information is also available on the official website of Urras Shomhairle/ The Sorley MacLean Trust devoted to the poet's work, at www.sorley-maclean.org

I: 1932–1940

I: 1932–1940

The Heron

A pale yellow moon on the skyline,
    the heart of the soil without a throb of laughter,
    a chilliness contemptuous
    of golden windows in a snaky sea.

It is not the frail beauty of the moon
    nor the cold loveliness of the sea
    nor the empty tale of the shore's uproar
    that seeps through my spirit tonight.

      Faintness in fight,
      death pallor in effect,   10
      cowardice in the heart
      and belief in nothing.

A demure heron came
    and stood on top of sea-wrack.
    She folded her wings close in to her sides
    and took stock of all around her.

Alone beside the sea
    like a mind alone in the universe,
    her reason like man's –
    the sum of it how to get a meal.   20

A mind restless seeking,
    a more restless flesh returned,
    unrest and sleep without a gleam;
    music, delirium and an hour of rapture.

The hour of rapture is the clear hour
    that comes from the darkened blind brain,
    horizon-breaking to the sight,
    a smile of fair weather in the illusion.

A' Chorra-ghritheach

Gealach fhann bhuidhe air fàire,
    cridhe 'n fhuinn gun phlosgadh gàire,
    aognaidheachd a' deanamh tàire
    air uinneagan òir an cuan snàgach.

Cha ghrinneas anfhann na gealaich
    no maise fhuaraidh na mara
    no baoth-sgeulachd mfhadh a' chladaich
    tha nochd a' drùdhadh air m' aigne.

    Anfhannachd an strì,
    aognaidheachd am brìgh,   10
    gealtachd anns a' chrìdh,
    gun chreideamh an aon nì.

Thàinig corra-ghritheach ghiùigeach,
    sheas i air uachdar tiùrra,
    phaisg i a sgiathan dlùth rith',
    a' beachdachadh air gach taobh dhith.

'Na h-aonar ri taobh na tuinne
    mar thuigse leatha fhèin sa chruinne,
    a ciall-se mar chèill an duine,
    cothachadh lòin meud a suime.   20

Inntinn luasganach a' sireadh,
    feòil as luainiche air tilleadh,
    luasgan is cadal gun drithleann,
    ceòl is bruaillean is tràth mire.

Tràth na mire an tràth shoilleir
    thig à eanchainn chiar na doille,
    bristeadh fàire air an t-sealladh,
    faite dìoclaidh anns a' mhealladh.

On the bare stones of the shore,
    gazing at the slipperiness of a calm sea,   30
    listening to the sea's swallowing
    and brine rubbing on the stones.

Alone in the vastness of the universe,
    though her inaccessible kin are many,
    and bursting on her from the gloom
    the onset of the bright blue god.

I am with you, alone,
    gazing at the coldness of the level kyle,
    listening to the surge on a stony shore
    breaking on the bare flagstones of the world.   40

What is my thought above the heron's?
    The loveliness of the moon and the restless sea,
    food and sleep and dream,
    brain and flesh and temptation.

Her dream of rapture with one thrust
    coming in its season without stint,
    without sorrow but with one delight,
    the straight, unbending law of herons.

My dream exercised with sorrow,
    broken, awry, with the glitter of temptation,   50
    wounded, morose, with but one sparkle,
    brain, heart and love troubled.

'S i air clachan loma tràghad
    ag amharc sleamhnachd cuain neo-bhàrcaich,   30
    ag èisteachd ris an t-slugadh-mhara
    is sàl a' suathadh air na clachan.

Leatha fhèin am meud na cruinne
    ge mòr a cleamhnas do-ruighinn,
    's a' bristeadh oirre às an doilleir
    sitheadh an dè ghuirm shoilleir.

Mise mar riut 's mi 'nam ònar
    ag amharc fuachd na linne còmhnaird,
    a' cluinntinn onfhaidh air faoilinn
    bristeadh air leacan loma 'n t-saoghail.   40

Ciod mo smuain-sa thar a smuain-se:
    àilleachd gealaich is cuain luainich,
    biadh is cadal agus bruadar,
    eanchainn, feòil agus buaireadh?

A h-aisling mhire le aon shitheadh
    tighinn 'na h-aimsir gun chrìonnachd,
    gun bhròn, gun teagamh, ach aon mhireadh,
    lagh dìreach neo-cham corra-grithich.

M' aisling-sa air iomairt truaighe,
    briste, cam, le lainnir buairidh,   50
    ciùrrte, aon-drithleannach, neo-shuairce,
    eanchainn, cridhe 's gaol neo-shuaimhneach.

The Black Boat

Black boat, perfect Greek,
sail tack, sail belly full and white,
and you yourself complete in craft,
silent, spirited, flawless;
your course smooth, sorrowless, unfeeling;
they were no more skilled black ships
that Odysseus sailed over from Ithaca,
or Clanranald over from Uist,
those on a wine-dark sea,
these on a grey-green brine.

Conchobhar

I will not leave them in the same grave
for the whole long night,
her fair breasts
to his great fair chest
throughout the night's eternity,
his mouth to her mouth, to her cheek,
for all the wet earth of the tomb:
the night would be longer than in Glen Da Ruadh,
sleep in Glen Etive was unrest;
this night will be long, the sleep tranquil,   10
the blind will need no eyes.

A Spring

At the far edge of a mountain there is a green nook
where the deer eat water-cress,
in its side a great unruffled eye of water,
a shapely jewel-like spring.

One day I came with my love
to the side of the remote brook.
She bent her head down to its brink
and it did not look the same again.

Am Bàta Dubh

A bhàta dhuibh, a Ghreugaich choileanta,
cluas siùil, balg siùil làn is geal,
agus tu fhèin gu foirfeach ealanta,
sàmhach uallach gun ghiamh gun ghais;
do chùrsa rèidh gun bhròn gun fhaireachadh;
cha b' iadsan luingis dhubha b' ealanta
a sheòl Odysseus a-nall à Itaca
no Mac Mhic Ailein a-nall à Uibhist,
cuid air muir fìon-dhorcha
's cuid air sàl uaine-ghlas.

Conchobhar

Chan fhàg mi san aon uaigh iad
fad fìn-shuaineach na h-oidhche,
a broilleach cìoch-gheal
ri uchd-san mòr geal
tre shìorraidheachd na h-oidhche,
a bheul-san ra beul, ra gruaidh
air cho fliuch 's bhios ùir an tuaim:
b' fhaide 'n oidhche na 'n Gleann Dà Ruadh,
bu luasgan cadal Gleann Èite;
bidh 'n oidhche fada, 'n cadal fòil,   10
gun dìth shùilean air na doill.

Fuaran

Tha cluaineag ann an iomall slèibh
far an ith na fèidh lus biolaire;
'na taobh sùil uisge mhòr rèidh,
fuaran leugach cuimir ann.

Air latha thàinig mi lem ghaol
gu taobh a' chaochain iomallaich,
chrom i h-aodann sìos ri bhruaich
's cha robh a thuar fhèin tuilleadh air.

I reached the distant little green
many a time again, alone,   10
and when I looked into the swirling water
there was in it only the face of my treasure-trove.

But the glens were going away
and the pillared mountains were not waiting for me:
the hills did not look
as if my chanced-on treasure had been seen.

The Ship

Will you ever put your head to sea,
will you break a great proud ocean,
pounding it with hard slender pinewood,
with the threshing of your two shoulders?

Will you raise again the big sail
that will catch the sweeping wind,
that will fill with the favouring of the elements,
that will not shake with a veering breeze?

Will you break the surge, will you bridle wind,
will you oppress the rush of oceans,   10
cutting the eddies of the currents,
thrusting yourself to windward?

Will you defy the barbarous sea,
challenging the misfortune of ocean,
will you sail again peacefully with the tide,
will you swim like a love-making tune?

Dust and ashes the great man
forgotten in Moidart,
his language exposed, his hand lost,
the art and courage of his steering.   20

The other ship is on an ocean rock,
her men drowned, holes in her sides:

Ràinig mi a' chluaineag chèin
a-rithist leam fhèin iomadh uair, 10
agus nuair choimhead mi san t-srùthlaich
cha robh ach gnùis tè m' ulaidh innt'.

Ach bha na glinn is iad a' falbh
is calbh nam beann gun fhuireach rium,
cha robh a choltas air na slèibhtean
gum facas m' eudail ulaidhe.

An Saothach

An cuir thu ceann ri cuan a-chaoidh,
am brist thu muir mhòr uaibhreach,
ga sloistreadh le cruaidh-ghiuthas caol,
le froiseadh do dhà ghualainn?

An tog thu rithist an seòl mòr
a ghlacas a' ghaoth shiabach,
a lìonas le soirbheas nan sian,
nach crath ri osaig fiaraidh?

Am brist thu fairge, an srian thu gaoth,
an claoidh thu confhadh chuantan, 10
a' gearradh chuartagan nan sruth,
gad sparradh ris an fhuaradh?

An toir thu dùbhlan don mhuir bhuirb,
cur ànradh cuain gu dùbhlan,
an seòl thu rithist sèimh le sruth,
an snàmh thu mar cheòl sùgraidh?

Ùir is duslach am fear mòr
air dhìochaine am Mùideart,
a chainnt air faondradh, air chall a làmh,
ealain is misneachd a stiùiridh! 20

Tha 'n iùbhrach eile air sgeir cuain,
a fir bàthte 's tuill 'na cliathaich:

when a darkening came she lost her way
and the non-Gaels took her for a loan.

Yellow one, fair love of my heart,
who will not come to my heavy cry of prayer,
fair one who is not, who will not be with me,
you thrust the bitter white love through me.

You have left me a living dead thing;
you took from me every aspiration and illusion;   30
you overcame me with humility of heart;
you spoiled me with the pride of strife.

A stream will stop before it reaches the sea
and love will break to a nothingness of fragments;
when dryness comes on the meadow land,
bitter and grey the hard stones.

Perhaps there will appear to us a gentle dream
in which will be seen on the floor of oceans
a black shapely one and a fair one
encompassed with a sea of brightness.   40

There has been seen, not in a dream,
a man standing on a promontory,
a white halo of light around him,
words without pith or substance.

Who is this man who queered the sailing,
this man from the dim headland?
He fashioned a port in the clouds for them:
he deceived the black one and the white one.

O you fellow who stood on the headland,
though you were vain and shifty,   50
it was not the glimmer of your foolish light
that would put our galley on its side!

O poor fellow in your mist,
you were not the means of the terrible thing;

nuair thàinig dubhar chaill i h-eòl
agus ghabh na Goill i 'n iasad.

Thè bhuidhe, ghaoil ghil mo chridhe,
nach tig dom throm-ghlaodh guidhe,
thè bhàn nach eil, nach bi mar rium,
shàth thu 'n searbh-ghaol geal tromham!

Dh'fhag thu mi 'nam mharbhan beò;
thug thu bhuam gach spèis is sgleò;   30
chlaoidh thu mi le ìsleachd crìdh';
mhill thu mi le àrdan strì.

Stadaidh sruth mun ruig e cuan
is bristidh gaol gu neoineachd bhruan:
an uair thig tiormachd air a' chluain,
searbh is glas na clachan cruaidh.

Theagamh gun diùchd dhuinn aisling chaomh
am faicear air clàr chuantan
tè dhubh dhealbhach agus tè bhan,
soilleireachd mara mun cuairt orr'.   40

Chunnacas, cha b' ann am bruadar,
duine 'na sheasamh air àird,
'nan ràth geal solais mun cuairt air
faclan gun sgoinn, gun stàth.

Cò seo a dh'fhiar an seòladh,
am fear ud à ciarachd àird?
Dhealbh e longphort anns na neòil dhaibh,
mheall e 'n tè dhubh 's an tè bhàn.

O a bhalaich a sheas air àird,
ge b' fhaoin thu agus ge b' fhiarach,   50
cha b' e aiteal do shoillse bhaoith
chuireadh ar birlinn air a cliathaich!

Och, a bhròinein is tu nad cheò,
cha b' thusa seòl an fhuathais;

it was not you who made our villages desolate;
it was not you who mutilated the head of our people.

You did not drive men away for the sake of deer
and the food of white sheep;
you did not lay our house to the ground,
reap our field and rot our boat!   60

O the cry of the garboard to the stream of waves,
the threshing of her shoulder on the surge,
the expertness of her sails going to windward,
the spray going away from her thigh!

But the plundered generations under a sore tribute,
plunder and foreignness robbing you,
the pride of England on helm and sheet,
the paradise of England smothering you!

The burden of England on your planks,
the burden that cannot be moved;   70
before you, around you, above you,
the skies of England and her seas.

Her empire oppressing your sails,
poverty slanting your course,
the bourgeoisie, and their fustian,
and their soul over your desire.

And a new man over you, whom you did not know,
a man who took the strength from your course:
the black hardness, the bald grey head,
and the Election tight in his eyes.   80

On a faint way over the waves of tears,
sniffing at fragrant stars,
his girning digging into your vigour
and the factor at his back.

cha b' thusa chuir ar bailtean fàs;
cha b' thusa mhàb ceann ar tuatha.

Cha b' thu ruaig daoine air sgàth fhiadh
agus biadh chaorach bàna;
cha b' thusa leag ar taigh gu làr,
a bhuain ar blàr 's a ghrod ar bàta!   60

O gaoir an fhliuchbhuird ri sruth thonn,
froiseadh a guaille air bàrcadh,
o ealantas a seòl dol ris,
cathadh bho slios ga fàgail!

Ach creach nan gineal fon chìs ghoirt,
creach is coigreachas gad spùilleadh,
uabhar Shasainn air ailm 's air sgòd,
Pàrras Shasainn gad mhùchadh!

Uallach Shasainn air do bhùird,
an t-uallach nach gabh gluasad;   70
romhad, mun cuairt ort, os do chionn,
speuran Shasainn 's a cuantan.

A h-ìmpireachd a' claoidh do sheòl,
a' bhochdainn a' fiaradh do chùrsa,
a' bhùirdeasachd agus an sgleò,
's an anam thar do rùin-sa.

Agus fear ùr ort nach b' eòl dhut,
fear thug an sgoinn bhod chùrsa,
an cruas dubh, an liath-cheann lom,
's an Taghadh teann 'na shùilean.   80

Air slighe fhann thar tuinn nan deur
a' snòtachadh reultan cùbhraidh,
a chnàmhan a' cladhach do threòir,
's am bàillidh air a chùlaibh.

His hand is falling from your sheet
and his orders being despised,
but a new crew is not to be seen
to put you to the windward.

Will you ever put head to sea,
will you leave a port of death,   90
the murmur of the surge through the night
but a red dawn on the horizon?

Road to the Isles

I will go to the Isles
and inflate with my vapidity
about fairy mounds in Canna and Eigg,
about the wailing of seals in Eriskay,
about 'clarsachs' and the Isle of Barra,
about Blue Men and Catholics,
about 'black' houses and white strands,
about Tir nan Og and the Speckled Barge:
I will put them in my pocket
as snuff for my nose,   10
as a light to my eyes,
a moon to my desires,
to make my kettle boil the quicker,
for lies and chatter.
I will be called the 'true' Gael
according to the extent of my large endowment
with the holy talents
I collected and procured in his country.
I will promenade in Edinburgh
in the belted, kilted plaid;   20
I will shine at every 'ceilidh',
heap incense, as is fitting,
on the altars of Kennedy-Fraser.
I'll sing ditties …

Tha làmh-san a' tuiteam bhod sgòd
is òrdain a' fàs suarach
ach chan fhaicear sgioba ùr
len cuirear thu gu fuaradh.

An cuir thu ceann ri cuan a-chaoidh,
am fàg thu caladh bàsail,   90
torman an onfhaidh rè na h-oidhch'
ach camhanaich dhearg air fàire?

Road to the Isles

Thèid mi thun nan Eileanan
is ataidh mi lem bhaothalachd
mu bhruthan sìth an Canaigh 's Eige,
mu ghusgal ròn an Èirisgeigh,
mu chlàrsaichean 's mu Eilean Bharraigh,
mu Fhir Ghorma 's mu Chaitligich,
mu thaighean dubha 's tràighean geala,
mu Thìr nan Òg 's mun Iùbhraich Bhallaich:
cuiridh mi iad ann mo phòcaid
airson snaoisean mo shròine,   10
airson boillsgeadh mo shùilean,
airson gealach mo rùintean,
airson braisealachd goil coire,
a thaobh brèige is goileim.
Gabhar dhìom am fìor Ghàidheal
a rèir meud mo mhòr-phàighidh
leis na tàlantan diadhaidh
a thruis 's a sholair mi 'na chrìochaibh:
gabhar sràid leam an Dùn Èideann
an crois 's am breacan an fhèilidh,   20
boillsgear follais aig gach cèilidh:
càrnar leam tùis mar dh'fheumar
air altairean Khennedy-Fraser,
seinnear duanagan …

A Highland Woman

Hast Thou seen her, great Jew,
who art called the One Son of God?
Hast Thou seen on Thy way the like of her
labouring in the distant vineyard?

The load of fruits on her back,
a bitter sweat on brow and cheek,
and the clay basin heavy on the back
of her bent poor wretched head.

Thou hast not seen her, Son of the carpenter,
who art called the King of Glory,   10
among the rugged western shores
in the sweat of her food's creel.

This Spring and last Spring
and every twenty Springs from the beginning,
she has carried the cold seaweed
for her children's food and the castle's reward.

And every twenty Autumns gone
she has lost the golden summer of her bloom,
and the Black Labour has ploughed the furrow
across the white smoothness of her forehead.   20

And Thy gentle church has spoken
about the lost state of her miserable soul,
and the unremitting toil has lowered
her body to a black peace in a grave.

And her time has gone like a black sludge
seeping through the thatch of a poor dwelling:
the hard Black Labour was her inheritance;
grey is her sleep tonight.

Ban-Ghàidheal

Am faca Tu i, Iùdhaich mhòir,
rin abrar Aon Mhac Dhè?
Am fac' thu 'coltas air Do thriall
ri strì an fhìon-lios chèin?

An cuallach mheasan air a druim,
fallas searbh air mala is gruaidh;
's a' mhias chreadha trom air cùl
a cinn chrùbte bhochd thruaigh.

Chan fhaca Tu i, Mhic an t-saoir,
rin abrar Rìgh na Glòir,   10
am measg nan cladach carrach siar,
fo fhallas cliabh a lòin.

An t-earrach seo agus seo chaidh
's gach fichead earrach bhon an tùs
tharraing ise 'n fheamainn fhuar
chum biadh a cloinne 's duais an tùir.

'S gach fichead foghar tha air triall
chaill i samhradh buidh nam blàth;
is threabh an dubh-chosnadh an clais
tarsainn mìnead ghil a clàir.   20

Agus labhair T' eaglais chaomh
mu staid chaillte a h-anama thruaigh;
agus leag an cosnadh dian
a corp gu sàmhchair dhuibh an uaigh.

Is thriall a tìm mar shnighe dubh
a' drùdhadh tughaidh fàrdaich bochd;
mheal ise an dubh-chosnadh cruaidh;
is glas a cadal suain a-nochd.

The Island

You gave me the valuable sufficiency
and some mettlesome talent,
struggle, danger and pleasant high spirits
on the rugged tops of the Cuillin,
and under me a jewel-like island,
love of my people, delight of their eyes;
the Seven and the rest in Portree,
exercise of brain and spirit, strife
of Skye camans on the river bught,
battle-joy, joyous company;   10
and the nights of Edinbane,
beauty, drink and poets' novelties,
wit, satire, delight in full,
the Skye spirit at its height;
and nights on the slope of Lyndale,
the great Island with its many hills
lying in peace in the twilight,
grey-faced till the breaking of the sky.

O great Island, Island of my love,
many a night of them I fancied   20
the great ocean itself restless,
agitated with love of you
as you lay on the sea,
great beautiful bird of Scotland,
your supremely beautiful wings bent
about many-nooked Loch Bracadale,
your beautiful wings prostrate on the sea
from the Wild Stallion to the Aird of Sleat,
your joyous wings spread
about Loch Snizort and the world.   30

O great Island, my Island, my love,
many a night I lay stretched
by your side in that slumber
when the mist of twilight swathed you.
My love every leaflet of heather on you

An t-Eilean

Thug thu dhomh an cuibheas luachmhor
agus beagan mheanmnachd bhuadhan,
spàirn, cunnart agus aighear suilbhir
air mullaichean garbh' a' Chuilithinn,
agus fodham eilean leugach,
gaol mo chuideachd, mire 'n lèirsinn,
an seachdnar is càch am Port Rìgh,
iomairt spioraid 's eanchainn; strì
chaman Sgitheanach air budha na h-aibhne,
mire-chatha, comann aoibhneach;   10
is oidhcheannan an Aodainn Bhàin,
bòidhchead, òl, is annas bhàrd,
geurad, èisgeachd, èibhneas làn,
an aigne Sgitheanach aig a bàrr;
is oidhcheannan air ruighe Lìondail,
an t-Eilean mòr 's a mheallan lìontach
'nan laighe sìthe anns a' chiaradh,
glaisneulach gu bristeadh iarmailt.

O Eilein mhòir, Eilein mo ghaoil,
is iomadh oidhche dhiubh a shaoil   20
leam an cuan mòr fhèin bhith luasgan,
le do ghaol-sa air a bhuaireadh
is tu nad laighe air an fhairge,
eòin mhòir sgiamhaich na h-Albann,
do sgiathan àlainn air an lùbadh
mu Loch Bhràcadail ioma-chùilteach,
do sgiathan bòidheach ri muir sleuchdte
bhon Eist Fhiadhaich gu Àird Shlèite,
do sgiathan aoibhneach air an sgaoileadh
mu Loch Shnitheasort 's mun t-saoghal!   30

O Eilein mhòir, m' Eilein, mo chiall,
's iomadh oidhche shìn mi riamh
ri do thaobh-sa anns an t-suain ud
is ceò na camhanaich gad shuaineadh!
Is gràdhach leam gach bileag fraoich ort

from Rubha Hunish to Loch Slapin,
and every leaflet of bog-myrtle
from Stron Bhiornaill to the Garsven,
every tarn, stream and burn a joy
from Romisdale to Brae Eynort, 40
and even if I came in sight of Paradise,
what price its moon without Blaven?

Great Island, Island of my desire,
Island of my heart and wound,
it is not likely that the strife
and suffering of Braes will be seen requited
and it is not certain that the debts
of the Glendale Martyr will be seen made good;
there is no hope of your townships
rising high with gladness and laughter, 50
and your men are not expected
when America and France take them.

Pity the eye that sees on the ocean
the great dead bird of Scotland.

Calvary

My eye is not on Calvary
nor on Bethlehem the Blessed,
but on a foul-smelling backland in Glasgow,
where life rots as it grows;
and on a room in Edinburgh,
a room of poverty and pain,
where the diseased infant
writhes and wallows till death.

Kinloch Ainort

A company of mountains, an upthrust of mountains,
a great garth of growing mountains,
a concourse of summits, of knolls, of hills
coming on with a fearsome roaring.

bho Rubha Hùnais gu Loch Shlaopain,
agus gach bileag roid dhomh càirdeach
o Shròin Bhiornaill gus a' Ghàrsbheinn,
gach lochan, sruth is abhainn aoibhneach
o Ròmasdal gu Bràigh Aoineart,   40
agus ged a nochdainn Pàrras,
dè b' fhiach a ghealach-san gun Bhlàbheinn?

Eilein Mhòir, Eilein mo dheòin,
Eilein mo chridhe is mo leòin,
chan eil dùil gum faicear pàighte
strì is allaban a' Bhràighe,
is chan eil cinnt gum faicear fiachan
Martarach Ghleann Dail 's iad dìolte;
chan eil dòchas ri do bhailtean
èirigh ard le gàire 's aiteas,   50
's chan eil fiughair ri do dhaoine
's Ameireaga 's an Fhraing gam faotainn.

Mairg an t-sùil a chì air fairge
eun mòr marbh na h-Albann.

Calbharaigh

Chan eil mo shùil air Calbharaigh
no air Betlehem an àigh
ach air cùil ghrod an Glaschu
far bheil an lobhadh fàis,
agus air seòmar an Dùn Èideann,
seòmar bochdainn 's càidh,
far a bheil an naoidhean creuchdach
ri aonagraich gu bhàs.

Ceann Loch Aoineart

Còmhlan bheanntan, stòiteachd bheanntan,
còrr-lios bheanntan fàsmhor,
cruinneachadh mhullaichean, thulaichean, shlèibhtean,
tighinn sa bheucaich ghàbhaidh.

A rising of glens, of gloomy corries,
a lying down in the antlered bellowing;
a stretching of green nooks, of brook mazes,
prattling in the age-old midwinter.

A cavalry of mountains, horse-riding summits,
a streaming headlong haste of foam,   10
a slipperiness of smooth flat rocks, small-bellied bare summits,
flat-rock snoring of high mountains.

A surge-belt of hill-tops,
impetuous thigh of peaks,
the murmuring bareness of marching turrets,
green flanks of Mosgary,
crumbling storm-flanks,
barbarous pinnacles of high moorlands.

The Black Tree

Christ's cross of crucifixion
has been spiking Europe's heart
for the course of two thousand years,
tearing the wounded spirit;
and the rotting of a harlot's disease
bruises it in a black way
that sees no proud mind
overcoming the frail sore body.

Glen Eyre

There is a little island in my memory,
lying on a sea of ten years,
a clear distant melancholy island,
an evening of longing and of thoughts,
and I alone and lonely
above the raised beach of Eyre.

The Sound was ruffled with north-west wind,
the south chill and thick,

Èirigh ghleanntan, choireachan ùdlaidh,
laighe sa bhùirich chràcaich;
sìneadh chluaineagan, shuaineagan srùthlach,
brìodal san dùbhlachd àrsaidh.

Eachraidh bheanntan, marcachd mhullaichean,
deann-ruith shruthanach càthair,
sleamhnachd leacannan, seangachd chreachainnean,
srannraich leacanach àrd-bheann.

Onfhadh-chrios mhullaichean,
confhadh-shlios thulaichean,
monmhar luim thurraidean màrsail,
gorm-shliosan Mhosgaraidh,
stoirm-shliosan mosganach,
borb-bhiodan mhonaidhean àrda.

An Crann Dubh

Tha crann-ceusaidh Chrìosda
's e spiacadh cridhe na h-Eòrpa
fad rèis dà mhìle bliadhna,
a' riabadh anama leònte;
's tha lobhadh eucail siùrsaich
ga bhruthadh 's e air seòl dubh
nach fhaic inntinn an àrdain
toirt bàrr air bodhaig bhreòite.

Gleann Aoighre

Tha eilean beag 'na mo chuimhne
's e 'na laighe air cuan deich bliadhna,
eilean soilleir, fad' às, cianail,
feasgar an iarrtais is nan smaointean
agus mi leam fhìn 'nam aonar
os cionn faoilinn Aoighre.

Bha 'n linne greannach le gaoth 'n iar-thuath,
an àird a deas fuaraidh, dùmhail,

the rugged head of Blaven misty and morose,
a glimmering clarity in the north-west,   10
putting a white pool about my longing
and about the bent grass of Glen Eyre.

That evening on the ridge
I realised the unhappy thing:
that there was a wall between joy
and my harsh little croft,
a boundary that would not be changed
to set joy free:

that my cows would not get at the pasture
that is on the far side of the march   20
in spite of every struggle and persistence,
though MacLeans and MacLeods,
Nicolsons and MacDonalds
were urging their claim;

that I would not get the thing I wanted
with the gift of my environment and heredity
and with another gift, my talents;
that I could not stand on Blaven
and stay in the garden
where fruits were growing richly,   30

and though I were to climb Blaven,
it was only a mean mountain
from which I would not see a freedom of grasslands,
when my desire was on Kilimanjaro,
the Matterhorn and Nanga Parbit
and the height of Everest.

And though I stayed where I was
without the toil and cold of the tops,
that my desire, the red ripe fragrant apple,
would not fall into my hands,   40
and that it was not to be reached with surpassing effort
or with pride any more.

ceann sgorach Bhlàbheinn ceòthar, mùgach:
aiteal soilleireachd san iar-thuath   10
a' cur linne gheal mum iargain
agus mu shliabh Ghleann Aoighre:

am feasgar ud air a' bhearradh
thuig mi an nì nach b' aoibhinn:
gu robh balla eadar aoibhneas
agus mo chroit bhig neo-chaomhail,
crìoch air nach tigeadh caochladh
a shaoradh aoibhneas:

nach ruigeadh mo chrodh air an fheurach
a tha air taobh eile na crìche   20
a dh'aindeoin gach spàirn is dìchill,
ged bhiodh Leathanaich is Leòdaich,
Clann MhicNeacail is Clann Dòmhnaill
air tòir an agairt;

nach fhaighinn-sa an nì a dh'iarr mi
le gibht mo dhùthchais is mo dhualchais,
agus le gibht eile, mo bhuadhan:
nach b' urrainn dhomh seasamh air Blàbheinn
agus fuireach anns a' ghàrradh
far am b' fhàsmhor measan: 30

agus ged dhìrichinn Blàbheinn
nach robh innte ach beinn shuarach
bho nach fhaicinn saorsa chluaintean,
agus m' ùidh air Kilimanjaro,
a' Mhatterhorn is Nanga Parbit
agus àirde Everest.

Agus ged dh'fhanainn far an robh mi
gun shaothair agus fuachd nam mullach,
nach tuiteadh mo mhiann, an t-ubhal
dearg, abaich, cùbhraidh, 'na mo làmhan,   40
agus nach ruigteadh e le sàr-strì
no le àrdan tuilleadh.

And my desire had left the heights
since I had seen the fresh apple,
the fragrant, delicate, exotic apple:
I would not get the satisfaction of the garden
nor any comfort on the heights,
with the divisive passion of my spirit.

My life running to the seas
through heather, bracken and bad grass,   50
on its fanked eerie course,
like the mean and shallow stream
that was taking its meagre way through a green patch
to the sea in the Kyle.

But again and again a spring tide came
to put beauty on the river foot,
to fill its destination with richness,
and sea-trout and white-bellied salmon came
to taste the water of the high hills
with flood-tide in Inver Eyre.   60

But base the sea-trout and white-bellied salmon
when one eye was on the top of the high hills
and the other on the beautiful apple:
and mountain and apple would not come to concord,
nor any kind of beauty on the fields,
about the shallow burn of Glen Eyre.

Cornford

Cornford and Julian Bell
and Garcia Lorca
dead in Spain in the sacred cause
and the heart of love uncomforted;
feeble the body in the vigour
that puts beauty on poetry,
faint the heart with the effect
of the gall in beauty's sheen.

'S cha robh mo mhiann air na h-àirdean
on chunnaic mi an t-ubhal ùrar,
an t-ubhal coigreach, grinn, cùbhraidh:
chan fhaighinn sàsachadh a' ghàrraidh
no aon fhurtachd air na h-àirdean
agus mo chàil air bhoile.

Mo bheatha ruith chun nan cuantan
tro fhraoch is fhraineach is droch fheurach   50
air a cùrsa fangte, tiamhaidh,
mar an sruthan staoin suarach
bha gabhail slighe chrìon tro chluaineag
gu cuan anns a' chaol.

Ach uair is uair thigeadh reothairt
a chur dreach air bun na h-aibhne,
a lìonadh a ceann-uidhe le saidhbhreas;
is thigeadh gealag is bradan tàrr-gheal
a bhlaiseadh uisge nan àrd-bheann
ri làn an Inbhir Aoighre.   60

Ach suarach gealag is bradan tàrr-gheal
is aon t-sùil air mullach nan àrd-bheann
's an tèile air an ubhal àlainn:
's cha tigeadh beinn is ubhal gu aonadh,
no gnè mhaise air na raointean,
mu abhainn staoin Ghleann Aoighre.

Cornford

Cornford agus Julian Bell
agus Garcia Lorca
marbh san Spàinn san adhbhar naomh
is cridhe ghaoil mì-shocrach:
neo-lùthmhor bodhaig leis an sgoinn
tha cur na loinn air bàrdachd,
anfhann an cridhe leis a' bhrìgh
th' aig domblas lì na h-àilleachd.

Cornford and Julian Bell
and Garcia Lorca   10
dead in Spain in the hard cause
and the heart of verse uncomfortable;
hoarse the grey Muse
who has taken the blight that rusts,
anguish in the heart of heroes
who have seen the decline of anger.

Cornford and Julian Bell
and Garcia Lorca
always going round in my head
and sky black without an opening.   20
Cornford and Julian Bell
and Garcia Lorca,
the poets will not get over your death
with the lie of the comfortable heart.

What to us the empire of Germany
or the empire of Britain
or the empire of France,
and every one of them loathsome?
But the grief is ours
in the sore frailty of mankind,   30
Lorca, Julian Bell and Cornford,
who did not wait for the fame of poets.

O fields of Spain
that saw the distress of miserable ones,
I did not take your agony
and the full grief of your passion:
those to whom you gave death
found the shade of the grave,
some of them left a happy world
and some the shriek of misery.   40

Cornford and Julian Bell
and Garcia Lorca,
it's you who have the grave

Cornford agus Julian Bell
agus Garcia Lorca
marbh san Spàinn san adhbhar chruaidh
is cridhe 'n duain mì-shocrach;
tùchadh air a' Cheòlraidh ghlais,
a fhuair an gaiseadh meirge,
ànradh an spiorad nan laoch
a chunnaic claonadh feirge.

Cornford agus Julian Bell
agus Garcia Lorca
a' sìor dhol thimcheall 'nam cheann
is adhar dubh gun fhosgladh.
Cornford agus Julian Bell
agus Garcia Lorca,
chan fhaigh na bàird os cionn bhur n-èig
le brèig a' chridhe shocraich.

Dè dhuinne ìmpireachd na Gearmailt
no ìmpireached Bhreatainn,
no ìmpireachd na Frainge,
's a h-uile tè dhiubh sgreataidh!
Ach 's ann dhuinne tha am bròn
ann am breòiteachd a' chinne:
Lorca, Julian Bell is Cornford,
nach d' fhan ri glòir nam filidh.

O mhachraichean na Spàinne,
a chunnaic àmhghar thruaghan,
cha d' ghabh mise bhur cràdhlot
is sàthghal bhur buairidh;
an fheadhainn dan tughadh bàs leibh,
fhuair iad sgàil na h-uaghach;
dh'fhàg cuid dhiubh sonas saoghail
is cuid dhiubh gaoir na truaighe.

Cornford agus Julian Bell
agus Garcia Lorca,
's ann agaibhse a tha an uaigh

10

20

30

40

that is hard with a comfortable glory!
Cornford and Julian Bell
and Garcia Lorca,
to me seven times better your death
than the necessity of my case.

The Clan MacLean

Not they who died
in the hauteur of Inverkeithing
in spite of valour and pride
the high head of our story;
but he who was in Glasgow
the battle-post of the poor,
great John Maclean,
the top and hem of our story.

The Castle on Fire

Although Dunvegan was almost consumed by fire,
there was no 'almost' in the burning of the houses
that MacLeod burnt in order to maintain Dunvegan
in majesty on its rock.
ED

On the Same Topic

Where are the MacLeods to extinguish
the fierce smoke of this steading?
The Sea of Barra extinguished them
behind the Sound of Vatersay.
ED

To Mr Neville Chamberlain

Your face will pursue generations,
the betrayal of the Czechs and Spaniards
portrayed in your ugly snout.
ED

tha cruaidh le glòir socrach!
Cornford agus Julian Bell
agus Garcia Lorca,
bu sheachd feàrr leams' bhur n-eug
seach èiginn mo thorchairt!

Clann Ghill-Eain

Chan e iadsan a bhàsaich
an àrdan Inbhir Chèitein
dh'aindeoin gaisge is uabhair
ceann uachdrach ar sgeula;
ach esan bha 'n Glaschu,
ursann-chatha nam feumach,
Iain mòr MacGill-Eain,
ceann is fèitheam ar sgeula.

An Dun 'na Theine

Ged theab gun do loisgeadh Dùn Bheagain
cha robh 'theab' an losgadh nan taighean
a loisg MacLeòid a chum Dùn Bheagain
a chumail uasal air a chreagan.

Air an Adhbhar Cheudna

Cà bheil Leòdaich gu cur às
smùidreach gharbh na h-aitreibh seo?
Chuir an cuan Barrach iadsan às
air cùlaibh Caolas Bhatarsaigh.

Do Mhgr. Niall Mac an t-Seumarlain

Leanaidh t' aodann-sa na h-àlan,
brath nan Teacach 's nan Spàinnteach
air a dhealbh nad smuiseal grànda.

To the Judge who told John Maclean that he was a coward

I heard the laughter of the stars,
the pealing laughter of sun and moon,
the muffled laughter of the universe encircling
the barrenness and expansiveness of the year.
Laughter, peals of laughter and satire
from blue summits in the skies,
belly-laughter of the brutes
mocking you, my fellow creature.

Aros Burn

I do not remember your words,
even a thing you said,
but Aros Burn in the smell of honeysuckle
and the smell of bog-myrtle on Suishnish.

The Old Song

My body is singing for your beauty
and my veins shouting a paean:
all my blood is like a belled wine
over-brimming a bowl.
Before you, beautiful one,
in my head are two thousand thrushes
singing livelily in a young wood:
in my ear ten thousand bees.

My body is in battle-joy,
an army under a victorious banner,
Goll and Fionn winning the day,
Caoilte in the strength of his swiftness.
Since you are my battle-opposite,
let me strike you with ten thousand kisses,
since you are my champion in the field,
yielding is your victory, lovely one.

10

Don Bhritheamh a thubhairt ri Iain MacGill-Eain gum b' e gealtair a bh'ann

Chuala mi gàireachdaich nan reultan,
lasganaich gealaich agus grèine,
mothar a' chruinne-cè 's e 'g iathadh
luime 's farsaingeachd na bliadhna.
Gàireachdaich, lasganaich is èisgeachd
bho mhullaichean gorma anns na speuran,
mothal gàire aig na bèistean
a' magadh ortsa, mo cho-chreutair.

Abhainn Àrois

Cha chuimhne leam do bhriathran,
eadhon nì a thubhairt thu,
ach Abhainn Àrois an àileadh iadhshlait
is àileadh roid air Suidhisnis.

An Seann Òran

Tha mo chom a' seinn rid bhòidhche
's mo chuislean 'g èigheach luathghair:
tha m' fhuil uile mar fhìon cròiceach
a' cur thairis cuaiche:
fa do chomhair, a thè bhòidheach,
'na mo cheann dà mhìle smeòrach
ann an coille òig ri ceileir:
'na mo chluais deich mìle seillean.

Tha mo chom ri mire-chatha,
armailt fo bhrat buadhach,
Goll is Fionn a' cur an latha,
Caoilte 'n trèine 'luathais.
Bhon as tu mo chèile còmhraig,
buaileam le deich mìle pòg thu;
bhon as tu mo chonnspann àraich,
's e strìochd do bhuaidh, a thè àlainn.

10

My well-shod steeds are on the plain
vehement in the start of pursuit.
I have taken as emblem the kindling
that is in your flushing of cheek.   20
Whoso encounters you in war,
you are better than Conall Cearnach,
than Diarmid, Oscar or Cuchulainn:
my victory is to fall under your blows.

Defeat is victory
in the war of joy:
for all that may happen, there will be
mirth and drinking in Maebhe's hall.
O golden one, o beautiful one,
your hair is the banner of satins,   30
your white body is the enraptured plain,
triumph and revelry on its level.

My body is singing with delight
in the top of richness:
your beauty's feast and revelry
is lighting a thousand candlesticks.
Your handsome face, beloved girl,
is Germany in violin music;
it is the tenderness and sparkle
Scotland had in MacCrimmon's music.   40

My body is singing with joyful salutation
on the height of the mountains,
seeing the white mist pouring
in deep pools of light.
O golden one, o joyous one,
the rarity of your face my sunlit mountain,
and your handsome carriage
is my straight sapling, my glen of pine.

My body is singing with tranquillity
in the mouth of the evening   50
since it learned of every treasure

Tha m' eich chrodhant air a' mhachair
dian an toiseach ruaige:
ghabh mi 'na shuaicheantas an lasadh
tha nad rudhadh gruaidhe.
Ge b' e chòmhraigeas am blàr thu,
's tus' as fheàrr na Conall Ceàrnach,
na Diarmad, Osgar, no Cù Chulainn;
mo bhuaidh-sa tuiteam fod bhuillean.

'S e am bristeadh a' bhuaidh-làraich
ann am blàr an aoibhneis:
air na thachras 's ann bhios mànran
's òl an talla Maebhe.
O thè bhuidhe, o thè bhòidheach,
's i do ghruag a' bhratach shròiltean,
's e do chliabh geal am magh èibhneach,
buaidh is caithream air a rèidhlean.

Tha mo chom a' seinn le sòlas
ann am mullach saidhbhreis:
tha cuirm is caithream do bhòidhche
a' lasadh mìle coinnlear.
'S e t' aodann lurach, a ghaoil nìghne,
a' Ghearmailte an ceòl na fidhle;
's e a' chaoine is an drithleann
bh' aig Alba ann an ceòl MhicCruimein.

Tha mo chom a' seinn le faoilte
's e air àird a' mhonaidh,
ag amharc a' cheò ghil a' taomadh
'na ghlumagan solais.
O thè bhuidhe, o thè èibhneach,
annas t' aodainn mo bheinn grèine,
agus 's e do ghiùlan lurach
m' fhiùran dìreach, mo ghleann giuthais.

Tha mo chom a' seinn le ciùine
ann am beul na h-oidhche
bhon a dh'fhoghlaim e gach iunntas

20

30

40

50

that is in the enriched mind.
O beautiful one, you are my quest,
my protection charm, my Brightness of Brightness,
my unparalleled music beyond beautiful refrains,
my precious verse come upon by chance.

My body is singing with tenderness
in the middle of the night
since it learned of each wonder
of most gentle compassion.   60
O girl, you are the Milky Way
with its band of dense stars.
You are Venus and Arcturus,
the belt and scabbard of Orion.

The Tree of Strings

To George Campbell Hay

I
On the hardness of rocks
is the ordered thought,
on the bareness of mountains
is the forthright verse,
on a living summit
is the might of talents,
on a white summit
the garden that is not named.

The Tree of Strings is
on the face of hardship;   10
the pillar of poems
on the height of misery;
on the erection of vicissitudes
the tree-top of exultation;
the tree of music is
a flower to windward.

tha san aigne shaidhbhir.
O thè bhòidheach, 's tu mo shireadh,
mo sheun, mo Ghile na Gile,
mo shàr-cheòl thar shèistean àlainn,
mo rann faodail thar gach bàrdachd.

Tha mo chom a' seinn le caoine
ann am meadhan oidhche
bhon a dh'fhoghlaim e gach iongnadh
as caoimhe coibhneas.   60
O nighean, 's tusa Sgrìob Chloinn Uisnigh
le bann de rionnagan dùmhail,
's tu Arcturus agus Bheunas,
crios is truaill an t-Sealgair reultaich.

Craobh nan Teud

Do Mhac Iain Deòrsa

I

Air cruas nan creag
tha eagar smuaine,
air lom nam beann
tha 'n rann gun chluaine;
air mullach beò
tha treòir nam buadhan,
air àirde ghil
tha 'n lios gun luaidh air.

Tha Craobh nan Teud
air aodann cruaidh-chàis,   10
tha calbh nan dàn
air àird na truaighe;
air stòiteachd chàs
tha bàrr na luathghair,
tha craobh a' chiùil
'na flùr ri fuaradh.

The finger-lock is fast
above the dun on the summit;
the new elegy is
under the dew of sorrow;   20
the great tree spreads
on a mountain of grief;
the Tree of Strings
is a swift height of foliage.

The tree of poetry
is in bands of steel,
in the cleft rocks,
in the notch of anguish;
the green foliage is
under the fierce abusive eye: 30
the Tree of Strings is
in the extremity of grief.

O Tree of Strings,
O blaze of the firmament,
excess of lights,
white star of the horizon,
desire of mountains,
body of poems,
unbranded reason,
blood plant of laughter.   40

O tree, your foliage is the
unhusking of lyrics,
the phosphorescence of a sea
about jewelled ships:
lovely tree of blood,
excelling tree of the high hills,
the loveliness of agony,
my white love and my treasure-trove.

Above the stream-voice of mountains
the agony-music of France,   50
the white wicked poem

Tha ghlas-mheur dùint'
mu dhùn a' mhullaich,
tha 'n cumha ùr
fo dhriùchd na dunaidh;   20
tha chraobh mhòr sgaoilte
air aonach tuiridh,
tha Craobh nan Teud
'na leus luath duillich.

Tha craobh nan rann
am bannan stàilinn,
an sgoltadh chreag,
an eag an àmhghair;
tha 'n duilleach gorm
fo cholg a' mhàbaidh,   30
tha Craobh nan Teud
an èiginn sàth-ghal.

A Chraobh nan Teud,
a chaoir nan speur,
a laomadh leus,
geal-reul na fàire,
a mhiann nam beann,
a chliabh nan rann,
a chiall gun bhann,
crò-phlannd a' ghàire.   40

A chraobh, 's e d' dhuilleach
faoisgneadh luinneag,
caoireachd tuinne
mu luingeis leugaich;
a chrò-chraobh àlainn,
rò-chrann àrd-bheann,
bòidhchead cràdhlot,
mo ghràdh geal 's m' eudail.

Thar gàir-shruth bheanntan
an cràdh-cheòl Frangach,   50
an dàn geal aingidh

and the choiceness of Greece:
and the music of Scotland
the white fugitive grief,
and the music of Germany
and the verse of Ireland.

In the harp of Ruairi
and the pipes of the Patricks
is the loved tree of my talk,
in Patrick's unrest   60
is the paean beauty,
the serene lovely music,
the white crying music,
the music of my love and talk.

II

There have been seen under the shadow of the Tree of sadness
walking the streets of Paris luminously
the little old decrepit prostitutes
whom Baudelaire saw in his loneliness.

And on the branches of the Tree
the apples of gall and the wisdom of sages,   70
the growth of many a body that was mortified,
the fruit and bitter hymns of a broken spirit.

The Tree's stock is from the root of anguish,
Ross and Baudelaire in misery;
the branches go to seed on the bareness of high hills,
on sharp hard desert mountain-tops.

Seen under the shadow of the Tree of joy
every great crowd of little people going blindly,
the wretched man in harsh dejection,
misery, poverty and dejection shining.   80

    The tree-top music
    is on the dun of the summit;
    the great new tree

is annsachd Grèige;
is ceòl na h-Albann
geal-bhròn an fhalbhain,
is ceòl na Gearmailt
is ranntachd Èireann.

An clàrsaich Ruairi
's am pìob nam Pàdraig
tha craobh ghràidh mo luaidhe,
an luasgan Phàdraig   60
tha àilleachd luathghair,
ceòl suaimhneis àlainn,
an ceòl geal gàireach,
ceòl gràidh mo luaidhe.

II
Chunnacas fo sgàil craobh na dòrainn
a' coiseachd sràidean Pharais gu lòghmhor
na seann siùrsaichean beaga breòite
a chunnaic Baudelaire 'na ònrachd.

Agus air meanglannan na craoibhe
ùbhlan an domblais 's gliocas shaoidhean,   70
fàs iomadh corp a dh'fhuiling claoidheadh,
meas spioraid bhriste 's a shearbh-laoidhean.

Tha stoc na craoibhe o fhreumh an àmhghair,
Ros is Baudelaire an cràdhlot;
tha 'n laomadh gheug air luime àrd-bheann,
air creachainnean geura cruaidhe fàsail.

Chunnacas fo sgàil craobh an aoibhneis
gach mith-shluagh mòr a' falbh an doille,
an duine truagh fo sprochd mì-choibhneil,
an truaighe, bhochdainn 's an sprochd fo bhoillsgeadh.   80

    Tha bàrr a' chiùil
    air dùn a' mhullaich;
    tha 'n rò-chrann ùr

is under an unlamenting dew:
the broken heart
is beyond the startling of woe;
the Tree of Strings
is a light through suffering.

The branches of the poem tree will not be broken
by the hardship of chances and their strokes: 90
the guileless rose will grow
in spite of the grey drought of the springs.

Death, hardship and corruption
wither the foliage that was in joy;
but the great stock will grow without decline
beyond the misery of chances and their nightmare.

His children dead in the raging fever
and Patrick Mór in his music;
the Dun dumb with no voice it knew
and Ruairi on a luminous mountain.   100

Tree of poetry,
firebrand of the high hills,
choiceness of the horizon
and loveliness of sun:
stock unoppressed
by woe and threat,
by bitter-speaking hunger
and torrent of falsehood.

In a harp of pain,
in the pipe of the Patricks   110
is the tree of a glorious beauty,
the lovely music-voice,
white, crescent, luminous,
the surging verse music,
the melodious, gold-yellow tree,
high head above grief.

fo dhriùchd gun tuireadh;
tha 'n cridhe brist'
thar clisgeadh dunaidh;
tha Craobh nan Teud
'na leus le fulang.

Cha bhristear meangach craobh na luathghair
le allaban nan càs 's lem bualadh: 90
cinnichidh an ròs gun chluaine
dh'aindeoin tiormachd ghlas nam fuaran.

Tha 'm bàs, an t-anacothrom 's a' chaitheamh
seacadh an duillich bha fo aighear;
ach fàsaidh an stoc mòr gun chaitheamh
thar truaighe chàs 's an trom-laighe.

A chlann marbh san teasaich dhòbhaidh
agus Pàdraig Mòr gu ceòlmhor;
an Dùn balbh gun ghuth bu nòs da
agus Ruairi air beinn lòghmhoir.   100

    A chraobh na bàrdachd,
    a chaoir nan àrd-bheann,
    a chaoine fàire
    is àilleachd grèine;
    a stoc gun chlaoidheadh
    le ànradh 's maoidheadh,
    le gort shearbh-laoidheach
    's le maoim-shruth brèige.

    An clàrsaich cràidh,
    am pìob nam Pàdraig   110
    tha craobh àilleachd glòrmhoir,
    an ceòl-ghuth àlainn,
    geal, fàsmhor, lòghmhor,
    an rann-cheòl bàrcach,
    an crann binn àr-bhuidh,
    ceann àrd thar dòrainn.

III

I saw the tree rising,
in its branches the jewelled music,
my own fair love moving strings:
the image of joy blossoming.   120

I saw the tree in a distant land
and its far sad music sore for me,
my own fair love with her fingers on harp strings,
restless the gold voice of their crying speech.

Going from my sight, the longed-for tree
drone-voiced avoiding my desires,
bearing itself away from the course of my wishes
and growing fresh and new on that mountain.

Joyful in among the thick branches
the fair serenity of the beautiful face,   130
star-like its form on the horizon,
the treasure of the undying verse.

As it went further
it drew nearer,
and as it departed in the distance,
the more its effulgence became.

    Tree with your strings
    love of my body of clay,
    my reason's thought
    and the joy of my anguish.   140

    Fully bare mountain,
    my reason and sense,
    my extremity and my melody,
    and my basis of laughing lamentation.

Moon and the green shadiness of woods,
the little cairns of dew in its glistening,
the caressing love-talk of the happy young
splendid precious stones in its pure beauty.

III

Chunnaic mi a' chraobh ag èirigh,
'na meanglannan an ceòl leugach,
mo ghaol geal fhìn a' gluasad theudan,
bàrr-gùc air ìomhaigh an èibhneis.   120

Chunnaic mi a' chraobh an cèin-thìr
's a ceòl cianail 'na phèin dhomh,
mo ghaol geal fhìn 's a meòir air teudan:
bu luaineach òr-ghuth glòir an èighich.

A' falbh bho mo chomhair craobh na h-iargain
's i seachnadh, dos-ghuthach, mo mhiannan,
ga giùlan fhèin bho chùrsa m' iarraidh
's i fàs gu h-ùrail air an t-sliabh ud.

Èibhneach anns a' mheangach bhlàthmhor
suaimhneas geal an aodainn àlainn,   130
leugach anns a' chumadh fàire
fiamh ulaidhe an rainn neo-bhàsmhoir.

Mar a rachadh i na b' fhaide
's ann a theannadh i na b' fhaisge,
's mar a thrialladh i am fadal
's ann a mhiadaicheadh a h-aiteal.

    A chraobh led theudan
    gaol mo chrè-chlèibh,
    smuain mo chèille
    's m' èibhneas àmhghair.   140

    A bheinn làn lom,
    mo chèill 's mo chonn,
    m' èiginn 's m' fhonn
    's mo bhonn gal gàire.

Gealach is dubhar uaine choilltean,
cùirneanan an driùchd 'na boillsgeadh,
brìodal sùgraidh nan òg aoibhneach
'nan leugan òirdheirc 'na loinn ghil.

The snow serenity of sunlit mountains
and the white Whiteness that was in the longing
of Ó Rathaille in his sadness,
a straying wanderer on that mountain.

150

Maol Donn in the Big Music of MacCrimmon
and the Echo that came unasked
to Blind Ruairi stirred and stung
with the hauteur of humiliation.

Homer in the death of valiant Hector
and Helen, fairest of the fair,
and poor Priam prostrating himself
in the tears of him who killed his dear one.

160

High-headed Deirdre mourning as she was leaving
Alba and the glens she loved so greatly;
acute Shakespeare struggling in the strife of his nature,
heaping thoughts about his anguish.

Blok as he saw coming
the thing thought not to be reached,
the great Red Revolution of man,
the wandering light that was long sought.

And eternal in the crying
quivering tormented novel words
the remote sad thought and feeling,
the sensitive fugitive who is eternal.

170

What put growing in this tree
a face lovely beyond every hymn,
a spirit gracious beyond all mortification,
beyond every anguish and joy of the tree?

 O love, o tree,
 company of love,
 thought synthesis,

Suaimhneas sneachda nam beann grian-laist'
's a' Ghile gheal a bha an iargain   150
Uí Rathaille is e gu cianail
'na fhalbhan faondraidh air an t-sliabh ud.

Maol Donn an ceòl-mòr MhicCruimein
's am Mac-talla thàinig gun shireadh
gu Ruairi Dall is e air iomairt,
le àrdan tàmailte ga bhioradh.

Hòmair am bàs Eachainn euchdaich
agus Eilidh àlainn ghlè-gheal
is Priam truagh is e ga shleuchdadh
an deòir an fhir a mharbh eudail.   160

Deirdre ghuanach 's i caoidh a' fàgail
Albann is glinn a gràidh mhòir;
Shakespeare geur an gleac a nàdair
's e càrnadh smuaintean mun ànradh.

Blok 's e faicinn a' tighinn
an nì a mheasadh do-ruighinn,
Ar-a-mach mòr Dearg an duine,
leus an fhalbhain bu chian sireadh.

Agus biothbhuan anns na briathran
gaoir-chritheach ùra pianta   170
an smuain 's am faireachadh cianail,
am falbhan eagarra tha sìorraidh.

Dè chuir fàsmhor anns a' chraoibh seo
aodann àlainn thar gach laoidhe,
spiorad gràsmhor thar gach claoidheadh,
thar gach àmhghair 's èibhneas craoibhe?

    A ghràidh, a chraobh,
    a chòmhlan gaoil,
    a cho-chur smaoin,

o two-in-one, you are my woe: 180
courteous two
and mentioned web
and clan of thought,
you are the cause of my unhappiness and good fortune.

Of restless strings,
of clamorous pipe
is the stringed exultant tree:
restless is the extremity,
jewelled are the thoughts
of the graced, very white music, 190
of the swift, rapturous music,
the music of reason and love.

'Is it your desire ...'

Is it your desire to be between a girl's thighs,
your mouth on the bloom of her breasts,
and the Red Army in the throes of battle,
harassed and harried?
ED

'Get out of my poetry'

Get out of my poetry,
you, my madness, lovely face,
because of whom I failed to dedicate due attention
to the sowing and the growing of hopes
or to the shaping of accomplished verses.

Because of you I failed to act as I would wish
in understanding and in changing the world;
I pursued nothing to its conclusion:
because of you every struggle was left crooked and twisted
and I, with insubstantial verses. 10

Get out of my memory,
you, my madness and my bondage,

a dhà-an-aon, sibh m' ànradh: 180
a dhithis shuairc
is fhilleadh luaidh
's a chinnidh smuain,
sibh ceann mo bhuairidh 's m' àigh-sa.

De theudan luasgain,
de phìob na h-èighich
tha chraobh theudach luathghair:
is luaineach èiginn,
is leugach smuaintean
a' chiùil ghrinn ghlè-ghil,   190
a' chiùil luaith èibhnich,
ceòl cèille 's luaidhe.

'N e d' mhiann …

'N e d' mhiann bhith eadar slèistean nìghne
's do bheul air blàth a cìochan
's an t-Arm Dearg an èiginn àraich
air a shàrachadh 's a riasladh?

Gabh a-mach às mo bhàrdachd

Gabh a-mach às mo bhàrdachd,
's tu mo chuthach, aodainn àlainn,
trìd nach tug mi 'n t-suim bu chòir dhomh
do churachd is do fhàs nan dòchas
no do ghnìomhadh nan rann seòlta.

Cha d' rinn mi leat mar bu chaomh leam
an tuigsinn no atharrachadh an t-saoghail;
cha d' lean mi aon riamh gu crìch leat:
dh'fhàgadh staoin is cam gach strì leat
agus mi fhìn le rann neo-bhrìoghmhor.   10

Gabh a-mach às mo chuimhne,
's tu mo chuthach is mo chuingeadh,

and I, now pursuing is at an end,
emptier, weaker and more devoid of hope
than I was when I began.

Get out of my poetry,
you, my delirium, lovely face!
ED

'Yeats spent forty years'

Yeats spent forty years
struggling repeatedly and doggedly
to set down in skilled words
the rarity of one face.

I gave in excess of two years
to the same futile attempt,
and what has befallen me is
bitterness, sorrow and woe.
ED

'When the constriction comes'

When the constriction comes
on hope and affection
and anxiety closes in
on the breadth of the heavens,
when black rocks are constrained
within a tight span,
where is the god who will alleviate
the chilliness of clay?

Who will keep flesh from decaying on
the bare abused breast
and drive the speeding blood
on its course through the body:
where is the god who will hinder
the crushing burden that arrives
or will achieve liberation
for the labour of the soles?
ED

10

agus mi nis aig ceann aon tòrachd
nas failmhe, fainne 's eugmhais dòchais
na na bha mi nuair a thòisich.

Gabh a-mach às mo bhàrdachd –
's tu mo bhreisleach, aodainn àlainn!

'Thug Yeats dà fhichead bliadhna'

Thug Yeats dà fhichead bliadhna
gu tric 's cruaidh a' fiachainn
ri annas aon aodainn
chur an caoine bhriathran.

Thug mise còrr 's dà bhliadhna
am faoine a' cheart fhiachainn,
agus thàrrla dhòmhsa
searbhachd, bròn is iargain.

'An uair a thig an teannachadh'

An uair a thig an teannachadh
air dòchas agus spèis
agus a dhùineas arraban
air farsaingeachd nan speur,
an uair a thig an crioslachadh
de chreagan dubh' air rèis,
cà bheil an dia bheir faothachadh
do aognaidheachd na crè?

A chumas feòil bho chnàmhadh air
a' bhroilleach mhàbte lom
's a ghreasas an fhuil shiùbhlach
air a cùrsa tron a' chom:
cà bheil an dia chur bacadh air
an t-sacadh a thig trom
no a liùbhras saorsachadh
do shaothrachadh nam bonn?

10

'Here is love'

Here is love
lying dead:
take away
the body of clay;
lay it out gently,
scattering branches
and dark earth
and little sods of turf;
do not leave anything
but grass: 10
and be proud
that you have made a grave
which will be proud beneath the skies.

Leave the grave
with at its head
a scant strewing
of fierce pride.
Even it around the sides
with smooth vanity,
set a beguiling image there   20
of fragile clay:
do not leave it
unadorned.
There you have a grave
that will endure forever
facing the sun.
ED

A New Moon

I will put a handle on the sickle of the moon
and a steel-headed hammer over
the feeble gold and through it:
and let God call it blasphemy.

'An seo an gaol'

An seo an gaol
'na laighe marbh:
thugaibh air falbh
a' cholann chrè:
càirichibh gu caomhail i,
a' sgaoileadh gheug,
is talamh dubh
is fàilean glas;
na fàgaibh dad
ach feur: 10
is dèanaibh uaill
gun d' rinn sibh uaigh
bhios uaibhreach ris an speur.

Fàgaibh an uaigh
is aig a ceann
an sadadh gann
de dh'uabhar geur.
Dìrichibh ma taobhan i
le faoine rèidh,
cur samhladh grinn   20
de chrèadhaich fhann,
na fàgaibh gann
a sgèimh.
Sin agaibh uaigh
a mhaireas buan
is suaimhneach ris a' ghrèin.

Gealach Ùr

Cuiridh mi làmh air corran na gealaich
agus òrd ceann-chruaidh thairis
air an òr fhann is troimhe:
is canadh Dia gur h-e an toibheum.

A blood-red banner behind,
emblem of hope and expectation,
the standard of mankind arising,
a new star lit in Heaven.

Scotus Erigena

Did you hear the tale
about Scotus Erigena
who spoke out against the Election
for two days, without tiring;
and who also abolished Hell
and Sin with the unfailing vehemence
and subtlety of his argument
before he was forced to fall silent?
Pity a voice like his was not heard
among the flock of Seceders.   10
ED

The Woods of Raasay

Straight trunks of the pine
    on the flexed hill-slope:
    green, heraldic helmets,
    green unpressed sea;
    strong, light, wind-headed,
    untoiling, unseeking,
    the giddy, great wood,
    russet, green, two plaitings.

Floor of bracken and birch
    in the high green room: 10
    the roof and the floor
    heavily coloured, serene:
    tiny cups of the primrose,
    yellow petal on green,
    and the straight pillars of the room,
    the noble restless pines.

Brat crò-dhearg air a chùlaibh,
suaicheantas dòchais is dùile,
meirghe 'chinne-daonna 'g èirigh,
solas ùr laist' anns na speuran.

Scotus Erigena

An cuala sibh an sgeulachd
mun Scotach Erigena
a labhair an aghaidh an Taghaidh
dà latha, gun sgìths air;
's a chuir às do Ifrinn cuideachd
's don Pheacadh aig dìorras
is eagnaidheachd a labhairt
mun deach a stad chum sìthe?
Nach bochd nach cualas a leithid
am badaibh nan Sisìdear.

Coilltean Ratharsair

Gallain a' ghiuthais
  air lùthadh an fhirich;
  gorm-chlogadan suaithneis,
  muir uaine gun dinneadh;
  treun, aotrom, ceann-gaothail,
  neo-shaothrach, gun shireadh,
  a' choille mhòr ghuanach,
  ruadh, uaine, dà fhilleadh.

Ùrlar frainich is beithe
  air an t-seòmar àrd uaine;
  am mullach 's an t-ùrlar
  trom-dhathte le suaimhneas:
  mith-chuachan na sòbhraig,
  bileag bhuidhe air uaine;
  is cuilbh dhìreach an t-seòmair,
  giuthas òirdheirc an luasgain.

10

You gave me helmets,
   victorious helmets,
   ecstatic helmets,
   yellow and green;   20
   bell-like helmets,
   proud helmets,
   sparkling helmets,
   brown-red helmets.

I took your banners
   and wrapped them round me.
   I took your yellow
   and green banners,
   I clothed pampered
   volatile thoughts: 30
   I clothed them in your
   yellow and red banners.

I took my way
   through the restless intricacy;
   I took the course
   over the new land of dream;
   going and returning
   and seeking the triumph,
   in delight and in swift running,
   with my desire proud-spirited.   40

The great wood in motion,
   fresh in its spirit;
   the high green wood
   in a many-coloured waulking;
   the wood and my senses
   in a white-footed rapture;
   the wood in blossom
   with a fleeting renewal.

Thug thu dhomh clogadan,
   clogadan buadhmhor,
   clogadan mireanach,
   buidhe is uaine;   20
   clogadan glaganach,
   clogadan uallach,
   clogadan drithleannach,
   clogadan ruadha.

Ghabh mi do bhrataichean
   umam gan suaineadh:
   ghabh mi do bhrataichean
   buidhe is uaine.
   Sgeadaich mi aignidhean
   beadarra luaineach: 30
   sgeadaich nad bhrataichean
   buidhe is ruadha.

Ghabh mi an t-slighe
   tro fhilleadh an luasgain:
   thug mi an cùrsa
   thar ùr-fhonn a' bhruadair,
   a' siubhal 's a' tilleadh
   's a' sireadh na buaidhe,
   am mire 's an deann-ruith
   is m' annsachd gu h-uallach.   40

A' choille mhòr shiùbhlach
   's i ùrail am meanmna;
   a' choille àrd uaine
   ann an luadh ioma-dhealbhach.
   A' choille 's mo bhuadhan
   ann an luathghair nan geala-chas:
   a' choille bàrr-gùcach
   le ùrachadh falbhach.

The sunlit wood
   joyful and sportive,   50
   the many-winded wood,
   the glittering jewel found by chance;
   the shady wood,
   peaceful and unflurried,
   the humming wood
   of songs and ditties.

The divided wood
   wakening at dawn,
   the wood with deer-belling
   bursting to baying;   60
   the wood with doubling
   of hurrying 'Crunluath',
   the wood delighted
   with the love-making of the sea.

You were eloquent at evening
   with songs in your house,
   and cool with dews
   silently falling;
   and you would break out in splendour
   with dells of thrushes,   70
   and be silent always
   with a humming of streamlets.

In your silence at night
   there would be lovely amber shapes
   over the dimming of the woods
   and the faint light of the gloaming,
   creeping wilily,
   many-formed, subtle,
   going and always coming
   and winding themselves into your croon.   80

Coille na grèine
   's i èibhneach is mireagach:
   a' choille ioma-ghaothach,
   an leug fhaodail dhrithleannach;
   coille na sgàile
   's i tàmhach neo-dhribheagach:
   coille a' chrònain
   's i òranach luinneagach.

A' choille san sgarthanaich
   dùsgadh sa chamhanaich:
   a' choille le langanaich
   brùchdadh gu tabhanaich:
   a' choille le dùblachadh
   crùnluaith chabhagaich:
   a' choille 's i mùirneach
   ri sùgradh nam marannan.

Bha thu labhar tràth-nòine
   le òrain nad fhàrdaich
   is fionnar le driùchdan
   a' tùirling gu sàmhach;
   agus bhristeadh tu loinneil
   le doireachan smeòrach;
   's a' dùnadh gu suthainn
   bu shruthanach crònan.

Rid thosd anns an oidhche
   bhiodh loinn-chruthan òmair
   thar ciaradh nan coilltean
   's fann-shoillse na glòmainn,
   ag èaladh gu cuireideach,
   ioma-chruthach, seòlta,
   a' falbh 's a' sìor thighinn
   's gam filleadh nad chrònan.

50

60

70

80

You gave me helmets,
   green helmets,
   the helmet of the poignant
   and the helmet of the serene:
   new helmets
   hurting me with temptation,
   helmets of pride
   maiming me with unrest.

A face troubled the peace of the woodlands,
   the bird-song of rivulets and the winding of burns,   90
   the mildness of yellow stars shining,
   the glitter of the sea, the phosphorescence of night.

When the moon poured the bright crown pieces
   on the dark blue board of the sea at night
   and I rowed to meet them,
   I then tried to work out its genesis.

Sgurr nan Gillean is the fire-dragon,
   warlike, terrible with its four
   rugged headlong pinnacles in a row;
   but it is of another sky.   100

Sgurr nan Gillean is the reposeful
   beautiful unicorn in its whiteness,
   in its snow whiteness sparkling,
   calm and steadfast in its thrust,

its spearthrust on the horizon,
   the shapely white peak of beauty,
   peak of my longing and full love,
   the peak that sleeps forever over the Clàrach.

Green wood on the hither side of the Clàrach,
   the wood of Raasay with the music of laughter,   110
   the wood of Raasay, mild and peaceful,
   the joyful, sorrowful, loved wood.

Thug thu dhomh clogadan,
    clogadan uaine;
    clogad a' bhioraidh
    is clogad an t-suaimhneis:
    clogadan ùrail
    gam chiùrradh le buaireadh,
    clogadan àrdain
    gam mhàbadh le luasgan.

Bhuair aodann sàmhchair choilltean,
    ceilearadh shruthan is suaineadh aibhnean,   90
    ciùine reultan buidhe a' boillsgeadh,
    lainnir a' chuain, coille-bianain na h-oidhche.

Nuair dhòirt a' ghealach na crùin shoilleir
    air clàr dùbhghorm na linne doilleir
    agus a dh'iomair mi 'nan coinneamh,
    's ann a dh'fheuch mi ri shloinneadh.

'S e Sgùrr nan Gillean a' bheithir
    cholgarra gharbh le cheithir
    binneanan carrach ceann-chaol sreathach;
    ach 's ann tha e bho speur eile.   100

B' e 'n t-aon-chòrnach Sgùrr nan Gillean,
    foistinneach, sgiamhach le ghile,
    le ghile shneachda 'na dhrithleann,
    ciùin agus stòlda 'na shitheadh,

'na shitheadh sleagha air an fhàire,
    sgurra foinnidh geal na h-àilleachd,
    sgurra m' iargain 's mo shàth-ghaoil,
    sgurra 's biothbhuan suain thar Clàraich.

Coille uaine taobh bhos na Clàraich,
    coille Ratharsair le ceòl-gàire,   110
    coille Ratharsair gu ciùin sàmhach,
    coille aoibhneach bhrònach ghràdhach.

Graveyard on each south slope of the hillside,
    the two rich graveyards of half my people,
    two still graveyards by the sea sound,
    the two graveyards of the men of Raasay returned,

returned to the repose of the earth
    from the sun's day of the round sky;
    a graveyard shaded from the breath of the sea,
    the two graveyards of the loins of the land.   120

The wood of Raasay,
    my dear prattler,
    my whispered reason,
    my sleeping child.

There came a startling in the wood,
    in the wood of dewy night,
    in the wood of the tender leaves,
    the restless wood of the rivulets.

The adder awoke in its rich growth,
    in its multi-swift fine foliage,   130
    among its leafy branches to wound,
    the venom of the cry of pain in the love-making.

The thrust came from the Cuillin,
    from the mountains hardest
    to climb to a pleasant summit:
    the tender softness was stung by a monster.

I saw the three in their swift course,
    the three shapely naked goddesses,
    I recognised the bruised Actaeon
    harried by the three angry ones.   140

I saw the three in the woods,
    the three white naked graceful ones,
    the three a glimmer before me,
    the three unspeakable in meeting.

Cladh air dà shlios dheas an fhirich,
    dà chladh saidhbhir leth mo chinnidh,
    dà chladh sàmhach air bruaich na linne,
    dà chladh fir Ratharsair air tilleadh.

Air tilleadh gu tàmh an fhuinn
    bho latha grèine an speur chruinn,
    cladh fo sgàil bho àile tuinn,
    dà chladh leasraidh an fhuinn.   120

Coille Ratharsair,
    m' ionam, labharag:
    mo chiall cagarain,
    mo leanabh cadalach.

Anns a' choille thàinig sraonadh,
    an coille na h-oidhche braonaich,
    an coille nan duilleagan maotha,
    coille luaineach, coille chaochan.

Dhùisg an nathair 'na lùisreadh,
    'na duilleach iomaluath caol ùrar,   130
    'na geugan duilleagach gu ciùrradh,
    gath a' chràdhghal anns an t-sùgradh.

Thàinig an sitheadh bhon Chuilithionn,
    bho na beanntan bu duilghe
    dìreadh gu mullach suilbhir:
    lotadh a' mhaothanachd le uilebheist.

Chunnaic mi an triùir gu siùbhlach,
    an triùir bhan-dia chuimir rùiste:
    b' aithne dhomh Actaeon brùite
    le triùir fheargach ga sgiùrsadh.   140

Chunnaic mi an triùir sa choille,
    an triùir gheal rùiste loinneil,
    an triùir 'nan aiteal mum choinneamh,
    an triùir dho-labhairt an coinneamh.

One who gave the kisses
    that did not satisfy the pursuit
    that was double in the flight,
    the pursued man vehement in pursuit.

The wood of Raasay was the one
    that gave the smooth honeyed kiss,   150
    the kiss that would not suffice the clay,
    the kiss that put unrest in the body.

There is not the speed in their poem
    that would make the high tempest of it;
    there is not in it the full life
    that would make the wood rest.

The wood of Raasay in its gentleness,
    joyful beside the Clàrach,
    the green variation on the pibroch theme
    that the Cuillin makes with the waves.   160

The wood of Raasay is the talking one,
    the prattling whispering wood,
    the wood light beside the seas,
    the green wood in a sleepless slumber.

To believe with flesh,
    with brain and heart,
    that one thing was complete,
    beautiful, accessible:
    a thing that would avoid the travail
    of the flesh and hardship,   170
    that would not be spoiled by the bedragglement
    of time and temptation.

What is the meaning of giving a woman
    love like the growing blue of the skies
    rising from the morning twilight
    naked in the sun?

Tè a liubhair na pògan
    nach do shàsaich an tòrachd
    dhùbailte bha anns an fhògradh,
    am fear ruagte dian san tòrachd.

Bu choille Ratharsair an tè
    a liubhair pòg mheala rèidh,   150
    a' phòg nach fòghnadh don chrè,
    a' phòg chuir luasgan sa chlèibh.

Chan eil de dheann-ruith 'nan dàn
    a dhèanadh dheth an doineann àrd,
    chan eil ann de bheatha làin
    a chuireadh a' choille 'na tàmh.

Coille Ratharsair 'na ciùine
    ri taobh na Clàraich gu mùirneach,
    siubhal uaine an ùrlair
    th' aig a' Chuilithionn ris na sùghan.   160

Coille Ratharsair an labharag,
    coille bhrìodail, coille chagarain,
    coille aotrom ri taobh nam marannan,
    coille uaine an suain neo-chadalach.

'S e bhith creidsinn le feòil,
    le eanchainn 's le cridhe
    gu robh aon nì coileanta
    àlainn so-ruighinn:
    nì a sheachnadh allaban
    na colainne 's a' chruaidh-chàis,   170
    nach millteadh le meapaineadh
    tìme is buairidh.

Dè fàth bhith toirt do nighinn
    gaol mar ghormadh speur
    ag èirigh às a' chamhanaich
    gu lomnochd ri grèin?

Though a love were given as perfect
as heroism against circumstances,
unhesitant, undoubting, hopeless,
sore, blood-red, whole;   180
though the unspeakable love were given,
it would be only as if one were to say
that the thing could not happen
because it was unspeakable.

What is the meaning of giving hope
a steed-footed blood-red love,
of offering to the Cuillin's height
a love that will strive over every difficulty?
What is the meaning of worshipping Nature
because the wood is part of it?   190

One has seen the Cuillin wall knocked down,
brittle, broken, in a loathsome pit,
and one has seen the single-minded love
unattainable, lost, unspoiled.

It is that they rise
from the miserable torn depths
that puts their burden on mountains.

Poor, uncertain the base
on which the heroic Cuillin is based
just as the reason is torn   200
to put beauty on poem or melody.

O the wood, O the wood,
how much there is in her dark depths!
Thousands of adders in her rich growth:
joy broken and bruised,
and the pain that was ever in anguish,
that cannot get over its anguish.

Ged bheirteadh gaol cho coileanta
ri gaisge 'n aghaidh chàs,
gun athadh, gun teagamh, gun dòchas,
goirt, crò-dhearg, slàn;   180
ged bheirteadh an gaol do-labhairt,
cha bhiodh ann ach mar gun cante
nach b' urrainn an càs tachairt
a chionn gu robh e do-labhairt.

Dè fàth bhith toirt do dhòchas
gaol steud-crodhanta crò-dhearg,
bhith liubhairt do àird a' Chuilithinn
gaol a nì strì thar gach duilghinn?
Dè fàth adhradh do Nàdar
a chionn gur h-i choille pàirt dheth?   190

Chunnacas mùr a' Chuilithinn leagte,
prann briste, an sloc sgreataidh;
agus chunnacas an gaol singilt'
do-ruighinn, caillte, neo-mhillte.

'S e gu bheil iad ag èirigh
às an doimhne thruaigh reubte
tha cur air beanntan an èire.

Bochd mì-chinnteach am bonn
tha stèidheachadh Cuilithionn nan sonn
ionnas mar reubar an con   200
chur àilleachd air dàn is fonn.

Och a' choille, och a' choille,
dè na tha 'na doimhne dhoilleir!
Mìltean nathraichean 'na lùisreadh:
an t-aoibhneas 's e briste brùite
agus an cràdh bha riamh ciùrrte,
nach toir bàrr air a chiùrradh.

O the wood, O the wood!
　　The aspect of pleasant beauty,
　　of the eye that is soft and bright,　　　　　　　　210
　　the lively jewel in blindness.

The way of the sap is known,
　　oozing up to its work,
　　the wine that is always new and living,
　　unconscious, untaught.

There is no knowledge of the course
　　of the crooked veering of the heart,
　　and there is no knowledge of the damage
　　to which its aim unwittingly comes.

There is no knowledge, no knowledge,　　　　　　220
　　of the final end of each pursuit,
　　nor of the subtlety of the bends
　　with which it loses its course.

Och a' choille, och a' choille!
  Fiamh na bòidhche foinnidh,
  na sùla tha maoth soilleir,
  seud beothanta anns an doille.

Tha eòl air slighe an t-snodhaich
  a' drùdhadh suas gu ghnothach,
  am fìon sìor ùrar beothail
  gun fhios dha fhèin, gun oilean.

Chan eil eòl air an t-slighe
  th' aig fiarachd cham a' chridhe
  's chan eil eòl air a' mhilleadh
  don tàrr gun fhios a cheann-uidhe.

Chan eil eòlas, chan eil eòlas
  air crìch dheireannaich gach tòrachd
  no air seòltachd nan lùban
  leis an caill i a cùrsa.

2: Extracts from 'An Cuilithionn'

2: An Cuilithionn (1939) (cùibhreannan)

Extracts from An Cuilithionn (1939)

from Part I

lines 65–151

A croft that would please my kind,
a part of Minginish in heaven;
a bit of Trotternish in glory,
land that would suit my desire;
a piece of Waternish in blessedness
above the Green Isle in goodness; 70
Bracadale of the ever-rain-green swards
that would make lovely the causeways of hell;
and I would hear from the bottom of the pit of torment
the snorting of the bridled Stallion of Waterstein.
Brown-green Sleat of the beautiful women,
great, wide Strath of the noble pinnacles,
to them I'd give my love together
while the skull of Blaven stood bald over the straits.
But Brittle Shoulder to me myself
though it would reach in price 80
the sheep of Scorrybreac and thrice
what was there disbursed
for the sake of the patrician trafficking.
And then I would stand
above the top of Seasgach Corrie
contemplating the rocky Cuillin
from the Sguman promontory to the crevasse
that splits Sgurr an Fheadain;
and then I would tell Michael
or Gabriel, unashamed, 90
to take what they wanted
east, west, south and north,
and I would give their heart's fill
to them and to every pair
of angels or archangels,
of sheep, cattle and sheep-pens
so that they would clear out of my neighbourhood
and leave Skyemen in their place.

An Cuilithionn 1939 (criomagan)

à Earrann I

sreathan 65–151

Croit a chòrdadh ri mo ghnè
roinn de Mhinginis air nèimh;
pìos de Thròndairnis an glòir
fearann thigeadh ri mo dheòin;
bloigh de Bhatairnis am Flaitheas
thar an Eilein Uaine am maitheas.   70
Bràcadal nam braon-ghorm suthainn
chuireadh loinn air cabhsair Iuthairn';
's gun cluinninn bho ghrunnd sloc a' phèin
seitrich Eist Bhatairsteinn air srèin.
Slèite dhonn-ghorm nam bàn bòidheach,
srath farsaing, mòr nam baideal òirdheirc,
dhaibhsan bheirinn mo ghaol còmhla
is claigeann Blàbheinn maol thar òban.
Ach Guala Bhreatail leam dhomh fhìn
ged a ruigidh i am prìs   80
caoraich Sgoirebreac is trì-
fillte 'na dhìoladh bhuapa
air sgàth fiachan an uasail.
Agus an uair sin 's ann sheasainn
os cionn mullach Coire an t-Seasgaich
ag amharc air a' Chuilithionn chreagach,
bho Shròin an Sgumain thun na h-eige
a tha a' sgoltadh Sgùrr an Fheadain;
's gun canainn fhìn an sin ri Mìcheal
no ri Gàbriel, gun mhì-ghean,   90
iad a ghabhail na bha bhuapa,
an ear 's an iar is deas is tuathail;
agus bheirinn làn an cridhe
dhaibhsan, is do gach dithis
ainglean no àrd-ainglean,
de chaoraich, chrodh agus fhaingean,
los gun seachnadh iad mo nàbachd
a chur Sgitheanach 'nan àite.

Then everything would be in order
if only I were Seton Gordon   100
who will not mention an unclean history
that displeases our kind gentry.

And everything else would go smoothly
if only I were Kennedy-Fraser,
for I would weave adulterated music
to make a crooning in their ears;
telling of you, doubtless
I would make silk of your rocks,
I would make fairy-music of the Terror,
I would drink of the Well of the Gentry.   110

But who at all would be pleased
although I were Neil MacLeod,
for he saw gloomy corries
with the travail of his country.

Some put the curse of waving bracken
on the glens they had to leave,
and if they did, heavy is their prophecy
on the towers highest today.

I see the Castle of Dunvegan
one sheet-flame of bracken,   120
and I see the great Sleat residence
blossoming, towers and foundations.

I see villages that were in Brae Eynort
rivers in the pouring of bracken,
and I see the faint Twilight of the Gael
flare with its bracken-light to heaven.

But I saw Kennedy-Fraser
defiling music with the flowers of that shrub;
and I saw a little mouthy old woman
with froth of that green colour about her mouth.   130
Since all those have been seen,
Devil am I! I'll ask no more.

74]

Gum biodh a h-uile ni an òrdan
nam bu mhise Seton Gòrdan,   100
gun cuirinn tuairisgeul air dòigh dhaibh
ri maithean bùirdeasach a chòrdadh.

Agus bhiodh gach eile rèidh ann
nam bu mhise Kennedy-Fraser,
shnìomhainn ceòl air mhòr-thruailleadh
a dhèanadh cagarsaich 'nan cluasan.
An iomradh dhaibh ort, gun teagamh,
dhèanainn sìoda de do chreagan,
dhèanainn ceòl-sìthe den Fhuathas,
dh'òlainn à Tobar nan Uaislean.   110

Ach cò an neach a bhiodh air dòigh
ged bu mhise Niall MacLeòid,
oir chunnaic esan coireachan ùdlaidh
mar ri allaban a dhùthcha.

Dhùraich cuid fraineach fhàsmhor
do na glinn a b' fheudar fhàgail;
ma dhùraich, gur trom an fhàisneachd
air na tùir an-diugh as àirde.

Chì mi Caisteal Dhùn Bheagain
'na aon chaoir-lasair frainich,   120
agus an aitreabh mòr Shlèiteach
fo bhàrr-gùc, tùir is stèidhean.

Chì mi bailtean bha 'm Bràighe Aoineart
fo thaomadh frainich 'nan aibhnean;
's chì mi feasgar fann nan Gàidheal,
leus frainich bhuaithe ruigheachd nèimhe.

Ach chunnaic mi NicUalraig-Fhriseal
a' truailleadh ciùil le flùr a' phris ud;
's chì mi cailleach bheag, chabach,
cop ma beul 's an tuar glas air.   130
A chionn gum facas iadsan uile –
an Diabhal mi! – chan iarr mi tuilleadh!

But if there is a civil question,
where does the disgust of the worthy Island reach?
I say a creature, even if a Skyeman,
who fawns on a rump of chieftains,
a vain, black, slimy hoodie-crow,
a base, jealous creature,
cowardly, scheming, sneaking,
slippery, loquacious, weak, oily,   140
turning, twisting, vapid, chattering,
sleek, fawning, sweet, lying.

He said I would never never attain bourgeoisie
because my tongue's so brutal,
and I know I'll never reach the insidiousness
respectable in a demure tongue.

But, never mind, I'll let him be
though he goes through Inverness
sucking position like a stoat
feeding on the soft slavers of prematurely-laid eggs: 150
he sucked many from both sides.

from Part II

lines 164–215

And the press of Clyde's capitalism,
to which soul and talent are sold,
where poetry is assessed
according to Lithgow and his gents,
where MacDiarmid's name is unheard
because he would not pay them interest,
where the coxcomb and buffoon burst   170
with the food of the weak infant of the backlands.

Another day this upon the mountains
and white Scotland a porridge of filth,
England and France together
a dung-heap under bourgeois capitalism,
great Germany a delirium of falsehood

Ach, ma dh'fheòraichear gun fhiatachd
dè ruigeas sgreamh san Eilean fhiachail,
their mi creutair nach e Sgitheanach
's e sliomaireachd ri fuidheall nan triathan.
Feannag fhaoin, dhubh, shlìomach,
creutair suarach 's e ri iadach,
gealtach, cuilbheartach, snèagach,
sleamhainn, labhar, lag, lèagach,   140
curach, carach, baoth, bialach,
slìom, sodalach, milis, briagach.

Gun tubhairt e nach ruiginn bùirdeas
a chionn mo theanga bhith cho brùideil;
's tha fhios a'm fhìn nach ruig mi an liùigeadh
th' aigesan 'na theangaidh chiùigich.

Coma leam, cha bhi mi ris
ged shiubhail e feadh Inbhir Nis
a' deothal inbhe mar an nios
a' deothal shraimh boga mhaothag;   150
dheoc esan mòran bho gach taobh ann.

à Earrann II

sreathan 164–215

Agus clò-bhualadh maoineas Chluaidh
don reicear anam agus buaidh,
far am faighear meas na Bàrdachd
a rèir Litchù agus 'àrmann,
far nach cluinnear ainm MhicDhiarmaid
a chionn nach pàigheadh e an riadh dhaibh,
far an spreadh an sgeamaig 's an t-ùmpaidh   170
le biadh naoidhean lag nan cùiltean.

Seo latha eile air na slèibhtean,
is Alba gheal 'na brochan breunaid,
Sasann agus an Fhraing còmhla
fo mhaoineas bùirdeasach 'nan òtraich;
a' Ghearmailt mhòr 'na boile brèige

and Spain a cemetery where valour lies,
the slippery, oily Pope of Rome
slickly defending bourgeoisdom
and the landlords of Poland   180
the laughing-stock of Europe.

Another day this upon the mountains
and the bourgeoisie striving
to cut every throat
on the bodies of the people of Europe;
another day this on the mountains
and God beating a retreat
in spite of the Creed's bishops
and its acute ministers;
another day this upon the uplands   190
and bourgeoisdom a bog of scum,
swallowing tens of thousands together,
the one quagmire of Europe.

I see the chained sons of men
floundering in Mararaulin,
Chamberlain, Hitler, Mussolini
and godly Franco
guiding every troop
to drowning in the morass.
Oh, Mararaulin moss,   200
ghosts were not your wont,
though you heard the mountain clangour
the day the Desperate Battle was fought,
and though you heard the lamentation
the day Minginish lost its people.

What will avail our Island
another Festubert and Loos
when there are more names than enough
on the stone of Portree under the lion's arse?
It is devilish little that came to your enjoyment   210
though you took Beaumont-Hamel,
and if you survive, you will see

78]

's an Spàinn 'na cladh san laigh an treuntas;
Pàp sleamhainn, slìomach na Ròimhe
a' dìon nam bùirdeasach gu seòlta,
agus uachdarain nam Pòlach   180
'nan culaidh-mhagaidh na Roinn-Eòrpa.

Seo latha eile air na slèibhtean
is bùirdeasachd a' dèanamh streupa
fiach an geàrr i gach sgòrnan
a tha air bodhaig clann na h-Eòrpa;
seo latha eile air na slèibhtean
is Dia a' gabhail an ratreuta
a dh'aindeoin easbaigean na crèide
agus mhinistearan geura.
Seo latha eile air na cruachan   190
's a' bhùirdeasachd 'na boglaich ruaimle
a' slugadh nan deich mìle còmhla,
aon shùil-chruthaich na Roinn-Eòrpa.

Chì mi clann nan daoine fo shlabhraidh
a' plubartaich am Mararabhlainn,
Chamberlain, Hitler 's Mussolini
is Franco diadhaidh a' strì riù
a' toirt seòladh do gach fòirne
a dh'ionnsaigh bàthaidh anns a' mhòintich.
Och, a mhòinteach Mararabhlainn,   200
cha bu dual dhutsa taibhsean
ged a chuala tu a' ghailbheinn
an là a chuireadh an Cath Gailbheach,
's ged a chuala tu an caoineadh
an là chaill Minginis a daoine.

Dè nì siud do ar n-eilean,
Festubert eile is Loos eile,
is barrachd ainmean na dh'fhòghnas
air cloich Phort Ruigh'dh fo thòin an leòmhainn?
'S e diabhlaidh beag a bha gur mealtainn   210
ged ghabh sibhse Beaumont-Hamel;
's ma bhios sibh beò a-rithist, chì

other rotters with the O.B.E.
and wealthy old women in pleasant Sligachan,
guzzling and viewing the Cuillin.

from Part III

lines 46–72

You are the bog of grace
for casting the lie in the throats of prophets.
Many a man has given you love
on the two sides of the ocean;   50
the press of France and Rome,
Germany and England together
always praise your streaming,
and it is not alone;
the slippery pens of many whoremongers
ever declare your worthiness,
and the shapely buttocks of harlots
give you strength anew;
the gentle doves of the B.B.C.
are not behind in the strife,   60
and the highly-placed godly
will proclaim your virtues.

Here's to you, Mararaulin,
you are great, exultant, lucky;
well you may be, for you have right
to the service of brain without heart;
you have gained the service of genius
for many a day despite regret:
you got Mozart and Patrick Mor;
you got Shakespeare and Yeats and the rest;   70
and it was not your fault but your hardship
that you did not get Shelley and Livingston.

sibh garraich eile le O.B.E.
is cailleachan beairteach an Sligeachan suilbhir
ag ithe 's a' faicinn a' Chuilithinn.

à Earrann III

sreathan 46–72

'S tusa mòinteach an àigh
gu cur nam breug an amhaich fhàidh:
's iomadh fear a thug luaidh dhut
eadar dà thaobh a' chuain mhòir,   50
pàipearan na Frainge's na Ròimhe,
na Gearmailte is Shasainn còmhla
a' moladh do shruthaidh daonnan,
's chan eil iadsan 'nan aonar.
Tha pinn shleamhna iomadh trùillich
a' sìor ràdh gu bheil thu ùiseil;
agus màsan cuimir shiùrsach
a' toirt nearta dhut gu h-ùrail;
calmain chaoine a' Bh.B.C. –
chan iadsan as lugha strì –   60
agus easbaigean luachmhor,
bheir iad iomradh air do bhuadhan.

Siud ort fhèin, a Mhararabhlainn,
tha thu mòr, moiteil, seannsail;
's tusa dh'fhaodas; tha thu dligheach
air seirbheis eanchainne gun chridhe;
fhuair thu seirbheis nan saoidhean
iomadh latha dh'aindeoin caoidhe:
fhuair thu Mozart 's Pàdraig Mòr;
fhuair thu Shakespeare 's Yeats 's gu leòr; 70
chan e do choire bh' ann ach t' èiginn
nach d' fhuair thu Shelley 's MacDhunlèibhe.

from Part VI

lines 247–258

Dimitrov brandished in Leipzig
the high-willed banner that will come
to waken each sick spirit,
to put courage in the feeble.   250

The Hammer and the Sickle
golden on the red,
the mantling blood of Fate's spirit
that will raise the flood-tide bitterly.

Blood and sweat of toilers,
the scarlet that will give freedom,
brain's blood of poor and sage
that will overcome perverse wealth.

from Part VII

lines 110–159

Landauer, Liebknecht, Eisner, Toller   110
walking, walking on the mountain;
the Commune of France arisen,
ever walking on the summits;
Connolly and the company of Ireland
taking the way of the hills;
Thomas Muir and Maclean
in death, not sleeping nor lying;
MacCallum, Donald MacLeod, Macpherson,
always walking on the moorland;
Dimitrov in the court forever,   120
defying terrible vicissitude;
the funeral of Maclean in Glasgow
winding through the streets of steep mountains,
the soldiers of the people pouring
over the peaks and glens of the mountains,
thousands nameless without history,
heroes flawless, unyielding,

à Earrann VI

sreathan 247–258

Chrath Dimitrov an Leipzig
a' bhratach aigeannach a thig
a dhùsgadh gach spioraid eucail,
a chur misneachd an èislean.   250

An Corran agus an t-Òrd
gu òraidh air an dearg,
fuil chraobhach spiorad an dàin
thogas a' mhuir-làn gu searbh.

Fuil is fallas luchd-saothrach,
an sgàrlaid a bheir saorsa,
fuil eanchainn nam bochd 's nan saoi
a bheir bàrr air airgead dhaoi.

à Earrann VII

sreathan 110–159

Landauer, Liebknecht, Eisner, Toller   110
a' coiseachd, a' coiseachd air a' mhonadh;
Commune na Frainge air èirigh,
a' sìor choiseachd air na slèibhtean;
Connollaigh is comann Èireann
a' gabhail rathad an t-slèibhe:
Tòmas Muir is MacGhill-Eathain
am bàs gun chadal gun laighe:
MacCaluim, Dòmhnall MacLeòid, MacMhuirich
a' sìor choiseachd air a' mhunadh;
Dimitrov sa chùirt gu sìorraidh   120
toirt a dhùbhlain do chàs iargalt.
Tiodhlacadh MhicGhill-Eathain an Glaschu
a' suaineadh thar sràidean chas-bheann;
saighdearan an t-sluaigh a' taomadh
thar bheanntan is ghleanntan aonaich:
mìltean gun ainm no eachdraidh,
curaidhean gun ghiamh gun sheachnadh

who looked on death and agony
in the ramparts in the great hills.

The chains of the Tatu-Ho swinging   130
in steel between perilous peaks.

The balance of the mountains weighing together
the brain of Einstein and the live-red spirit,
the understanding of a universe and the changing of a world
meeting on the bareness of the mountains.

The Cuillin will be purged with fire
to the steel of the spirit's rocks;
the synthesis raised up
beyond agony, travail and victory;
the frailty of a harlot in her disease   140
and Dimitrov adding to the great-spirited
mountains of man's consciousness,
and a little, fat, vapid bourgeois.

The edge of man's spirit will be ground
on the sharp tops of a mountain;
the heart that cannot be torn
and the brain that cannot be choked
are walking, ever walking together
over the black peaks of grief.

The distant, dim course of the stars   150
being ever measured on the mountains;
the great consciousness in the exercise of a poem,
the hard strife of a wrestling soul,
the heroism of the spirit that will cause to turn
the multi-swift misery of the wheel;
Einstein high, but higher
Dimitrov wrestling with agony,
man's spirit putting his seal
to the difficult eternity of the mountains.

a choimhead air a' bhàs 's air àmhghar
'nam ballachan dìon nan àrd-bheann.

Slabhraidhean an Tatu-Hò an stàilinn   130
a' riaghan eadar sgurrachan gàbhaidh.

Tomhas nam beann a' tomhas còmhla
eanchainn Einstein 's an spioraid bheò-dheirg:
tuigse na cruinne is tionndadh saoghail
a' coinneachadh air lom nan aonach.

Glanar an Cuilithionn le teine
gu stàilinn creagan an spioraid.
An co-chur air a thogail suas
thar àmhghair, allabain is buaidh:
breòiteachd siùrsaich 'na h-eucail   140
is Dimitrov a' cur ri slèibhtean
meanmnach na h-aigne daonda
is bùirdeasach bog, reamhar, baothail.

Bleithear roinn an spioraid dhaonda
air mullaichean geura aonaich.
Tha an cridhe nach gabh sracadh
agus an inntinn nach gabh tachdadh
a' coiseachd, a' sìor choiseachd còmhla
thar sgurrachan dubha na dòrainn.

Cùrsa cian, mòr nan reultan   150
ga shìor thomhas air na slèibhtean,
an aigne mhòr an iomairt dàin,
cruaidh-ghleac anama a' spàirn,
gaisge an spioraid a bheir tionndadh
air ànradh iomaluath na cuibhle;
Einstein àrd, ach nas àirde
Dimitrov a' gleac ri àmhghar,
spiorad an duine a' cur a sheula
ri biothbhuantachd dhoirbh nan slèibhtean.

Skye Cuillin,
awesome Cuillin,
savage mountains,
how vehement the cry of your weeping!

Rocky Cuillin
of the unoverthrown peaks,
wanton mountains
of the shrill-screeching din!

Horizon Cuillin,   220
sharp girdle of high hills,
strong Cuillin,
end of hope's agony!

Summit wall
of man's spirit,
dangerous rocks
for the *élan* of desires!

Beloved Cuillin,
topmost mountain-height,
unblemished, undeviating,   230
without obliquity of eye!

Glorious Cuillin
of the luminous bare summits,
noble precipice,
head of love-talk's ecstasy!

Ancient Cuillin
of the trouble and agony,
surging Cuillin,
your pride is erect!

Wooing mountains   240
of the unresting minds,

A Chuilithinn Sgitheanaich,
a Chuilithinn iargalt,
a bheannta fiadhaich,
glaodh dian bhur rànaich.

A Chuilithinn chreagaich
nan sgùrr do-leagte,
a bheannta beadarr'
nan sgread cruaidh gàirich.

A Chuilithinn fàire,   220
crios geur nan àrd-bheann,
a Chuilithinn làidir,
crìoch ànraidh dhùilean.

A ghàrraidh mullaich
do aigne an duine,
a chreagan cunnairt
do spionnadh rùintean.

A Chuilithinn ghaolaich,
fras-mhullach aonaich,
gun ghais gun aomadh,   230
gun chlaonadh shùilean.

A Chuilithinn ghlòrmhoir
nan creachann lòghmhor,
a stalla òirdheirc,
ceann sòlais sùgraidh.

A Chuilithinn àrsaidh
na trioblaid àmhghair,
a Chuilithinn bhàrcaich,
tha t' àrdan stòite.

A bheannta sùgraidh,   240
nan aigne siùbhlach,

naked white body,
strength beyond grief!

Naked brain
beyond the misery of woes,
beyond the agony of poverty,
beyond extreme vicissitude!

Soul of steel
beyond laughter's pulsing,
beyond distress's gloom,   250
beyond strife's outrage!

Heart of iron,
eternal mind,
ruling brain
above jealous vehemence!

Lowering Cuillin,
dark mountain of dead winter,
smoking blackness
beyond the sun's white strength!

Whiteness in blackness,   260
light of the wise,
unoppressed mountain,
torrent-flood of deeds!

Cuillin, Cuillin,
heart of sorrow,
spirit kindly
above a mountain of wrong!

The Ship of the People
taking the torrent stream
over ancient barenesses   270
of the torn mountains.

The vessel of a great nation
going to windward

a chuirp ghil rùisgte,
a lùiths thar dòrainn.

Eanchainn nochdta
thar ànradh lochdan,
thar àmhghar bochdainn,
thar torchairt èiginn.

Anam stàilinn
thar plosgadh gàire,
thar dosgainn ànraidh,   250
thar màbadh streupa.

A chridhe 'n iarainn,
inntinn shìorraidh,
eanchainn riaghlaidh
thar dianais eudmhoir.

A Chuilithinn mhùgaich,
meall dorcha dùdlachd,
a dhuibhread smùidrich
thar lùths ghil grèine.

A ghile an duibhreid,   260
a sholais shaoidhean,
a bheinn neo-chlaoidhte,
a mhaoim-shruth euchdaich.

A Chuilithinn, Chuilithinn,
a chridhe duilghe,
a mheanmna shuilbhir
thar thulchann eucoir.

Long nan Daoine
a' gabhail maoim-shruth
thar loman aosta   270
nan aonach reubte.

Soitheach sluaigh mhòir
a' gabhail fuaraidh

over ocean rocks
with blue roaring waves.

The great ship of newness,
and her rudder-stream
raising billows
above the black rock of a mountain.

The ship of the world   280
without deviation of surrender,
without veering of obliquity
before a great wind of heroism.

The restless Cuillin,
both notch and oceans,
both ditch and wavetop,
locked, well-founded rocking.

The summit Cuillin
a destination of genius,
an august hardness,   290
a pure-white paean.

The ancient Cuillin
a growing soul,
a teeming brain,
a white agony of ecstasy.

Cuillin Stallion,
utmost rock-steed,
giant horse,
your multi-swiftness is stayed.

Welcoming Cuillin,   300
you are my thoughts,
you are the divulged, secret desire
of glorious mankind.

Mountain Stallion,
great unbound horse,

thar creagan chuantan
nan stuadh gorm gleusta.

Long mhòr na h-ùrachd
's a h-uisge stiùrach
a' togail shùghan
thar dùbh-chreag slèibhe.

Long an t-saoghail 280
gun fhiaradh aomaidh,
gun shiaradh claonaidh
ro ghaoith mhòir treuntais.

An Cuilithionn luaineach
'na eag 's 'na chuantan,
'na chlais 's 'na stuadh-bhàrr,
'na luasgan stèidh-ghlaist'.

An Cuilithionn uachdrach
'na cheann-uidhe bhuadhan,
'na chruas suaimhneach, 290
'na luathghair glè-gheal.

An Cuilithionn àrsaidh
'na anam fàsmhor,
'na eanchainn lànmhoir,
'na chràdh geal èibhneis.

Àigich Cuilithinn,
a chreag-steud iomallach,
Eistir fhuirbidh
an iomaluais stòlda.

A Chuilithinn fhaoiltich, 300
's tu mo smaointean,
's tu rùn sgaoilidh
chloinn-daoine glòrmhor.

Àigich bheanntan,
eich mhòir gun bhann ort,

unstinted ocean,
slender-bellied, blood-red deer!

Cuillin Trinity,
great Stallion,
eternal steed-mountain,   310
great powerful reason!

Cuillin of history,
great-spirited, wise,
rock unwithered
in the bitter strife of sorrow!

Naked brain,
naked heart,
naked spirit,
nakedness of ecstasy!

Ocean-smouldering,   320
fire of rough hills,
flame-sorrow of rugged mountains,
glorious journeying one!

a chuain gun staing ort,
a sheang-fhiadh chròdhant.

A Chuilithinn trianaid,
àigich mhiadmhoir,
a steud-bheann shìorraidh,   310
a chiall mhòr threòrmhor.

A Chuilithinn eachdraidh
mheanmnaich, bheachdail,
a chreag gun sheacadh
ri gleac geur dòlais.

Eanchainn nochdta,
a chridhe nochdta,
a spioraid nochdta,
a nochdachd sòlais.

A smùidrich fairge,   320
a theine garbhlaich,
a chaoir-ghal gharbh-bheann,
fhalbhain glòire.

3: Poems to Eimhir

3: Dàin do Eimhir

I

Girl of the red-gold hair,
far from you, love, my pursuit;
girl of the red-gold hair,
far from you my sorrow.

Tonight on the Sound of Raasay my hand is on the helm,
the wind tugs energetically at the sail,
my heart is dumb, aching for your music,
today and tomorrow indifferent to my expectation.

Grey the mist creeping over Dun Caan,
fretful the coarse moorgrass and bog cotton,   10
a wind from the west touches the surface of the sea,
my hopes are gone, gloom overshadows me.

A white cleft to the bottom of the wave,
the wind skirls round the top of the mast,
but let it blow, I am indifferent
to a battle awakening on a bare sea.

Girl of the red-gold hair,
far from you, love, my pursuit,
girl of the red-gold hair,
very far from you my sorrow.   20
CW

II
Reason and Love

If our language has said that reason
is identical with love,
it is not speaking the truth.

When my eye lighted on your face
it did not show the reason in love,
I did not ask about that third part.

When I heard your voice it did not make
this division in my flesh;
it did not the first time.

96]

I

A nighean a' chùil ruaidh òir,
fada bhuat, a luaidh, mo thòir;
a nighean a' chùil ruaidh òir,
gur fada bhuatsa mo bhròn.

Mi nochd air linne Ratharsair 's mo làmh air an stiùir,
a' ghaoth gu neo-airstealach a' crathadh an t-siùil,
mo chridhe gu balbh, cràiteach an dèidh do chiùil,
an là an-diugh 's a-màireach coingeis ri mo dhùil.

Ciar an ceò èalaidh air Dùn Cana,
frionasach garbh-shliabh is canach,   10
a' ghaoth an iar air aghaidh mara,
dh'fhalbh mo dhùil is dùiseal tharam.

Am bristeadh geal gu làr an tuinn,
a' ghaoth 'na sgal mu bhàrr a' chroinn,
ach sèideadh sgal, chan eil mo shuim
ri cath a dhùisgeas air muir luim.

A nighean a' chùil ruaidh òir,
fada bhuat, a luaidh, mo thòir;
a nighean a' chùil ruaidh òir,
gur glè fhada bhuat mo bhròn.   20

II

A Chiall 's a Ghràidh

Ma thubhairt ar cainnt gu bheil a' chiall
co-ionann ris a' ghaol,
chan fhìor dhi.

Nuair dhearc mo shùil air t' aodann
cha do nochd e ciall a' ghràidh,
cha do dh'fheòraich mi mun trian ud.

Nuair chuala mi do ghuth cha d' rinn
e 'n roinneadh seo 'nam chrè;
cha d' rinn a' chiad uair.

But that came to me without my knowing
and it tore the root of my being,
sweeping me with it in its drift.

With all I had of apprehension
I put up a shadow of fight;
my reason struggled.

From the depths of this old wisdom
I spoke to my love:
your are not worthy of me, nor from me.

On the inside my love,
my intellect on the elegant side,
and the foolish door was broken.

And my intellect said to my love:
duality is not for us;
we mingle in love.

May 1932

III

Never has such turmoil
nor vehement trouble been put in my flesh
by Christ's suffering on the earth
or by the millions of the skies.

And I took no such heed of a vapid dream –
green wood of the land of story –
as when my stubborn heart leaped to the glint
of her smile and golden head.

And her beauty cast a cloud
over poverty and a bitter wound
and over the world of Lenin's intellect,
over his patience and his anger.

IV

Girl of the yellow, heavy-yellow, gold-yellow hair,
the song of your mouth and Europe's shivering cry,

Ach dhiùchd siud dhomh gun aithne dhomh   10
is reub e friamh mo chrè,
gam sguabadh leis 'na shiaban.

Leis na bha dhomh de bhreannachadh
gun d' rinn mi faileas strì;
gun d' rinneadh gleac lem chèill.

Bho dhoimhne an t-seann ghliocais seo
's ann labhair mi rim ghaol:
Cha diù leam thu, cha diù bhuam.

   Air an taobh a-staigh mo ghaol,
   mo thuigse air an taobh ghrinn,   20
   is bhristeadh a' chòmhla bhaoth.

Is thubhairt mo thuigse ri mo ghaol:
Cha dhuinn an dùbailteachd:
tha 'n coimeasgadh sa ghaol.

                                  an Cèitean 1932

III
Cha do chuir de bhuaireadh riamh
no thrioblaid dhian 'nam chrè
allaban Chrìosda air an talamh
no milleanan nan speur.

'S cha d' ghabh mi suim de aisling bhaoith –
coille uaine tìr an sgeòil –
mar leum mo chridhe rag ri tuar
a gàire 's cuailein òir.

Agus chuir a h-àilleachd sgleò
air bochdainn 's air creuchd sheirbh   10
agus air saoghal tuigse Lenin,
air fhoighidinn 's air fheirg.

IV
A nighean a' chùil bhuidhe, throm-bhuidh, òr-bhuidh,
fonn do bheòil-sa 's gaoir na h-Eòrpa,

99]

fair, heavy-haired, spirited, beautiful girl,
the disgrace of our day would not be bitter in your kiss.

Would your song and splendid beauty take
from me the dead loathsomeness of these ways,
the brute and the brigand at the head of Europe
and your mouth red and proud with the old song?

Would white body and forehead's sun take
from me the foul black treachery,   10
spite of the bourgeois and poison of their creed
and the feebleness of our dismal Scotland?

Would beauty and serene music put
from me the sore frailty of this lasting cause,
the Spanish miner leaping in the face of horror
and his great spirit going down untroubled?

What would the kiss of your proud mouth be
compared with each drop of the precious blood
that fell on the cold frozen uplands
of Spanish mountains from a column of steel?   20

What every lock of your gold-yellow head
to all the poverty, anguish and grief
that will come and have come on Europe's people
from the Slave Ship to the slavery of the whole people?

V
Red-haired girl, heavy the burden
that depleted my vigour
and, white love, harsh the affliction
that cleaved my heart;
I plan no feats of valour
since your bright features rose,
my spirit lost its winning way,
thrown into turmoil by your essence.

Many a long and anxious night
my eagerness was darting   10

a nighean gheal chasarlach aighearach bhòidheach,
cha bhiodh masladh ar latha-ne searbh nad phòig-sa.

An tugadh t' fhonn no t' àilleachd ghlòrmhor
bhuamsa gràinealachd mharbh nan dòigh seo,
a' bhrùid 's am meàirleach air ceann na h-Eòrpa
's do bheul-sa uaill-dhearg san t-seann òran?

An tugadh corp geal is clàr grèine
bhuamsa cealgaireachd dhubh na brèine,   10
nimh bhùirdeasach is puinnsean crèide
is dìblidheachd ar n-Albann èitigh?

An cuireadh bòidhchead is ceòl suaimhneach
bhuamsa breòiteachd an adhbhair bhuain seo,
am mèinnear Spàinnteach a' leum ri cruadal
is 'anam mòrail dol sìos gun bhruaillean?

Dè bhiodh pòg do bheòil uaibhrich
mar ris gach braon den fhuil luachmhoir
a thuit air raointean reòthta fuara
nam beann Spàinnteach bho fhòirne cruadhach?   20

Dè gach cuach ded chual òr-bhuidh
ris gach bochdainn, àmhghar 's dòrainn
a thig 's a thàinig air sluagh na h-Eòrpa
bho Long nan Daoine gu daors' a' mhòr-shluaigh?

V
A nighean ruadh, 's trom an èire
rinn an lèireadh 'nam chlì,
's, a ghaoil ghil, cruaidh an t-àmhghar
rinn an sgàineadh 'nam chrìdh:
cha bhi m' aigne ri treuntas
bhon dh'èirich do lì
no mo spiorad ri suairceas,
air a bhuaireadh led bhrìgh.

'S iomadh oidhche fhada iomagain
bha iomaluas 'nam shùrd   10

and on many an evening of torment
iron entered my hopes,
my rigid, steeled heart
set tottering by your gaze
and my swift, strong blood
agonised by your good cheer.

O beautiful, red-haired girl,
you mutilated a strength
that was haughty and proud
before your tranquil splendour: 20
your beauty wounds me
with gloom-laden sorrow
and your white, kindly face
has chased me from my pursuit.

And, red-haired girl, my burden is not
that I am a ransom for Europe,
and my abundant weeping is so bitter
not because I am disoriented,
but because I failed to get your love
through the foolishness of conventions,   30
through the vanity of the world,
through the obliqueness of my approach.
CW   September 1939

VI
In spite of the uproar of slaughter
in Germany or in France
I shall remember a table in this house
two nights and I there:

this year the choice of Scotland,
the red-haired girl, sun forehead;
and the year before last the fair-haired girl,
beautiful choice of Ireland.

agus feasgar na h-iargain
bha an t-iarann 'nam dhùil,
mo rag-chridhe cruadhach
ann an luasgan led shùil
agus m' fhuil shiùbhlach, làidir
ann an cràdhlot led mhùirn.

O, a nighean ruadh àlainn,
rinn thu màbadh air treòir
a bha àrdanach, uallach
ro shuaimhneas do ghlòir: 20
tha do bhòidhchead gam chiùrradh
ann an dùiseal is bròn
agus t' aghaidh gheal, shuairce
air mo ruagadh bhom thòir.

'S, a nighean ruadh, chan e m' èire
mi bhith an èirig na h-Eòrp',
's chan e goirteas mo shàth-ghal
mi bhith fàgte gun m' eòl,
ach nach d' fhuair mi do ghaol-sa
tre bhaothaireachd dhòigh   30
agus faoineachd an t-saoghail
agus claoine mo sheòil.

an Sultaine 1939

VI

A dh'aindeoin ùpraid marbhaidh
anns a' Ghearmailt no san Fhraing
bidh mo chuimhne air bòrd san taigh seo
dà oidhche 's mi ann.

Am bliadhna roghainn na h-Albann,
an nighean ruadh, clàr na grèine;
's a' bhòn-uiridh an nighean bhàn,
roghainn àlainn na h-Èireann.

VIII

The innocent and the beautiful
Have no enemy but time.
W. B. Yeats

I thought that I believed from you
the shapely words of that little poem,
and it seems to me that I did not think
that I would see the declension of their deceit.

But I understood that your thought was idle
when I saw on that Monday,
with my own eyes, the steel helmet
on my darling's very beautiful head.

IX

I spoke of the beauty of your face
yesterday and today, not often but always;
and I will speak of the beauty of your spirit
and death will not say it is idle talk.

X

Maybe the variously swift lyric art
is not part of my acute predicament,
eloquent as the clamour of bagpipe drones,
with sounding strings, or mild and restful,
though as much love came my way,
as many restless thoughts,
as much anxiety, as much pain
as would suffice a band of poets,
as would suffice the band lacking stillness,
lacking succour, patience or rest,   20
who are assigned a place here
together with Yeats and William Ross.
CW

XI

Often when I called Edinburgh
a grey town without darting sun,

VIII

The innocent and the beautiful
Have no enemy but time.
W. B. Yeats

Bha dùil leam gun do chreid mi bhuatsa
briathran cuimir an duain ud;
agus ar leam nach do shaoil mi
gum faicinn aomadh an cluaine.

Ach thuig mi gum b' fhaoin do smuain-sa
nuair chunnaic mi an Diluain sin
lem shùilean fhìn an clogad stàilinn
air ceann àlainn mo luaidhe.

IX

Rinn mi luaidh air àilleachd t' aodainn
an-dè 's an-diugh, cha thric ach daonnan;
's nì mi luaidh air àilleachd t' anama
's cha chan am bàs gur h-e an arraghloir.

X

Theagamh nach eil i 'nam chàs,
ealain iomaluath an dàin,
labhar mar ghleadhraich nan dos,
teud-mhodhanach, no caoin le fois,
ged a thàrr dhomh uiread gràidh,
uimhir smuaintean gun tàmh,
uiread iomagain, uiread cràidh,
's a dh'fhòghnadh do chòmhlan bhàrd,
's a dh'fhòghnadh don chòmhlan gun tost,   10
gun fhurtachd, gun fhoighidinn, gun fhois,
dha bheil an t-àite seo a-bhos
cuide ri Yeats is Uilleam Ros.

XI

Tric 's mi gabhail air Dùn Èideann
baile glas gun ghathadh grèine,

it would light up with your beauty,
a refulgent, white-starred town.

XII
Four there are to whom I gave love,
to four a service of varying effect:
the great cause and poetry,
the lovely Island and the red-haired girl.

XIII
To my eyes you were Deirdre
beautiful in the sunny cattle-fold;
you were MacBride's wife
in her shining beauty.
You were the yellow-haired girl of Cornaig
and the Handsome Fool's Margaret,
Strong Thomas's Una,
Cuchulainn's Eimhir and Grainne.
You were the one of the thousand ships,
desire of poets and death of heroes,   10
you were she who took the rest
and the peace from the heart of William Ross,
the Audiart who plagued De Born
and Maeve of the drinking horns.

And if it is true that any one
of them reached your beauty,
it must have been with a gracious spirit
shaped in a beautiful face.
And therefore I ought
to fashion for you the Dàn Dìreach   20
that would catch every beauty
that has kindled the imagination of Europe.
There ought to appear in its course
the vehemence of Spain complete,
the acuteness of France and Greece,
the music of Scotland and of Ireland.

's ann a lasadh e led bhòidhche,
baile lòghmhor geal-reultach.

XII

Ceathrar ann dan tug mi luaidh,
do cheathrar seirbheis caochladh buaidh –
an t-adhbhar mòr agus a' bhàrdachd,
an t-Eilean àlainn 's an nighean ruadh.

XIII

Dom shùilean-sa bu tu Deirdre
's i bòidheach sa bhuaile ghrèine;
bu tu bean Mhic Ghille Bhrìghde
ann an àilleachd a lìthe.
Bu tu nighean bhuidhe Chòrnaig
is Mairearad an Amadain Bhòidhich,
an Ùna aig Tòmas Làidir,
Eimhir Chù Chulainn agus Gràinne,
bu tu tè nam mìle long,
ùidh nam bàrd is bàs nan sonn,   10
's bu tu an tè a thug an fhois
's an t-sìth bho chridhe Uilleim Rois,
an Audiart a bhuair De Born
agus Maebhe nan còrn.

Agus ma 's eadh is fìor gun d' ràinig
aon tè dhiubhsan t' àilleachd,
tha fhios gum b' ann le spiorad gràsmhor
air a dhealbh an aghaidh àlainn.
Agus uime sin bu chòir dhomh
'n Dàn Dìreach a chur air dòigh dhut   20
a ghlacadh gach uile bhòidhchead
a las mac-meanmna na h-Eòrpa.
Bu chòir nochdadh 'na iomchar
dianas na Spàinne gu h-iomlan,
geur-aigne na Frainge is na Grèige,
ceòl na h-Albann 's na h-Èireann.

I ought to put every effect
that Norway and Ireland
and old Scotland gave to my people
together in mellowness   30
and to offer them to the wonder
that is fair and shapely in your face.

And since I am not one of them –
MacBride or Naoise,
Thomas Costello or MacDonald,
Bertrans or the Handsome Fool,
Cuchulainn or great Fionn or Diarmad –
it is my dilemma to seize
in tormented verses the longing   40
that takes the spirit of sad poets,
to raise and keep as I would like,
direct and well-formed in the poem for you,
old and new and full,
the form and spirit of every beauty:
together in the image of joy,
paean-like, deep, jewel-like,
the acuteness of France and Greece,
the music of Scotland and of Ireland.

XIV
The Selling of a Soul

A poet struggling with the world's condition,
prostitution of talents and the bondage
with which the bulk of men have been deceived,
I am not, I think, one who would say
that the selling of the soul would give respite.

But I did say to myself, and not once,
that I would sell my soul for your love
if lie and surrender were needed.
I spoke this in haste without thinking
that it was black blasphemy and perversion.   10

Bha còir agam gach uile èifeachd
a thug Lochlann is Èire
is Alba àrsaidh do mo dhaoine
a chur cuideachd an caoine   30
agus an ìobairt don ioghnadh
tha geal dealbhte an clàr t' aodainn.

Agus a chionn nach mise aon diubh –
Mac Ghille Bhrìghde no Naoise,
Tómas Ua Custuil no MacDhòmhnaill,
Bertrans no 'n t-Amadan Bòidheach,
Cù Chulainn no Fionn mòr no Diarmad –
's e mo chàs-sa an iargain
a ghabhas spiorad nam bàrd cianail
a ghlacadh anns na ranna pianta,   40
a thogail 's a chumail mar a b' àill leam
dìreach, cuimir anns an dàn dhut,
sean agus ùr is lànmhor,
cumadh is meanmna gach àilleachd;
còmhla an ìomhaigh an èibhneis,
luathghaireach, domhainn, leugach,
geur-aigne na Frainge 's na Grèige,
ceòl na h-Albann is na h-Èireann.

XIV
Reic Anama

Bàrd a' strì ri càs an t-saoghail,
siùrsachd bhuadhan is an daorsa
leis na mhealladh mòr-roinn dhaoine,
cha mhise fear a chanadh, shaoil leam,
gun tugadh reic an anama faochadh.

Ach thubhairt mi rium fhìn, 's cha b' aon-uair,
gun reicinn m' anam air do ghaol-sa
nam biodh feum air brèig is aomadh.
Thubhairt mi an deifir sin gun smaointinn
gum b' e an toibheum dubh 's an claonadh.   10

Your forgiveness to me for the thought
that you were one who would take a poor creature
of a little weak base spirit
who could be sold, even for the graces
of your beautiful face and proud spirit.

Therefore, I will say again, now,
that I would sell my soul for your sake
twice, once for your beauty
and again for that grace
that you would not take a sold and slavish spirit.   20

XV
Three Paths
To Hugh MacDiarmid

I could not keep within sight
of the narrow high-mountain road
that was indicated across the core of your poetry:
and, therefore, MacDiarmid,
farewell: but, if I liked,
I could comfortably follow that petty,
dry, low road
that Eliot, Pound, Auden,
MacNeice and Herbert Read and their clique have:
I could were it not for the twist   10
put in my disposition for two years
by my own land, the fate of Spain,
an angry heart and a beautiful girl.

XVI
How could I be entitled
to such choice conversation?
How on earth did I encounter
a gift of this sort?
How on earth did I find
in the shifting unsteadiness of the world
good fortune of this sort
opened at my side?

Do mhaitheanas dhomh airson na smuaine
gum b' thusa tè a ghabhadh truaghan
de spiorad beag lag suarach
a ghabhadh reic, eadhon air buadhan
t' aodainn àlainn 's do spioraid uallaich.

Uime sin, their mi rithist, an-dràsta,
gun reicinn m' anam air do sgàth-sa
dà uair, aon uair airson t' àilleachd
agus uair eile airson a' ghràis ud,
nach gabhadh tu spiorad reicte tràilleil.   20

XV
Trì Slighean
Do Ùisdean MacDhiarmaid

Cha b' urrainn dhòmhsa cumail fàire
air slighe chumhang nan àrd-bheann
a nochdadh thar cridhe do bhàrdachd:
agus, uime sin, MhicDhiarmaid,
soraidh leat: ach nam bu mhiann leam
b' urrainn dhomh an t-slighe chrìon ud,
thioram, ìseal, leantainn tìorail
th' aig Eliot, Pound agus Auden,
MacNeice, is Herbert Read 's an còmhlan:
b' urrainn, mur b' e am fiaradh   10
a chuireadh 'nam aigne dà bhliadhna
lem dhùthaich fhìn is càs na Spàinnte,
cridhe feargach is nighinn àlainn.

XVI
Carson a bhithinn-sa dligheach
air an roghainn de chòmhradh?
Ciamar idir a thachair
leithid de thabhartas dhòmhsa?
Ciamar idir a fhuair mi
an crath luasgain an t-saoghail
a leithid de fhortan
air fhosgladh rim thaobh-sa?

What thrust of the wheel
brought my point on it the highest?   10
Even for one night
what did I deserve of its triumph?
How on earth did it come about
amidst the ill-fortune of my circuit
that my wish and my intellect
reached high-spirited exultation?

O girl, o girl,
what misfortune was in the laughter
that mocked your bright,
shapely, comely visage?   20
What brought you to my side
where I thought of you being?
What gave me one night
the joyous glory of your laughter?

O girl, o girl,
the fever of the turning,
the movement of the wheel
has set me reeling with longing:
how on earth did I manage
to alight on its summit,   30
though all I did was plummet
swiftly and completely?

I desired the dream
though that was all it was:
I desired the glimmer
of joy in the troubled mist:
but what on earth set your shadow,
bright, red-haired girl, there?
You had not the slightest notion
about the poets of Scotland.   40
CW

Dè an spàirn air a' chuibhle
thug m' uidhe air uachdar?
Eadhon aon oidhche
dè thoill me de 'buaidh-se?
Ciamar idir a thàinig
am measg ànradh mo chuairt-sa
gun deach mo mhiann agus m' eanchainn
gu meanmnach ri luathghair?

A nighean, a nighean,
dè tubaist a' ghàire
rinn fanaid air t' aghaidh
ghil fhoinnidh àlainn?
Dè chuir thu ri m' thaobh-sa
far an do shaoil mi a bha thu?
Dè thug dhòmhsa aon oidhche
glòir aoibhneach do ghàire?

A nighean, a nighean,
tha breisleach an tionndaidh,
tha iomairt na cuibhle
air mo ruidhleadh le ionndrainn:
ciamar idir a thàrr mi
air a bàrr-se le iomchar,
ged nach d' rinn mi ach tuiteam
gu clis is gu h-iomlan?

Bu mhiann leam an aisling
ge b' e aisling a bh' ann dith:
bu mhiann an t-aiteal
de aiteas an allacheo:
ach dè idir chuir t' fhaileas,
a nighean ruadh gheal, ann?
Cha robh agad fiù 's fathann
air filidhean Albann.

XVII

Multitude of the skies,
golden riddle of millions of stars,
cold, distant, lustrous, beautiful,
silent, unfeeling, unwelcoming.

Fullness of knowledge in their course,
emptiness of chartless ignorance,
a universe moving in silence,
a mind alone in its bounds.

Not they moved my thoughts,
not the marvel of their chill course;   10
to us there is no miracle but in love,
lighting of a universe in the kindling of your face.

XVIII
Prayer

Since there is no God
and since Christ
is only the vain reflection of a story,
there is only: let me strengthen
my own spirit against agony.

For I have seen Spain lost,
a sight that has made my eyes salt,
and a tingling cry that has slowed
the movement of my heart of pride
with the nothingness and the death of the great.   10

We see again, now,
the oppression of the heart and the death of pride
and the miserable nothingness
of every brave generous hope
by which we are separated from chill death.

Young Cornford had this in his heroism,
the fear of the thought of his love being near him
when Spain was a fast-day for him:

XVII

Lìonmhorachd anns na speuran,
òr-chriathar milleanan de reultan,
fuar, fad'-às, lòghmhor, àlainn,
tostach, neo-fhaireachdail, neo-fhàilteach.

Lànachd an eòlais man cùrsa,
failmhe an aineolais gun iùl-chairt,
cruinne-cè a' gluasad sàmhach,
aigne leatha fhèin san àrainn.

Chan iadsan a ghluais mo smaointean,
chan e mìorbhail an iomchair aognaidh,   10
chan eil a' mhìorbhail ach an gaol dhuinn,
soillse cruinne an lasadh t' aodainn.

XVIII
Ùrnaigh

A chionn nach eil Dia ann
agus a chionn nach eil Crìosda
ach 'na fhaileas faoin sgialachd,
chan eil ann ach: Dèanam làidir
m' aigne fhìn an aghaidh àmhghair.

Oir chunnaic mi an Spàinn caillte,
sealladh a rinn mo shùilean saillte,
agus gaoir a chuir maille
air iomchar mo chridhe àrdain
le neonitheachd is bàs nan sàr-fhear.   10

Chì sinn a-rithist an-dràsta
claoidh cridhe 's bàs an àrdain
agus neonitheachd neo-àghmhor
anns gach dòchas treun faoilidh
len sgarar sinn bhon bhàs aognaidh.

Bha seo aig Cornford òg 'na ghaisge,
eagal smuain a ghaoil bhith faisg air
nuair bha an Spàinn 'na latha-traisg dha,

fear of his loss in the man,
fear of the fear in the hero.   20

What fear will I have
before the chill floods of the surge
now since I have heard their murmur?
It is said that a nightmare will be seen,
death and famine choking gladness,

that famine will be seen in the fields,
the mighty feebleness in her leanness,
that will take life and love from us,
that will lay low to the grave
with hunger and spiritless despair.   30

But do you think I will pray
to my own spirit against my own desire,
stoppage of my heart, blinding of eyes?
Will I beg that love of you be torn
from the roots of my choked heart?

Will I ask that my heart be purified
from the weakness of my pure white love,
will I ask for a flayed spirit
even in order that I be found in the madness
as brave as Dimitrov or as Connolly?   40

Just now I understand
that a fragmentation has come in this case,
the struggle of deathless humankind:
the being before the hardest choice,
death in immortal life or a death-like life.

My life the death-like life
because I have not flayed the heart of my fullness of love,
because I have given a particular love,
because I would not cut away the love of you,
and that I preferred a woman to crescent History.   50

eagal a challa air an duine,
eagal an eagail air a' churaidh.   20

Dè an t-eagal a bhios ormsa
ro thuiltean aognaidh an onfhaidh
a-nis on chuala mi am monmhar?
Theirear gum faicear trom-laighe,
am bàs 's a' ghort a' tachdadh aighir;

gum faicear a' ghort air na raointean,
an eislig chumhachdach 'na caoile,
a bheir a' bheatha is an gaol bhuainn,
a leagas sìos a dh'ionnsaigh uaghach
le acras is eu-dòchas neo-uallach.   30

Ach saoil sibh an dèan mi ùrnaigh
rim spiorad fhìn an aghaidh m' ùidhe,
stad mo chridhe, dalladh shùilean?
An guidh mi do ghaol bhith air a shracadh
à friamhaichean mo chridhe thachdte?

An iarr mi mo chridhe bhith glante
bho anfhannachd mo ghaoil ghlain ghil,
an iarr mi spiorad 's e air fhaileadh
eadhon gu 'm faighear anns a' bhoile mi
cho treun ri Dimitrov no ri Ó Conghaile?   40

Tha mi a' tuigsinn an-dràsta
gun tàinig lìonsgaradh sa chàs seo,
gleac a' chinne-daonna neo-bhàsmhoir:
an neach mu choinneamh roghainn sàr-chruaidh,
bàs sa bheatha bhiothbhuain no beatha bhàsail.

Mo bheatha-sa a' bheatha bhàsail
a chionn nach d' fhail mi cridhe mo shàth-ghaoil,
a chionn gun tug mi gaol àraidh,
a chionn nach sgarainn do ghràdh-sa
's gum b' fheàrr leam boireannach na 'n Eachdraidh fhàsmhor.   50

I saw the branching blood rising,
the bonfire of the spirit on the mountains,
the poor world losing its wounds:
I sensed and understood the meaning of the cry
though my heart had not been flayed.

He whose heart has been washed
will go through fire without turning;
he will ascend the great mountain without homesickness;
I did not get such a spirit
since my heart is only half-flayed.   60

This prayer is the hard and sorry prayer,
the blasphemous imperfect prayer,
the crooked perverted prayer that turns back,
the prayer that I may pray
without praying to reach the substance.

I have heard of unhappy death
and about the hunger of loathsome famine
coming in pursuit of treachery.
How will I stand up against their cavalry
since my heart is but half-flayed?   70

When the spirit has been flayed,
it will lose every shadow,
it will lose every faintness.
But who will call my white love
surrender, faintness or shadow?

No catechist or examiner is needed
to see that there is not in my prayer
Effectual Calling or Sincerity,
and though I am clear-sighted in scripture
that my spirit is not one-fold.   80

Since the blame will not be put on gods,
who are only the shadow of desire,

Chunnaic mi 'n fhuil chraobhach ag èirigh,
tein-aighir an spioraid air na slèibhtean,
an saoghal truagh a' call a chreuchdan:
thuig is thùr mi fàth an langain
ged nach robh mo chridhe air fhaileadh.

Esan dha bheil an cridhe air ionnlaid,
thèid e tro theine gun tionndadh,
dìridh e bheinn mhòr gun ionndrainn;
cha d' fhuair mise leithid de dh'anam
's mo chridhe ach air leth-fhaileadh.   60

'S e 'n ùrnaigh seo guidhe na duilghe,
an guidhe toibheumach neo-iomlan,
guidhe cam coirbte an tionndaidh,
an guidhe gun dèan mi guidhe,
gun guidhe 'n t-susbaint a ruigheachd.

Chuala mi mu bhàs neo-aoibhneach
agus mu acras gorta oillteil
a' tighinn an tòrachd na foille.
Ciamar a sheasas mi rim marc-shluagh
's gun mo chridhe ach leth-fhailte?   70

An uair tha 'n spiorad air fhaileadh,
caillidh e gach uile fhaileas,
caillidh e gach uile fhannachd.
Ach cò a ghabhas air mo gheal ghaol
aomadh, fannachd no faileas?

Cha ruigear a leas ceistear no sgrùdair
a dh'fhaicinn nach eil 'nam ùrnaigh
a' Ghairm Èifeachdach no 'n Dùrachd,
's ged tha mi soilleir anns an fhìrinn
nach eil mo spiorad aon-fhillte.   80

A chionn nach cuirear coire air diathan,
nach eil ach 'nam faileas iarraidh,

and to avoid the man Christ,
I do not feel kindly towards Nature,
which has given me the clear whole understanding,
the single brain and the split heart.

XIX

I gave you immortality
and what did you give me?
Only the sharp
arrows of your beauty,
a harsh onset
and piercing sorrow,
bitterness of spirit
and a sore gleam of glory.

If I gave you immortality
you gave it to me;   10
you put an edge on my spirit
and radiance in my song.
And though you spoiled
my understanding of the conflict,
yet, were I to see you again,
I should accept more and the whole of it.

Were I, after oblivion of my trouble,
to see before me
on the plain of the Land of Youth
the gracious form of your beauty,   20
I should prefer it there,
although my weakness would return,
and to peace of spirit
again to be wounded.

O yellow-haired, lovely girl,
you tore my strength
and inclined my course
from its aim:
but, if I reach my place,
the high wood of the men of song,   30

agus a sheachnadh an duine Crìosda,
chan eil mo chaomhachd ris an Nàdar
a thug an tuigse shoilleir shlàn dhomh,
an eanchainn shingilte 's an cridhe sgàinte.

XIX

Thug mise dhut biothbhuantachd
is dè thug thu dhòmhsa?
Cha tug ach saighdean
geura do bhòidhchid.
Thug thu cruaidh shitheadh
is treaghaid na dòrainn,
domblas an spioraid,
goirt dhrithleann na glòire.

Ma thug mise dhut biothbhuantachd
's tusa thug dhòmhs' i;   10
's tu gheuraich mo spiorad
's chuir an drithleann 'nam òran;
's ged rinn thu mo mhilleadh
an tuigse na còmhraig,
nam faicinn thu rithist
ghabhainn tuilleadh 's an còrr dheth.

Nam faicinn mum choinneamh
air magh Tìr na h-Òige
an dèidh dìochuimhn' mo dhragha
clàr foinnidh do bhòidhchid,   20
b' fheàrr leam an siud e
ged thilleadh mo bhreòiteachd,
's na suaimhneas an spioraid
mi rithist bhith leònte.

A nighean bhuidhe àlainn,
's ann shrac thu mo threòir-sa
agus dh'fhiaraich mo shlighe
bho shireadh mo thòrachd;
ach ma ruigeas mi m' àite,
coille àrd luchd nan òran,   30

121]

you are the fire of my lyric –
you made a poet of me through sorrow.

I raised this pillar
on the shifting mountain of time,
but it is a memorial-stone
that will be heeded till the Deluge,
and, though you will be married to another
and ignorant of my struggle,
your glory is my poetry
after the slow rotting of your beauty.   40

XX

If I had the ability I wish for,
with art entwined in my abundant love,
nineteen would not be the number
nor these the kind of poems
I would dedicate to your beautiful face
and to your proud, gracious spirit,
but only poems intertwining
music, mildness, thoughts
and a marvellous imagination
with the sun's vehemence and the sky's swiftness,
gentle as the falling of night
and mild as the breaking of brilliant day
and new as the onset of joy,
exultant poems without seeking,
profound, elegant and playful,
poems in which would be combined
the interwoven qualities of that threesome,
poems where could be seen the cross
borne by Yeats, Blok and William Ross.
CW

XXI

What does it matter to me, my place
among the poets of Scotland,
though I should express in Gaelic
a transient elegance and beauty?

's tu grìosach an dàin dhomh,
rinn thu bàrd dhìom le dòrainn.

Thog mi an calbh seo
air beinn fhalbhaich na tìme
ach 's esan clach-chuimhne
a bhios suim dheth gu dìlinn,
is ged bhios tusa aig fear-pòsta
is tu gun eòl air mo strì-sa,
's e do ghlòir-sa mo bhàrdachd
an dèidh cnàmhachd do lìthe.   40

XX

Nan robh an comas mar a b' àill leam,
le ealain fuaighte ri mo shàth-ghaol,
chan e naoi deug an àireamh
no a leithid seo de dhàintean
a choisriginn do t' aodann àlainn
agus dod spiorad uallach gràsmhor.
Chan e ach dàintean sam fuaigheadh
ceòl is caoine is smuaintean
is mac-meanmna 'na mhìorbhail
le dianas grèine 's iomaluas iarmailt,   10
ciùin mar chamhanaich na h-oidhche
's caoin mar bhristeadh latha boillsgeadh
agus ùr mar thoiseach aoibhneis,
dàintean luathghaireach gun shireadh,
doimhne, finealta, le mire,
dàintean sam faighte singilt'
buadhan an triùir 's iad fillte,
dàintean sam faicte 'chrois
bh' air Yeats is Blok is Uilleam Ros.

XXI

Dè dhòmhsa m' àite
am measg bàird na h-Albann
ged chuireas mi an Gàidhlig
loinn is àilleachd fhalbhach?

You will not understand my love for you,
nor my vain, lofty prattling,
beautiful yellow girl,
though you are my transient beauty.
CW

XXII
I walked with my reason
out beside the sea.
We were together but it was
keeping a little distance from me.

Then it turned saying:
is it true you heard
that your beautiful white love
is getting married early on Monday?

I checked the heart that was rising
in my torn swift breast   10
and I said: most likely;
why should I lie about it?

How should I think that I would grab
the radiant golden star,
that I would catch it and put it
prudently in my pocket?

I did not take a cross's death
in the hard extremity of Spain
and how then should I expect
the one new prize of fate?   20

I followed only a way
that was small, mean, low, dry, lukewarm,
and how then should I meet
the thunderbolt of love?

But if I had the choice again
and stood on that headland,
I would leap from heaven or hell
with a whole spirit and heart.

Cha tuig thusa mo ghràdh bhuam
no m' àrdan arraghloir,
a nighean bhuidhe àlainn,
ge tu m' àilleachd fhalbhach.

XXII
Choisich mi cuide ri mo thuigse
a-muigh ri taobh a' chuain;
bha sinn còmhla ach bha ise
a' fuireach tiotan bhuam.

An sin thionndaidh i ag ràdha:
A bheil e fìor gun cual
thu gu bheil do ghaol geal àlainn
a' pòsadh tràth Diluain?

Bhac mi 'n cridhe bha 'g èirigh
'nam bhroilleach reubte luath   10
is thubhairt mi: Tha mi cinnteach;
carson bu bhreug e bhuam?

Ciamar a smaoinichinn gun glacainn
an rionnag leugach òir,
gum beirinn oirre 's gun cuirinn i
gu ciallach 'na mo phòc?

Cha d' ghabh mise bàs croinn-ceusaidh
an èiginn chruaidh na Spàinn
is ciamar sin bhiodh dùil agam
ri aon duais ùir an dàin?   20

Cha do lean mi ach an t-slighe chrìon
bheag ìosal thioram thlàth,
is ciamar sin a choinnichinn
ri beithir-theine ghràidh?

Ach nan robh 'n roghainn rithist dhomh
's mi 'm sheasamh air an àird,
leumainn à neamh no iutharna
le spiorad 's cridhe slàn.

XXIII

Deaf, agitated, angry,
anguish in the great heart,
the sweetness of the dawn music of birds,
the young morning of the music of Beethoven.

Dear, in the close packed hall,
dumb under the new art of the great one,
there rose together before my desire
the piercing music and your beauty.

Girl, fair-haired girl,
the great music was folded in your beauty,   10
the great choir was wound in your grace,
the big house surged with my love.

My eyes shut before the music
that was in pursuit of joy,
Diana appeared in smooth stone,
Deirdre by the side of Loch Etive.

It was your image and the music
that gathered the company of the lustrous ones,
that sent Deirdre to Glen Dà Ruadh,
Diana to the rout of the Greeks.   20

Girl, girl of my love,
the joy of the big music was your face,
Beethoven and Maol Donn
extended on the bare plain of a heart.

Deaf, agitated, angry,
the anguishing and suffering of the Muse:
fair, very beautiful, with mild pride,
the girl fresh in her beauty.

Will one neatly set up
in the synthesis the world's deceit,   30
the distress of the great and of the wretched,
and the mild paean of your face?

XXIII

Bodhar, neo-shuaimhneach, am feirg,
àmhghar an cridhe na mòrachd,
binneas ceòl camhanaich nan eun,
òg-mhadainn ceòl Bheethoven.

A luaidh, anns an talla dhlùth,
balbh fo ealain ùir an t-sàr-fhir,
dhiùchd còmhla fa chomhair mo rùin
gathadh a' chiùil is t' àilleachd.

A nighean, a nighean bhàn,
dh'fhilleadh an ceòl mòr nad àilleachd,   10
shuaineadh a' chòisir nad loinn,
bhàrc an taigh mòr lem ghràdh-sa.

Dhùin mo shùilean ris a' cheòl
a bha air tòrachd an èibhneis,
dhiùchd Diana an cloich chaoimh
agus Deirdre taobh Loch Èite.

B' e t' ìomhaigh-sa agus an ceòl
a chruinnich còmhlan nan leugach,
chuir Deirdre do Ghleann Dà Ruadh,
Diana an ruaig nan Greugach.   20

Nighean, a nighean mo luaidh,
b' e aoibhneas a' chiùil mhòir t' aodann,
Beethoven agus Maol Donn
air magh lom cridhe sgaoilte.

Bodhar, neo-shuaimhneach, am feirg,
àmhghar, allaban na Ceòlraidh:
geal, àlainn, le uaill chiùin
an nighean ùr 'na bòidhche.

An cuirear gu cuimir suas
anns a' cho-chur cluaineis saoghail,   30
ànradh an duine mhòir 's an truaigh
agus ciùin luathghair t' aodainn?

Will a synthesis be made of Fate,
of the misery and glory of the universe,
the frail, bruised, loathsome, wretched filth,
your beauty and the nobleness of lyrics?

Fever has choked many a poor one
and has left many a father bruised, sore and frail,
but the music of Patrick's Lament
left the distress of his children glorious.   40

There have died in misery with no illusion
child and old man together,
but there came no music or poem
to put beauty on sorrow.

High-headed Deirdre in the grave,
in the unsought eternity,
and my love in the great choir
graced above poet's paean.

No synthesis will be made of fortune,
the glory and the distress of the universe,   50
the feverish wasting and Patrick Mor,
slavery, Beethoven and you.

Deaf, agitated, in anger;
sweet, stormy, gentle, glorious music,
fair, beautiful, calm, with no flaw,
unexcelled the aspect of your beauty.

XXIV
When you said that beauty
was only relative and with a defect
what I thought was:
think, lovely fool,
would that be said to Naoise
when he approached Argyll?

An dèanar an co-chur dhen dàn,
de thruaighe 's de ghlòir na cruinne,
a' bhrèine bhreòite oillteil thruagh,
t' àilleachd is uaisle luinneag?

Thachd an fhiabhrais ioma truagh
is dh'fhàg i ioma athair breòite,
ach dh'fhàg ceòl cumha Phàdraig Mhòir
àmhghar a chloinne glòrmhor.   40

Bhàsaich an truaighe gun sgleò
leanabh is seann duine còmhla,
ach cha tàinig ceòl no dàn
a chur àilleachd air dòrainn.

Deirdre ghuanach anns an uaigh,
anns an t-sìorraidheachd gun shireadh,
agus mo ghaol sa chòisir mhòir
buadhmhor thar luathghair filidh.

Cha dèanar an co-chur dhen chàs,
glòir agus ànradh na cruinne,   50
an èitig fhiabhrais 's Pàdraig Mòr,
daorsa, Beethoven is thusa.

Bodhar, neo-shuaimhneach, am feirg,
ceòl binn, gailleannach, ciùin, glòrmhor,
geal, àlainn, socair, gun aon ghiamh,
gun bharrachd fiamh do bhòidhche.

XXIV
Nuair thuirt thu nach robh bhòidhche
ach cosamhlach is le fàilling
's ann bha mise smaointinn:
Saoil, òinseach àlainn,
an cante sin ri Naoise
nuair thaobh e Earra-Ghàidheal?

XXV

I'd prefer, to stealing fire
from heaven for the sake of the people,
the theft that caused no spoiling
in seeking for what it found,
the theft of beguilement from your eyes,
bringing new life to the poem.
CW

XXVI

Red-haired girl, were I to get your kiss
for every restless golden lyric,
I should fashion thousands of them
to excel William Ross with [his] store.

XXVII

The critic said that my art
was getting overblown, its clusters
dazzling, comely, sparkling.
But, my love, from your face
came its beguiling brilliance,
its joy of musical laughter,
its serenity of aspect.
CW

XXVIII
The Ghosts

If I had won your love,
perhaps my poems would have
no empty waste of eternity,
the sort of immortality which fate accords them.
From far-off, forlorn shores,
my love, their cry will come,
yearning, shouting for your love.
They will take the way of the high mountain-tops
of the generations, ever wailing,
ever mourning for your love,
ever making mention of your beauty.
They will go naked on the streets

10

XXV

B' fheàrr leam na goid an teine
à neamh air sgàth an t-sluaigh
a' ghad nach d' rinn am milleadh,
aig sireadh na fhuair,
gad meallaidh bho do shùilean,
beothachadh ùr an duain.

XXVI

A nighean ruadh, nam faighinn do phòg
airson gach duanaig luainich òir,
chuirinn na mìltean dhiubh air dòigh
thoirt bàrr air Uilleam Ros le stòr.

XXVII

Thubhairt an sgrùdair gu robh m' ealain
a' dol gu laomadh le meallan
drithleannach, foinnidh, caoireach.
Ach, a ghaoil, 's ann bho t' aodann
a fhuair i mealladh a leugachd,
a fhuair i ceòl-gàire h-èibhneis,
a fhuair i suaimhneas a h-aogais.

XXVIII
Na Samhlaidhean

Nan robh mi air do ghaol fhaotainn
theagamh nach biodh aig mo dhàintean
an t-sìorraidheachd fhalamh fhàsail,
a' bhiothbhuantachd a tha an dàn dhaibh.
'S ann, a ghaoil, bho na taobhan
fad' às, cianail a bhios an glaodhaich,
ag iargain, ag èigheach air do ghaol-sa.
Gabhaidh iad mullaichean nan àrd-bheann
ghinealach, a' sìor rànaich,
a' sìor iargain do ghràidh-sa,   10
a' sìor dhèanamh luaidh air t' àilleachd:
falbhaidh iad nochdta air sràidean

of History and Poetry:
they will be seen on the highways
of the heart, ever marching:
they will meet in the night
poets in their white shrouds of art:
they will keep the candlelight wake;
the horizon, breaking for day, will not smother their gleam.
They will stand about the coffin   20
where the clay is lying,
the grey clay of the love of joyless poets.
They will stand beyond the grave,
without the ruddiness of life, their cheeks grey.

They will go, a rose, on mountains
where the sun of the poets is rising.

XXIX
Dogs and Wolves

Across eternity, across its snows,
I see my unwritten poems,
I see the spoor of their paws dappling
the untroubled whiteness of the snow:
bristles raging, bloody-tongued,
lean greyhounds and wolves
leaping over the tops of the dykes,
running under the shade of the trees of the wilderness,
taking the defile of narrow glens,
making for the steepness of windy mountains;   10
their baying yell shrieking
across the hard barenesses of the terrible times,
their everlasting barking in my ears,
their onrush seizing my mind:
career of wolves and eerie dogs
swift in pursuit of the quarry,
through the forests without veering,
over the mountain-tops without sheering;
the mild mad dogs of poetry,
wolves in chase of beauty,   20

na h-Eachdraidh agus na Bàrdachd:
chithear iad air rathaidean àrda
nan cridheachan a' sìor mhàrsail:
tachraidh iad anns an oidhche
ris na bàird 'nan suaineadh loinn-gheal:
ni iad caithris solas choinnlear;
cha mhùch bristeadh fàire 'm boillsgeadh.
Seasaidh iad mun chiste-laighe   20
far a bheil a' chrè 'na laighe,
crè ghlas gaol nam bàrd gun aighear:
seasaidh iad thar na h-uaghach,
gun rudhadh, glaisneulach an gruaidhean.

Falbhaidh iad 'nan ròs air slèibhtean
far bheil grian nam bàrd ag èirigh.

XXIX
Coin is Madaidhean-allaidh

Thar na sìorraidheachd, thar a sneachda,
chì mi mo dhàin neo-dheachdte,
chì mi lorgan an spòg a' breacadh
gile shuaimhneach an t-sneachda:
calg air bhoile, teanga fala,
gadhair chaola 's madaidhean-allaidh
a' leum thar mullaichean nan gàrradh,
a' ruith fo sgàil nan craobhan fàsail,
a' gabhail cumhang nan caol-ghleann,
a' sireadh caisead nan gaoth-bheann;   10
an langan gallanach a' sianail
thar loman cruaidhe nan àm cianail,
an comhartaich bhiothbhuan 'na mo chluasan,
an deann-ruith a' gabhail mo bhuadhan:
rèis nam madadh 's nan con iargalt
luath air tòrachd an fhiadhaich
tro na coilltean gun fhiaradh,
thar mullaichean nam beann gun shiaradh;
coin chiùine caothaich na bàrdachd,
madaidhean air tòir na h-àilleachd,   20

beauty of soul and face,
a white deer over hills and plains,
the deer of your gentle beloved beauty,
a hunt without halt, without respite.

XXX

A Bolshevik who never gave heed
to queen or to king,
if we had Scotland free,
Scotland equal to our love,
a white spirited generous Scotland,
a beautiful happy heroic Scotland,
without petty paltry foolish bourgeoisie,
without the loathsomeness of capitalists,
without hateful crass graft,
the mettlesome Scotland of the free,   10
the Scotland of our blood, the Scotland of our love,
I would break the legitimate law of kings,
I would break the sure law of the wise,
I would proclaim you queen of Scotland
in spite of the new republic.

XXXI

William Ross, what should we say
meeting beyond death?
I should mention your Òran Eile.
What would you say about the poems
I let loose art-bridled,
a wild cavalry for bards?

XXXII

Let me lop off with sharp blade every grace
that your beauty put in my verse,
and make poems as bare and chill
as Liebknecht's death or slavery,
let me burn every tree branch
that grew joyous above grief,
and put the people's anguish
in the steel of my lyric.

àilleachd an anama 's an aodainn,
fiadh geal thar bheann is raointean,
fiadh do bhòidhche ciùine gaolaich,
fiadhach gun sgur gun fhaochadh.

XXX

'S mi 'm Bhoilseabhach nach tug suim
riamh do bhànrainn no do rìgh,
nan robh againn Alba shaor,
Alba co-shìnte ri ar gaol,
Alba gheal bheadarrach fhaoil,
Alba àlainn shona laoch,
gun bhùirdeasachd bhig chrìon bhaoith,
gun sgreamhalachd luchd na maoin',
's gun chealgaireachd oillteil chlaoin,
Alba aigeannach nan saor,   10
Alba 'r fala, Alba 'r gaoil,
bhristinn lagh dligheach nan rìgh,
bhristinn lagh cinnteach shaoi,
dh'èighinn nad bhànrainn Albann thu
neo-ar-thaing na Poblachd ùir.

XXXI

Uilleim Rois, dè chanamaid
a' coinneachadh taobh thall a' bhàis?
Dhèanainn luaidh air t' Òran Eile;
dè theireadh tusa mu na dàin
a sgaoil mi ealain-shriante,
eachraidh fhiadhaich bhàrd?

XXXII

Sgatham le faobhar-rinn gach àilleachd
a chuir do bhòidhche 'nam bhàrdachd,
's dèanam dàin cho lom aognaidh
ri bàs Liebknecht no daorsa;
loisgeam gach meanglan craoibhe
a dh'fhàs aoibhneach thar duilghe
's cuiream diachainn an t-sluaigh
an iarann-cruadhach mo dhuain.

XXXIII

The lot of poets is not
divorced from others' dispensation:
fortune was with Duncan Ban
and William Ross got his fill
of anguish, of consumption and death.

XXXIV

When I speak of the face
and of the white spirit of my fair love
one might well say that my blind eyes
had not lighted on the moss,
on the loathsome ugly morass
in which the bourgeoisie is drowning;
but I have seen from the height of the Cuillin
darts of glory and bruised frail sorrow:
I have seen the gilding light of the sun
and the black morass of filth;   10
I know the sharp bitterness of the spirit
better than the swift joy of the heart.

XXXV

Come before me, gentle night,
starred blue sky and dew,
though there is not purged from any airt
the world's poverty and Spain's shivering cry,
a night when Maol Donn sings
a "ceòl mòr" of gentleness on the mountain,
a night with my love in her beauty,
a night whose completeness hides
from my own eyes the shadow
I cast on the horizon;   10
come to me blue and round,
and I will thoughtlessly comprehend
the piercing music of Maol Donn's theme.

XXXIII

Chan eil freastal nam bàrd
dealaichte bho fhreastal chàich:
bha 'm fortan le Donnchadh Bàn
is fhuair Uilleam Ros a shàth
den àmhghar, den chaitheamh 's den bhàs.

XXXIV

An uair a labhras mi mu aodann
agus mu spiorad geal mo ghaoil ghil
's ann a theireadh neach nach d' ràinig
mo shùilean dalla air a' chàthar,
air a' bhoglaich oillteil ghrànda
sa bheil a' bhùirdeasachd a' bàthadh:
ach chunnaic mi bho àird a' Chuilithinn
gathadh glòir is breòiteachd duilghe:
chunnaic mi òradh lainnir grèine
agus boglach dhubh na brèine: 10
's eòl dhomh seirbheachd gheur an spioraid
nas fheàrr na aoibhneas luath a' chridhe.

XXXV

Thig am chomhair, oidhche chiùin,
gorm reultachd adhair agus driùchd,
ged nach glanar bho aon àird
bochdainn saoghail, gaoir na Spàinn;
oidhche is Maol Donn a' seinn
ceòl mòr ciùine air a' bheinn,
oidhche is mo ghaol 'na lì,
oidhche air nach fhaicear mi
lem shùilean fhìn, a chionn lànachd,
a' cur dubhair air an fhàire: 10
thig am chomhair gorm, cruinn,
is cuiridh mi air dòigh gun shuim
gathadh ùrlair ciùil Maoil Duinn.

137]

XXXVI

I should have sold my soul
without pricking of conscience for your sake:
because of your refusal I shall make of it steel
to split the rock of vicissitudes.

XXXVII

It is not the beauty of your body,
the beauty shaped in your face,
the beauty blinding my eyes
though it has gone beyond thought;
but the beauty of the spirit
that took form in your face,
the beauty of the spirit,
the heart marrow of my love.

XXXVIII

I talked of selling a soul
for your sake, my love:
blasphemy, blasphemy, ugly blasphemy,
a blasphemy of foolish rigmarole:
the soul sold for your sake
would not become free,
the soul sold for your sake
would become enslaved.
CW

XXXIX

As the slow embers of the fire
become a pure sparkling flame,
so my love for you
becomes a white adoration.

XL

I am not striving with the tree that will not bend for me,
and the apples will not grow on any branch;
it is not farewell to you; you have not left me.
It is the ebb of death with no floodtide after it.

XXXVI

Bhithinn air m' anam a reic
gun bhioradh cuimhseis air do sgàth:
a chionn do dhiùltaidh nì mi dheth
cruas sgoiltidh creag nan càs.

XXXVII

Chan e àilleachd do dhealbha,
àilleachd cruth t' aodainn,
àilleachd mo dhallabhrat
ged a dh'fhalbh i thar smaointean;
ach àilleachd an anama
bha dealbhach na t' aodann,
àilleachd an spioraid,
smior cridhe mo ghaoil-sa.

XXXVIII

Labhair mi mu reic anama
air do sgàth, a ghaoil:
toibheum, toibheum, toibheum grànda,
toibheum ràbhain bhaoith:
an t-anam a reicteadh air do sgàth-sa,
chan e a dh'fhàsadh saor,
an t-anam a reicteadh air do sgàth-sa,
's ann dh'fhàsadh e daor.

XXXIX

Mar thèid grìosach mhall an teine
'na caoir-lasair ghlain,
's ann tha 'n gaol a th' agam ortsa
a' dol 'na adhradh geal.

XL

Chan eil mi strì ris a' chraoibh nach lùb rium
's cha chinn na h-ùbhlan air gèig seach geug:
cha shoraidh slàn leat, cha d' rinn thu m' fhàgail:
's e tràigh a' bhàis i gun mhuir-làn 'na dèidh.

Dead stream of neap in your tortured body,
which will not flow at new moon or at full,
in which the great springtide of love will not come –
but a double subsidence to lowest ebb.

XLI

My love for you has gone beyond poetry,
beyond imagination, beyond pride,
beyond love-talk, beyond hummed song,
beyond art, beyond laughter-music,
beyond joy, beyond loveliness,
beyond grief, beyond agony,
beyond reason, beyond nature,
beyond the great surging world.

XLII
Shores

If we were in Talisker on the shore
where the great white mouth
opens between two hard jaws,
Rubha nan Clach and the Bioda Ruadh,
I would stand beside the sea
renewing love in my spirit
while the ocean was filling
Talisker bay forever:
I would stand there on the bareness of the shore
until Prishal bowed his stallion head.   10

And if we were together
on Calgary shore in Mull,
between Scotland and Tiree,
between the world and eternity,
I would stay there till doom
measuring sand, grain by grain,
and in Uist, on the shore of Homhsta
in presence of that wide solitude,
I would wait there forever
for the sea draining drop by drop.   20

Marbh-shruth na conntraigh nad chom ciùrrte
nach lìon ri gealaich ùir no làin,
anns nach tig reothairt mhòr an t-sùgraidh –
ach sìoladh dùbailt gu muir-tràigh.

XLI

Chaidh mo ghaol ort thar bàrdachd,
thar mac-meanmna, thar àrdain,
thar sùgraidh, thar mànrain,
thar ealain, thar ceòl-gàire,
thar èibhneis, thar àilleachd,
thar dòlais, thar àmhghair,
thar cèille, thar nàdair,
thar an t-saoghail mhòir bhàrcaich.

XLII
Tràighean

Nan robh sinn an Talasgar air an tràigh
far a bheil am beul mòr bàn
a' fosgladh eadar dà ghiall chruaidh,
Rubha nan Clach 's am Bioda Ruadh,
sheasainn-sa ri taobh na mara
ag ùrachadh gaoil 'nam anam
fhad 's a bhiodh an cuan a' lìonadh
camas Thalasgair gu sìorraidh:
sheasainn an siud air lom na tràghad
gu 'n cromadh Priseal a cheann àigich.   10

Agus nan robh sinn cuideachd
air tràigh Chalgaraidh am Muile,
eadar Alba is Tiriodh,
eadar an saoghal 's a' bhiothbhuan,
dh'fhuirichinn an siud gu luan
a' tomhas gainmhich bruan air bhruan.
Agus an Uibhist air tràigh Hòmhstadh
fa chomhair farsaingeachd na h-ònrachd,
dh'fheithinn-sa an siud gu sìorraidh
braon air bhraon an cuan a' sìoladh.   20

And if I were on the shore of Moidart
with you, for whom my care is new,
I would put up in a synthesis of love for you
the ocean and the sand, drop and grain.
And if we were on Mol Stenscholl Staffin
when the unhappy surging sea dragged
the boulders and threw them over us,
I would build the rampart wall
against an alien eternity grinding (its teeth).

XLIII
But for you the Cuillin would be
an exact and serrated blue rampart
girdling with its march-wall
all that is in my fierce heart.

But for you the sand
that is in Talisker compact and white
would be a measureless plain to my expectations
and on it the spear desire would not turn back.

But for you the oceans
in their unrest and their repose   10
would raise the wave-crests of my mind
and settle them on a high serenity.

And the brown brindled moorland
and my reason would co-extend –
but you imposed on them an edict
above my own pain.

And on a distant luxuriant summit
there blossomed the Tree of Strings,
among its leafy branches your face,
my reason and the likeness of a star.   20

Agus nan robh mi air tràigh Mhùideart
còmhla riut, a nodhachd ùidhe,
chuirinn suas an co-chur gaoil dhut
an cuan 's a' ghaineamh, bruan air bhraon dhiubh.
'S nan robh sinn air Mol Steinnseil Stamhain
's an fhairge neo-aoibhneach a' tarraing
nan ulbhag is gan tilgeil tharainn,
thogainn-sa am balla daingeann
ro shìorraidheachd choimhich 's i framhach.

XLIII

Mur b' e thusa bhiodh an Cuilithionn
'na mhùr eagarra gorm
a' crioslachadh le bhalla-crìche
na tha 'nam chridhe borb.

Mur b' e thusa bhiodh a' ghaineamh
tha 'n Talasgar dùmhail geal
'na clàr biothbhuan do mo dhùilean,
air nach tilleadh an rùn-ghath.

'S mur b' e thusa bhiodh na cuantan
'nan luasgan is 'nan tàmh   10
a' togail càir mo bhuadhan,
ga cur air suaimhneas àrd.

'S bhiodh am monadh donn riabhach
agus mo chiall co-shìnt' –
ach chuir thusa orra riaghladh
os cionn mo phianaidh fhìn.

Agus air creachainn chèin fhàsmhoir
chinn blàthmhor Craobh nan Teud,
'na meangach duillich t' aodann,
mo chiall is aogas rèil.   20

XLIV

Though I should remove the clothes
of deceptive feeling
and depart, naked, trim,
a firebrand of triumphant reason,
there I would reach the love-clay
of my reasoned devotion
and deliver to your joy
the firebrand of triumphant reason.
CW

XLV

The knife of my brain made incision,
my dear, on the stone of my love,
and its blade examined every segment
and my eye took its colour.

I turned every jewel fragment
under a sharp cold glass
and under the flame of my reason,
which tried them hundreds of times.

After knife, glass, fire,
and the sharp-pointed blades,   10
lopping, cutting, burning, scrutiny,
there was no change on its aspect.

The charm-stone cut in a thousand fragments
as whole as it ever was,
ground into a powder
but dense, jewelled, sharp.

As it increased in the number
of cut and brittle fragments,
so it took unity,
alone, hard and taut.   20

It swelled to the size of a thousand oceans
and every fragment became a drop,

144]

XLIV

Ged chuirinn dhiom èideadh
faireachaidh na cluaineis
's nam falbhainn lom gleusta
'nam chaoir cèille buadhmhoir,
ruiginn an sin crè-ghaol
mo chèille luaidhe
's liùbhrainn do t' èibhneas
caoir na cèille buadhmhoir.

XLV

Rinn sgian m' eanchainn gearradh
air cloich mo ghaoil, a luaidh,
is sgrùd a faobhar gach aon bhearradh
is ghabh mo shùil a thuar.

Thionndaidh mi gach mìrean lèige
fo ghlainne gheur fhuair
is fo mo lasair chèille,
a dh'fhiach iad ceudan uair.

An dèis sgeine, gloine, teine   10
is gath nam faobhar giar,
beumadh, gearradh, losgadh, sgrùdadh,
cha robh caochladh air a fiamh.

An t-seun-chlach geàrrt' am mìle mìrean
cho slàn 's a bha i riamh,
air a prannadh ann am fùdar
ach dùmhail leugach giar.

Mar a rachadh i an àireamh
nam bruan geàrrte prann
's ann a ghabhadh i aonachd
'na h-aonar cruaidh teann.   20

Dh'at i gu meud mìle chuantan
is chaidh gach bruan 'na bhraon,

but it was a water that went to hardness
with the tightening swelling of love.

The stone that was cut
out of my own narrow spirit
was clipped to the greatness
that would contain the land of the world.

Pick-axed out of my body, its great size
was above my farthest measurement,   30
and like a fragment, its mother-rock crouched
in the star Betelgeuse.

The love-stone that came from my brain
took on the strong mettle
that it was a mother-spirit
to its own mother-brain.

The love begotten by the heart
is the love that is in free chains
when it takes, in its spirit,
a brain love of its love.   40

And the stone that is broken
is the clear whole jewel
when it is pounded by a brain
to a greater hardness of its love.

Dear, if my heart love
of you were not like the hardness of the jewel,
surely it could be cut
by a hard sharp brain.

XLVI
We are together, dear,
alone in Edinburgh,
and your serene kind face
hides the hurt of your wounds.
I have as my share of you
a beautiful head and a torn body.

ach b' i uisge chaidh an cruadal
le teannachadh at gaoil.

Bha a' chlach a fhuair a gearradh
à m' aigne chumhaing fhìn
air a bearradh gus a' mhòrachd
a thoilleadh domhain-thìr.

Pioct' às mo chom, bha a miadachd
os cionn mo thomhais chèin   30
's mar bhruan chrùb a creag-màthar
am Betelgeuse nan reul.

A' chlach ghaoil a thàinig à m' eanchainn,
's i ghabh am meanmna treun
gu robh i 'na màthair-meanmna
da màthair-eanchainn fhèin.

'S e 'n gaol ginte leis a' chridhe
an gaol tha 'n geimhlich shaoir
an uair a ghabhas e 'na spiorad
gaol eanchainn air a ghaol.   40

Agus 's e a' chlach tha briste
an leug shoilleir shlàn
nuair phrannar i le eanchainn
gu barrachd cruais a gràidh.

A luaidh, mur biodh gaol mo chridhe
ort mar chruas na lèig,
tha fhios gun gabhadh e gearradh
le eanchainn chruaidh gheur.

XLVI
Tha sinn còmhla, a ghaoil,
leinn fhìn ann an Dùn Èideann,
is t' aodann suaimhneach còir
a' falach leòn do chreuchdan.
Tha agamsa mar chuibhreann dhìot
ceann grinn is colainn reubte.

My misery is small tonight
beside the evil of your wounded body,
but with your misery my love
turns to white leaping flame,   10
burning in the turmoil of my head
my memory of the other,
of a more fortunate and more lovely one
who is married over in Ireland.

XLVIa

There was strife between my heart,
my intellect and my flesh
about the love they felt for you,
which had the greatest strength.

The three of them were bickering
with cutting words and boasts
until they conferred godhead on
that dissonant trinity.
CW

XLVII

Remorse after the kisses
wounding me all the night:
that the pride of my love
is mocking your unhappy fate;
that the young strength of my body
was mocking the cause of your sorrow,
and your sad beauty going away, a ghost
on the grey broken road of your agony.

Why, God, did I not get the chance
before the young Lowlander tore your bloom,   10
before your beauty was made a thing of pity,
and before a golden banner was laid to the ground?

O God, the beauty of the garden,
though the grey canker is under the sheen of its blossoms,
which will not stay for the yellow gratitude of autumn
since time and root and top are plucked.

Is beag mo thruaighe-sa a-nochd
seach olc do cholainn creuchdaich,
ach le do thruaighe-sa tha m' ghaol
air dhol 'na chaoir ghil leumraich,   10
a' losgadh am bruaillean mo chinn
mo chuimhne air an tèile,
air tè nas rathaile 's nas bòidhche
's i pòsta thall an Èirinn.

XLVIa
Bha connspaid eadar mo chridhe,
m' eanchainn is m' fheòil
mun ghaol a bh' aca ortsa,
cò bu lùthmhoir' treòir.

Bha an triùir a' cothachadh
le gearradh facail 's bòst
gus an do ghabh iad dia
air an trianaid mhì-chòrdt'.

XLVII
Aithreachas an deaghaidh nam pòg
ga mo leòn fad na h-oidhche:
gu bheil uabhar mo ghaoil
a' magadh air do chor mì-aoibhneach;
gu robh neart òg mo cholainn
a' fanaid air adhbhar do thùrsa,
is t' àilleachd bhròin a' falbh 'na manadh
air rathad briste glas do chiùrraidh.

Carson, a Dhia, nach d' fhuair mi 'n cothrom,
mun d' shrac an t-òigear Goill do bhlàth,   10
mun d' rinneadh culaidh-thruais dhed bhòidhche
's mun d' leagadh suaithneas òir ri làr?

A Dhia, 's e bòidhche a' ghàrraidh
ged tha 'n giamh glas fo lì nam blàth,
nach fhan ri buidheachas an fhoghair
on bhuaineadh tìm is bun is bàrr.

XLVIII

With you my humility
is equal to my pride
and my submission and pride
are a permanent laughter-music.

Prostrate at your feet
my spirit is on high tip-toe
and my mind's pain and unrest
are an impetuous serene repose.

And with you the meeting
that I have with myself   10
is as near me as my heart's marrow
when it goes on a far-off peak.

I have burst from the husk
which my life's condition imposed,
and my spirit's blossom has come
out of distress, an adamant.

XLIX

My boat was under sail and the Clàrach
laughing against its prow,
my left hand on the tiller
and the other in the winding of the sheet-rope.

On the second thwart to windward,
darling, you sat near me,
and your lit rope of hair
about my heart, a winding of gold.

God, if that course had been
to the destination of my desire,   10
the Butt of Lewis would not
have sufficed for my boat under sail.

XLVIII

Mar riutsa tha m' irisleachd
co-ionann rim uaill
agus tha m' ùmhlachd is m' àrdan
'nan ceòl-gàire buan.

Sleuchdt' aig do chasan tha mo spiorad
air chorra-bhioda àrd
agus tha pian is luasgan m' aigne
'nam bras shuaimhneas tàimh.

'S nad fhaisge tha a' chòmhdhail
a th' agam rium fhèin   10
cho dlùth rium ri smior mo chridhe
's e falbh air binnean cèin.

Fhuair mi faoisgneadh às a' chochall
a rinn cor mo rèis
is dhiùchd bàrr-gùc m' anama
bho arraban 'na lèig.

XLIX

Bha 'm bàt' agam fo sheòl 's a' Chlàrach
a' gàireachdaich fo sròin,
mo làmh cheàrr air falmadair
's an tèile 'n suaineadh sgòid.

Air dara tobhta 'n fhuaraidh
shuidh thu, luaidh, 'nam chòir
agus do ròp laist' cuailein
mum chrìdh 'na shuaineadh òir.

A Dhia, nan robh an cùrsa ud
gu mo cheann-uidhe deòin,   10
cha bhiodh am Bùta Leòdhasach
air fòghnadh do mo sheòl.

L

Grief is only a nothing
and love is only a crumb
in the face of the stars extending
and the Earth going round.

And the many millions of years
since the Earth has gone as a flame
and the many million times
its course has encircled love.

What do I care for its circuits,
for its distant ancient course, 10
since it will not give with its sunlight
any kind of permanence to my love!

Let it romp for the race of its permanence
through the grey fields of the skies
since it cannot be triumphantly fashioned
as a form of love to my reason.

Since there is no heed of our desires
in the perverse eternal circlings,
I do not heed its hundreds
or millions of tales of love. 20

If the face of my love could be
beautiful and lasting forever
I would defy Time with its powers
with its novelty and paean of growth.

LI

My prudence said to my heart
when the very stars were being spoilt:
You are adding to a beauty
that will be your own wound;
it's on you that the wearying oppression will come
when the skies burst and stream with terror.

L

Chan eil anns a' bhròn ach neoni
's chan eil anns a' ghaol ach bruan
fa chomhair nan reul a' sgaoileadh
's an saoghal a' dol 'na chuairt.

Agus liuthad millean bliadhna
on thriall an Talamh 'na chaoir
agus liuthad millean iadhadh
a thug e le thriall air gaol.

Dè dhòmhsa a mhillean iadhadh,
dè dhòmhsa a chian chùrs' aost   10
a chionn nach toir e le ghrian-leus
gnè shìorraidheachd do mo ghaol!

Seatadh e fad rèis a bhuantachd
tro chluaintean glasa nan speur
a chionn nach dealbhar le buaidh e
'na chumadh luaidhe dom chèill!

A chionn nach eil suim dar miannan
anns an iadhadh bhiothbhuan chlaon,
chan eil mo shuim-sa ra chiadan
no mhilleanan sgialachd gaoil.   20

Nam b' urrainn aodann mo luaidhe
bhith àlainn is buan gu bràth
bheirinn dùbhlan do Thìm le bhuadhan
le nodhachd 's luathghair fàis.

LI

Thuirt mo chrìonnachd ri mo chridhe
'n àm milleadh nan reul:
Tha thu cur ri bòidhchid
a bhios gud leònadh fhèin,
's ann ortsa thig an claoidheadh
le maoim-shruth nan speur.

My spirit, bruised and decrepit, lay
in the loneliness of its pain,
shuddering before the monster
of the sharp cold floods,   10
and the chill cry of death choked
the brave green blossoming.

I myself would understand the torment
that is in the mere drowning
and the power of mutilation
that is in the roaring of the waves,
if you did not raise your face
to put the change of death on reason.

LII
To my steady gaze you were a star
alone in the skies;
and you were given the two rays
by my fertile spirit and my grief.

And then you shone with a three-
in-one direct trinity of rays;
but my own vehement rays were
only the children of your beauty in grief.

I was waiting for the blow
that would spoil your sway with its blight;   10
but I gave you the three for yourself
at the end of the course of ten years.

For if it were only my own begotten rays
that created beauty in your ray,
it was certain that they would lose their power
with the greying of ten years' time.

O frankness and o generous heart
luminous in a face;
O charm of heart and of eye,
your loved image her face!   20

Laigh mo spiorad breòite
ann an ònrachd a phèin,
a' plosgartaich ro uilebheist
nan tuiltean fuaraidh geur',
is thachd a' ghaoir aognaidh
an gorm-fhaoisgneadh treun.

Gun tuiginn fhìn an cràdhlot
a th' anns a' bhàthadh lom
agus brìgh a' mhàbaidh
tha 'n gàirich nan tonn,
mur togadh tusa d' aodann
chur caochlaidh air conn.

LII
Dom dhùr-amharc bha thu nad reul
's tu leat fhèin san iarmailt:
is thugadh dhut an dà leus
lem aigne thorraich 's m' iargain.

'S an uair sin bhoillsg thu le trì-
an-aon leus dìreach trianaid;
ach cha robh 'nam leòis dhian fhìn
ach clann do lìthe 'n iargain.

Bha mi feitheamh ris a' bheum
a mhilleadh do rèim le chrìonadh;
ach thug mi dhut na trì dhut fhèin
an ceann rèis deich bliadhna.

Oir nam b' iad mo leòis gin fhìn
a bheothaich lì nad lias-sa,
bu chinnt gun cailleadh iad am brìgh
le glasadh tìm deich bliadhna.

A shuilbhireachd 's a chridhe chòir
's sibh lòghmhor ann an aodann;
a mheallaidh cridhe 's a mheallaidh sùla,
ur n-ìomhaigh rùin a h-aogas!

10

10

20

The pursuit was not long
that took more than ten years
when the treasure-trove was more
than would suffice for an eternal hope.

LIII

I lightly hold the great revolution
that will suffice the lot of man
since I have seen the image of all that is generous
fashioned in the beauty of a face.

LIV

You were dawn on the Cuillin
and benign day on the Clàrach,
the sun on his elbow in the golden stream
and the white rose that breaks the horizon.

Glitter of sails on a sunlit firth,
blue of the sea and aureate sky,
the young morning in your head of hair
and in your clear lovely cheeks.

My jewel of dawn and night
your face and your dear kindness,   10
though the grey stake of misfortune is
thrust through the breast of my young morning.

LV

I do not see the sense of my toil
putting thoughts in a dying tongue
now when the whoredom of Europe
is murder erect and agony;
but we have been given the million years,
a fragment of a sad growing portion,
the heroism and patience of hundreds
and the miracle of a beautiful face.

Cha b' ann fada bha an tòir
a thug còrr 's deich bliadhna
an uair a bha an fhaodail còrr
's na dh'fhòghnadh dòchas sìorraidh.

LIII

Gur suarach leam an t-ar-a-mach mòr
a dh'fhòghnas do chor nan daoine,
on chunnaic mi ìomhaigh na tha còir
's i dealbhte 'm bòidhchid aodainn.

LIV

Bu tu camhanaich air a' Chuilithionn
's latha suilbhir air a' Chlàraich,
grian air a h-uilinn anns an òr-shruth
agus ròs geal bristeadh fàire.

Lainnir sheòl air linne ghrianaich,
gorm a' chuain is iarmailt àr-bhuidh,
an òg-mhadainn 'na do chuailean
's 'na do ghruaidhean soilleir àlainn.

Mo leug camhanaich is oidhche
t' aodann is do choibhneas gràdhach,   10
ged tha bior glas an dòlais
tro chliabh m' òg-mhaidne sàthte.

LV

Chan fhaic mi fàth mo shaothrach
bhith cur smaointean an cainnt bhàsmhoir,
a-nis is siùrsachd na Roinn Eòrpa
'na murt stòite 's 'na cràdhlot;
ach thugadh dhuinn am millean bliadhna
'na mhìr an roinn chianail fhàsmhoir,
gaisge 's foighidinn nan ciadan
agus mìorbhail aodainn àlainn.

LVI

In my ten years of labour
I never happened upon a poem
as serene as your branching head of hair,
as beautiful and open as your face.
CW

LVII

A face haunts me,
following me day and night,
the triumphant face of a girl
is pleading all the time.

It is saying to my heart
that a division may not be sought
between desire and the substance
of its unattainable object;

that mischance will not come on beauty
in spite of the growth of failings   10
because a day that has declined
is as free as the day tomorrow;

and that this period of time is
above every change and denial
that will shout insurrection
against its rule tomorrow;

because it now is
that its form and being will always be,
and that change cannot
maim its unity;   20

that the choice of the eye's desire
is as eternal as the secret thoughts
that have taken their lasting shape
in new words;

that it is quite as full of grace
as the art of the two Patricks

LVI

’Na mo dheich bliadhna saothrach
riamh cha d’ fhuair mi dàn air faodail
cho suaimhneach ri do chuailean craobhach,
cho àlainn fosgailte ri t’ aodann.

LVII

Tha aodann ga mo thathaich,
ga mo leantainn dh’oidhche ’s latha:
tha aodann buadhmhor nìghne
’s e sìor agairt.

Tha e labhairt ri mo chridhe
nach fhaodar sgaradh a shireadh
eadar miann agus susbaint
a’ chuspair dho-ruighinn,

nach tig tubaist air àilleachd
a dh’aindeoin cinntinn nam fàilling   10
a chionn gu bheil là aomte
cho saor ri là màireach,

agus gu bheil an tràth seo
os cionn gach caochlaidh ’s àicheidh
a nì ceannairc èigheach
ra rèim a-màireach,

a chionn gu bheil i ’n-dràsta
gum bi ’cruth ’s a bith gu bràth ann
agus nach urrainn caochladh
a h-aonachd a mhàbadh,   20

gu bheil roghainn miann na sùla
cho biothbhuan ris na rùintean
a ghabh an cumadh sìorraidh
am briathran ùra,

gu bheil i ceart cho àghmhor
ri ealain an dà Phàdraig

though it may not be expressed
by melody or cut stone,

and though the pictured board may not
offer its shape and colour   30
to the new generations
without the smooring that perverts.

O face, face, face,
will you lose, will you lose the wonder
with which your beauty has seized
a generous joy?

If stone or board will not take your likeness,
what will the art of music or verse do
if there is no way of putting this time
in a circumscribed predicament;   40

if there is no way of checking
this hour and holding it
in the sand of change
with the fluke of an anchor,

before it raises the new sails
on a course to oblivion
and before its sails are lost
to the sight of eye.

O face that is haunting me,
beautiful face that is speaking,   50
will you go away with this time
in spite of your pleading?

When the hoard of every memory decays
that will give you love or thought or care,
will you lose the delight of your unity,
vain and forgotten?

For you I would never seek
any lastingness for your beauty

ged nach cuir an cèill i
ceòl rèidh no clach gheàrrte,

's ged nach fhaod clàr dealbha
a cruth 's a dreach a thairgsinn   30
do na gineil ùra
gun smùradh coirbte.

O aodainn, aodainn, aodainn,
an caill, an caill thu 'n t-ioghnadh
leis na ghlac do bhòidhche
sòlas faoilidh?

Mur gabh clach no clàr do shamhladh
dè nì ealaidh chiùil no ranntachd
mur eil seòl an tràth seo
chur an càs staimhte,   40

mur eil seòl air bacadh
na h-uarach seo 's a glacadh
an gainmhich a' chaochlaidh
le faobhar acrach,

mun tog i na siùil ùra
gu dìochuimhne air chùrsa
's mun caillear a brèidean
bho lèirsinn sùla?

O aodainn a tha gam thathaich,
aodainn àlainn a tha labhairt,   50
an triall thu leis an àm seo
neo-ar-thaing t' agairt?

Nuair chrìonas tasgadh gach cuimhne
a bheir gaol no smuain no suim dhut,
an caill thu mealladh t' aonachd
's tu faoin gun chuimhn' ort?

Chan iarrainn-sa gu bràth dhut
aon bhiothbhuantachd do t' àilleachd

but what would render it complete
exactly as it is.   60

I would not seek the action of music
that speaks many things to one's care:
I would not ask for one new thing
that I myself did not see in your face.

And painted board would give
memory only one gleam
though a third of your graces were kept
stored in its colours.

Thus, o time and face,
you must be always together   70
so that at the end of the hour
graces are not surrendered.

O tract of time, when your reign
departs like the troubled mist,
to what newly lit consciousness
will your agitated motion be manifest?

O tract of time, and what ceases
of us with your steps,
where is the course
that will care for us or tell of us?   80

What was and what is now of us,
though they would last forever,
how would a tale of them come
from distant shores?

What eye will see them
or what ear will hear them
on their exposed forlorn journey
beyond a mind's thoughts?

What is the fourth dimension
that will bring this beauty to the ken   90

ach na liùbhradh slàn i
dìreach mar a tha i.   60

Chan iarrainn gnìomhachd a' chiùil
's e ioma-bhriathrach ri ùidh:
chan iarrainn aon ni ùr
nach fhaca mi fhìn nad ghnùis.

Agus cha tugadh clàr dathte
do chuimhne ach aon aiteal
ged chùmteadh trian ded bhuadhan
'na thuar an tasgadh.

Mar sin, a thràth is aodainn,
feumar ur cuideachd daonnan   70
los nach bi 'n ceann na h-uarach
buadhan aomte.

A thràth de thìm, nuair dh'fhalbhas
do rèim mar an allacheo,
dè am breannachadh ùr-laist'
don diùchd t' fhalbhan?

O thràth de thìm, 's na thrèigeas
dhinne le do cheuman,
càit a bheil an cùrsa
bheir ùidh dhuinn no sgeul oirnn?   80

Na bha, 's na tha an-dràsta,
ged mhaireadh iad gu bràth dhinn,
ciamar thigeadh sgeul orr'
bho chèin-thràighean?

Dè 'n t-sùil a nì am faicinn
no chluas a nì an claisteachd
's iad air turas faondraidh
bhàrr smaointean aigne?

Ciod e an ceathramh seòl-tomhais
a bheir an àilleachd seo fa chomhair   90

of eye, reason or any sense-perception
over the wastes of the abyss?

And what sense beyond senses
will perceive their beauty
when neither eye nor ear will show it,
nor taste nor touch nor smell,

and when it is not folded
in a living memory or near
the swift-journeying thoughts
that renew their treasure?   100

If there is not found, for perception,
one other sense or dimension,
will your beauty have form or being
in the bounds of time and the eternal deep?

O face that is haunting me,
O eloquent marvel,
is there any port in time for you
or march-wall but earth?

O shapely human paean,
is there a dimension in the universe   110
that will give you a greater wholeness
than music, board or lyric?

Though the Red Army of humanity is
in the death-struggle beside the Dnieper,
it is not the deed of its heroism
that is nearest my heart,

but a face that is haunting me,
following me day and night,
the triumphant face of a girl
that is always speaking.   120

sùla, reusain no aon chàileachd
thar fhàsaichean glomhair?

Is dè a' chàil thar chàiltean
a mhothaicheas an àilleachd,
nuair nach nochd sùil no cluas i,
blas, suathadh no fàileadh,

's nuair nach bi i paisgte
an cuimhne bheò no 'm faisge
ris na smuainteannan siùbhlach
a dh'ùraicheas an tasgadh?   100

Mur faighear, air chor 's gum mothaich,
aon chàil eile no seòl-tomhais,
am bi cruth no bith aig t' àilleachd
an àrainn tìme 's domhain?

O aodainn a tha gam thathaich,
a mhìorbhail a tha labhar,
a bheil aon phort an tìm dhut
no balla-crìch ach talamh?

O luathghair dhaonda chuimir,
a bheil seòl-tomhais sa chruinne   110
a bheir dhut barrachd slànachd
na ceòl no clàr no luinneag?

Ma tha Arm Dearg a' chinne
an gleac bàis ri taobh an Dniepeir,
chan e euchd a ghaisge
as fhaisg' air mo chridhe,

ach aodann a tha gam thathaich,
ga mo leantainn dh'oidhche 's latha,
aodann buadhmhor nìghne
's e sìor labhairt.   120

LVIII

Girl, who enrich
a moment that fleets,
how shall we check
its steep-flowing stream of steps?
How shall we seize
the shower-bloom of its May?
How shall we treasure it
in baskets of jewels?

O girl whose fair forehead
is lit with its beauty   10
as the dawn
lit with its youthfulness,
you make impetuous
all my perceptions
and incite to precipitation
the Muse's horsemen.

O calm, open expression,
the awakening of kindness,
how shall I expend
the spray-bloom of your roses,   20
you who reveal to me
the poverty of my subtlety
as I try to extract from it
its equable loveliness?

O face excellently chiselled
beneath your joyous, white delightfulness,
how shall we seize
the mode of its charm-spell?
How shall we store
the showers of its jewelling   30
before it is hidden
beyond in a distant land?

O fair face, o face,
that your loveliness were freed

LVIII

A nighean 's tu beairteachadh
tacan tha trèigsinn,
ciamar a bhacar leinn
cas-ruith a cheum-shruth?
Ciamar a ghlacar leinn
fras-bhlàth a chèitein?
Ciamar a thasgar leinn
'm basgaidean leug e?

O nighean 's do mhala gheal
laiste le bòidhchid   10
mar ris a' chamhanaich
laiste le h-òige,
's tu chuireas brasadh air
m' aignidhean còmhla
's a ghrìosas gu cabhagach
marc-shluagh a' Cheòlraidh.

O sheallaidh chiùin fhosgailte,
mosgladh na còireid,
ciamar a chosgar leam
dos-bhlàth do ròsan,   20
agus tu nochdadh dhomh
bochdainn mo sheòltachd
's mi fiachainn ri deocadh às
socrachd a bhòidhchid?

O aodainn shàr-shnaidhte
fo t' aighear geal èibhneach,
ciamar a ghlacar leinn
fasan a sheuntachd;
ciamar a thasgar leinn
frasan a leugachd   30
mum bi e falaichte
thairis an cèin-thìr?

O aodainn ghlain, aodainn,
nach saoirteadh do bhòidhchead

167]

from the power of all crassness,
decline and evil;
that it were kept as treasure-find,
choicely stored
in the shelter of every
free tenderness of the Muse!   40

LIX

Carmichael, I often think
of every treasure you chanced on;
and of your wealth every day
without bitter wrestling and delirium:
that you got the grace and happiness of the Muse
without struggle against loneliness and terror,
and that it will be very different for us
against the venomous blast to windward.

But, Alexander Carmichael,
there came to me without striving   10
a paean in the fair beauty of a girl's face
in spite of its troubling;
and one day there came to me
a peaceful golden lyric,
complete, as came to you,
flawless, the Hymn of the Graces.

LX

When I saw the red hair last night
and the joyous, beautiful forehead,

beneath the king's wretched coat
the foolish heart leapt.

For all the human company to be had,
your like, my love, could not be found:

for all the sharp perception to be had,
on your own you were company enough for me:

for all the great intellect to be had,
you yourself were my sufficiency: 10

bho chumhachd gach baothalachd,
aomaidh is dò-bheairt!
Nach cùmteadh mar fhaodail e
caoin air a stòradh
am fasgadh gach caomhalachd
saoir th' aig a' Cheòlraidh!   40

LIX

MhicGille-Mhìcheil, 's tric mi smaointinn
air gach faodail a fhuair thu;
agus do shaidhbhreas gach aon latha
gun charachd gheur, gun bhruaillean:
gun d' fhuair thu àgh is sonas Ceòlraidh
gun ghleac ri ònrachd 's fuathas,
's nach ann mar sin a bhitheas dhuinne
ri sgal guineach an fhuaraidh.

Ach, Alasdair MhicGille-Mhìcheil,
thàinig gun strì dhomh luathghair   10
ann an geal-mhaise aodann nìghne
a dh'aindeoin brìgh a bhuairidh:
agus air latha thàrladh dhòmhsa
ealaidheachd òir gun luasgan,
's i coileanta, mar thàinig ortsa,
gun mheang, an Ortha Bhuadhach.

LX

Nuair chunna mi 'n cùl ruadh a-raoir
's a' bhathais aoibhinn bhòidheach,

's ann fo chòta truagh an rìgh
a leum an cridhe gòrach.

Air na bh' ann a chòmhlan sluaigh
cha robh, a luaidh, do sheòrs' ann:

air na bh' ann a dh'aigne gheur
b' e thus' thu fhèin mo chòmhlan:

air na bh' ann a dh'inntinn mhòir
's tu fhèin a dh'fhòghnadh dhòmhsa: 10

169]

for all the lofty intentions to be had,
not that the pain in my flesh:

I saw the red hair last night
and the opulent, beautiful forehead.

I saw the red hair and an old
wound wakened anew in my flesh.
CW

Dimitto
Go, little ineffective book,
look into her shining eyes:
though lame, you are no liar:
in the time of wing-spreading you will be over mountains.

air na bh' ann a dhùrachd mhòir
cha b' i siud dòrainn m' fheòla:

chunna mi 'n cùl ruadh a-raoir
's a' bhathais shaidhbhir bhòidheach.

Chunna mi 'n cùl ruadh is dhùisg
seann roinneadh ùr 'nam fheòil-sa.

Dimitto
Thalla, a leabhair bhig neo-euchdaich:
amhairc a-steach 'na sùilean leugach:
ge bacach thu, chan eil thu breugach:
'n àm sgaoileadh sgiath bidh tu thar shlèibhtean.

4: 1941–1944

4: 1941–1944

'She to whom I gave . . .'

She to whom I gave all love
gave me no love in return;
though my agony was for her sake,
she did not understand the shame at all.

But often in the thoughts of night
when my mind is a dim wood,
a breeze of memory comes, stirring the foliage,
putting the wood's assuagement to unrest.

And from the depths of my body's wood,
from sap-filled root and slender branching,   10
there will be the heavy cry: why was her beauty
like a horizon opening the door to day?

The Little Jewel

You came, victorious one,
with the distress that is in peace,
and since you are gentle and fair,
openly virtuous as the Hymn of Graces
which noble Carmichael stored away safe
from every hardship and profane assault,
and because I cannot name your lineage
on mountain, on beach or in wood,
as my kin used to do
in the Isle of Skye or in Mull,   10
or in Raasay of Clan MacLeod
or in Canada in exile,
you will take from me my thoughts
since I do not see on you the misery
symbolic on every other countenance
I have seen in this place.
You are untouched by the threat
of time or wearying change,
as if you would evade the smothering sea
with which this ocean affects every beauty.   ED

174]

'An tè dhan tug mi . . .'

An tè dhan tug mi uile ghaol,
cha tug i gaol dhomh air a shon;
ged a chiùrradh mise air a sàillibh,
cha do thuig i 'n tàmailt idir.

Ach tric an smuaintean na h-oidhch'
an uair bhios m' aigne 'na coille chiair,
thig osag chuimhne 'gluasad duillich,
a' cur a furtachd gu luasgan.

Agus bho dhoimhne coille chuim,
o fhreumhach snodhaich 's meangach meanbh,   10
bidh 'n eubha throm: carson bha h-àille
mar fhosgladh fàire ri latha?

An t-Àilleagan

Thàinig thusa, a nì bhuadhmhoir,
leis an trioblaid tha san t-suaimhneas,
agus on tha thu ciùin is àlainn,
còir fosgailte mar ortha ghràsmhor
a thasgadh le Alasdair uasal
bho gach càs is ionnsaigh thruaillidh,
is o nach urrainn dhomh do shloinneadh
air beinn, air cladach no an coille,
mar a b' àbhaist do mo chuideachd
san Eilean Sgitheanach no am Muile,   10
no an Ratharsair nan Leòdach
no an Canada air fògradh,
bheir thu bhuam fhìn mo smuaintean
a chionn nach fhaic mi ort an truaighe
chosamhlach a th' air gach aogas
eile chunnaic mi an taobh seo.
Tha thu mar nach do mhaoidh ort
tìm no atharrachadh claoidhte,
mar gun seachnadh tu 'mhuir-bhàthte
bheir an cuan seo air gach àilleachd.   20

If I Go Up To Yonder Town

I went down to yonder town
with the sentence of my death in my hand.
I myself wrote it on my heart
as ransom for my darling's state:
I was going to a war
and she was bruised and wretched,
with no lover in the wide world
who would care for what she had of grace.

I went down to yonder town
with the sentence of my death in my hand   10
written with two wrongs:
the great wrong of the Nazis
and the great wrong of her misery:
two wrongs that were agreeing
that I should stay on the battlefield
since my own girl was exposed
to a pain for which beauty is no respite.

The Mountain

I ascended the mountain of terror
when I imagined that it was your need,
and there was not a night or day
that I was not torn apart by your injury.

Although my neck was torn there
with breathlessness and with chill,
I persevered with diligence
to the rain-drenched summit.

The sharp-pointed peak was heavy on the heart,
painfully chilling the flesh,   10
the numbness was in my brain,
with no hope given.

But the rocky summit was not abject
although it was death-like,

Ma Thèid Mi Suas don Bhail' Ud Shuas

Chaidh mi sìos don bhail' ud shìos
is binn mo bhàis 'nam làimh.
Sgrìobh mi fhìn i air mo chridhe
an èirig mar a bha mo luaidh:
mise falbh a dh'ionnsaigh blàir
is ise breòite truagh,
gun leannan air an t-saoghal mhòr
a bheireadh ùidh da buaidh.

Chaidh mi sìos don bhail' ud shìos
is binn mo bhàis 'nam làimh,   10
's i sgrìobhte le dà eucoir:
eucoir mhòr nan Nàsach
is eucoir mhòr a truaighe:
dà eucoir a bha 'g aonadh
gum fuirichinn anns an àraich
's mo nighean fhìn air faondradh
ri pian nach faothaich àilleachd.

A' Bheinn

Dhìrich mi beinn an uabhais
nuair a shaoil mi gum b' e t' fheum,
's cha robh oidhche no latha
nach do shracadh mi led bheud.

Ged reubadh an siud m' amhach
le cion analach 's le fuachd,
chùm mi orm anns an dìcheall
gu fras-mhullach nan cruach.

Bha am biod trom air a' chridhe,
a' meilleachadh feòla gu goirt,   10
an aingealach 'nam eanchainn,
gun aon dòchas air a thoirt.

Ach cha bu shuarach a' chreachainn
ged a bha i mar am bàs,

the summit was a noble crag
although its very top was cruelty.

That was the highest rock
that my foot ever attained,
but for every inch of its height
my shame was a mile below.
ED

William Ross and I

I am not at all related
to William Ross though I pretended
that my case is like his case,
being jealous of the musical chiselling
of words which is a marvel in his poetry.

He dying of consumption,
leaving love and 'the hubbub of the young',
and his Marion going over the sea,
going away in the joy of her beauty
with another man and leaving him.   10

Though the loveliest face
that I ever saw on woman,
generous heart and intelligent head,
is married to another man in Ireland,
that is not now my desolation,
but the one who gave me love,
the love for myself, the tortured love
that her heart gave out of her mutilated body.

Who else got its like
from woman on earth or in story?   20
It is that I got it that destroyed me.
Since no more is to be had,
and my fair love's body ruined,
and useless – without a use in the world –
it's that that put my love to seed
with the vain brushwood of poetry
manured with her mutilated body.

b' uasal a' chreag am mullach
ge b' e an-iochd a càrn.

Siud a' chreag a b' àirde
a ràinig mo chas-sa riamh,
ach aig gach òirleach da h-àirde
tha mo thàmailt mìle shìos.   20

Uilleam Ros is Mi Fhìn

Chan eil mise càirdeach idir
do dh'Uilleam Ros ged leig mi orm
gu bheil mo chàs-sa mar a chàs-san,
's mi 'g iadach ris na briathran geàrrte
ceòlmhor as mìorbhail 'na bhàrdachd.

Esan a' bàsachadh sa chaitheamh,
a' fàgail gaoil is 'gàir nan òg'
is a Mhòr a' dol thar sàile,
a' falbh an aoibhneas a h-àilleachd
le fear eile is ga fhàgail.   10

Ged tha an t-aodann as àille
a chunnaic mise riamh air nighinn –
an cridhe uasal 's ceann na cèille –
pòst' aig fear eile 'n Èirinn,
chan e sin a-nis mo lèireadh,
ach an tè a thug an gaol dhomh,
an gaol dhomh fhìn, an gaol cràiteach,
a thug a cridhe à com màbte.

Cò eile fhuair a leithid
o mhnaoi air thalamh no an sgeulachd?   20
'S e gun d' fhuair mi e a lèir mi.
O nach eil an còrr ra fhaotainn
is colainn mo ghaoil ghil air faondradh,
is gun fheum – gun fheum saoghail –
's e chuir mo ghaol-sa gu laomadh
leis a' bharrach fhaoin bhàrdachd
's e mathaichte l' a colainn mhàbte.

179]

The Prodigal Son

I do not yet know
if it was pride or love
that made my gifts so prodigal
and you not stretched by my side.

When your body was a wretched thing,
that was when I threw the rein
about the rounded neck of that rash stallion,
for the rush of desires had stopped.

My flesh became a turmoil of spirit
when your body had no strength: 10
I gave you the beautiful soul
when your frail body decayed.

That was the lustful dream
that my spirit had with you in the clouds,
you lying with me in the skies
when the profit of your flesh had failed.

The Image

When I understood the terrible thing:
that her body had gone bad,
dry, spoiled, mutilated,
I made an image of my love;
not the comfortable image
that a poet would put on a shelf in a tower,
but one that would grow big in the Desert,
where blood would be water.

The Nightmare

One night of the two years
when I thought my love was maimed
with a flaw as bad as a woman
has had since Eve's generation,

Am Mac Stròidheil

Chan eil fhios agamsa fhathast
am b' e 'n t-àrdan no an gaol
a dh'fhàg mo ghibht cho stròidheil
's gun thu sìnte ri mo thaobh.

Nuair bha do cholainn-sa 'na truaghan,
sin an uair a leig mi 'n t-srian
mu amhaich chruinn an àigich bhrais ud,
òir thàinig stad air ruathar mhiann.

'S ann chaidh m' fheòil 'na bruaillean spioraid
nuair bha do cholainn-sa gun chlì: 10
thug mi dhut an t-anam àlainn
nuair a chnàmh do cholainn chrìon.

'S gum b' e siud an aisling chonnain
a bh' aig mo spiorad riut sna neòil
's tu laighe mar rium anns na speuran
nuair thrèig an tairbhe bha 'na t' fheòil.

An Ìomhaigh

An uair a thuig mi 'n t-uabhas:
gu robh a colainn air dhol aog
's i tioram millte màbte,
rinn mi ìomhaigh dhe mo ghaol;
cha b' i an ìomhaigh shocair
a chuireadh bàrd air sgeilpe 'n tùr
ach tè a chinneadh mòr san Fhàsaich,
far am biodh an fhuil 'na bùrn.

An Trom-laighe

Oidhche dhen dà bhliadhna
nuair shaoil mi gun do chreuchdadh
mo luaidh le giamh cho miosa
's a bh' air mnaoi bho linn Eubha,

we were together in a dream
beside the stone wall
that is between the boys'
and girls' playgrounds of my first school.
She was in my arms
and my mouth was going to her lips   10
when the loathsome head started
suddenly from behind the wall;
and the long foul dim fingers
seized my throat in a sudden grip,
and the words of despair followed:
'You are too late, you fool.'

Springtide

Again and again when I am broken
my thought comes on you when you were young,
and the incomprehensible ocean fills
with floodtide and a thousand sails.

The shore of trouble is hidden
with its reefs and the wrack of grief,
and the unbreaking wave strikes
about my feet with a silken rubbing.

How did the springtide not last,
the springtide more golden to me than to the birds,   10
and how did I lose its succour,
ebbing drop by drop of grief?

The False Exchange

Accept my excuse, dear,
that I once gave to another
the twelve poems I made for you:
her need was sore and sharp.

Accept my excuse, dear.
I was generous and foolish

bha sinn còmhla am bruadar
ri taobh a' bhalla chloiche
tha eadar cluich-ghart ghillean
is nighean mo chiad sgoile.
Bha i eadar mo làmhan
's mo bheul a' dol ga bilibh   10
nuair sraon an ceann oillteil
bho chùl a' bhalla 'n clisgeadh;
is rinn na cràgan ciara
fada breuna mo sgòrnan
a ghlacadh an grèim obann
's lean briathran an eu-dòchais:
'Tha thu, ghloidhc, air dheireadh.'

Reothairt

Uair is uair agus mi briste
thig mo smuain ort is tu òg,
is lìonaidh an cuan do-thuigsinn
le làn-mara 's mìle seòl.

Falaichear cladach na trioblaid
le bhodhannan is tiùrr a' bhròin
is buailidh an tonn gun bhristeadh
mum chasan le suathadh sròil.

Ciamar nach do mhair an reothairt
bu bhuidhe dhomh na do na h-eòin,   10
agus a chaill mi a cobhair
's i tràghadh boinn' air bhoinne bròin?

A' Mhalairt Bhreugach

Gabh mo leisgeul, a luaidh,
gun tug mi uair don tèile
an dà dhàn dheug a rinn mi dhutsa:
bu ghoirt 's bu ghiar a feum-se.

Gabh mo leisgeul, a luaidh,
's ann bha mi uasal gòrach

183]

when I gave cheap to an object of pity
the poems that your beauty moved.

You little needed my poetry;
not so the other woman.   10
It was the strange pride of the MacLeans
that made the false exchange.

You little need my poetry;
not so the lacerated one.
It was part of the pride of the MacLeans
that made the useful exchange.

The Farther End

This is the ultimate place,
the lonely place without sight of hills,
where it is necessary to stand and wait
though our desire is not in it.

Whence have you taken the walking
over strange mountains, through a dim pass,
fearing that you would meet returning
the crooked deceptive result?

It did not come with the neighing of cavalry
nor with bulls roaring among the glens   10
but only shyly and hesitantly,
like a thing that would not reach its end.

How did you keep up your walking,
you foolish and strong desire,
among the multitudes of others
in the night with no stars?

Why did you do the walking,
that vapid worthless walk,
when every other path was
better than your senseless path?   20

nuair thug mi saor do chulaidh-thruais
na dàin a ghluais do bhòidhche.

Bu bheag t' fheum-sa air mo bhàrdachd;
cha b' ionann sin don tèile.
'S e uabhar neònach Chloinn Ghill-Eain
a rinn a' mhalairt bhreugach.

Is beag t' fheum-sa air mo bhàrdachd;
cha b' ionann don tè reubte.
'S e pàirt de dh'uabhar Chloinn Ghill-Eain
a rinn a' mhalairt fheumail.

An Ceann Thall

Seo an t-àite mu dheireadh,
an t-àit' aonaranach gun fhradharc bheann
far an èiginn stad is fuireach
ged nach eil ar n-àilleas ann.

Cia às a thug sibhs' a' choiseachd
thar aonaichean coimheach, tro bhealach ciar,
is eagal oirbh gun tachradh sibh 's i tilleadh
ris a' bhuaidh mheallta fhiair?

Cha tàinig i le seitrich eachraidh
no tairbh a' bùirean feadh nan gleann
ach a-mhàin gu faiteach fiata,
mar nì nach ruigeadh a cheann.

Ciamar a chùm thu do choiseachd,
a mhiann amaidich thrèin,
am measg nan iomadaidh eile
ris an oidhche 'n dìth nan reul?

Carson a thug thu do choiseachd,
a' choiseachd ud bhaoth gun fhiù,
agus gach iomadh ceum eile
na b' fheàrr na do cheum gun tùr?

10

10

20

The path that took you at last
to the wilderness of the foolish cry
where you hear nothing but mockery
from streams and mire and wind.

Where the heart is alone
in spite of good and evil
and the miry solitude worse
than the boar's envenomed tooth.

It was not your deeds that did the leading,
whether they were good or bad;   30
they were not stronger
for your good than one straw.

Neither the tanks of your heredity
nor the big guns of your desire
nor the aeroplanes of your goodwill
had the most infinitesimal effect on your expectation,

but to take you to a base place
that would be contemptuous of your love
though it were armed with the courage
swiftest in birds or in swarm;   40

though it had the generosity of the morning,
the most beautiful morning seen by a young eye
since there went ashore in Glen Etive
the famous quartet of sorrow.

Your Glen Etive a little pit
shrivelled, cold and wet, without tilth;
and your Glen Dà Ruadh a rocky place
without proud mountain or sea.

This is the ultimate place,
after the brave boast of your aspiration,   50
the farther end whence there is no return
but broken heart and sharp pride.

An ceum a thug thu mu dheireadh
gu fàsaich an ràin bhaoith,
far nach cluinn thu ach magadh
aig sruthan, eabar agus gaoith.

Far a bheil an cridhe 'na aonar
a dh'aindeoin maitheis agus uilc,
agus an t-aonar eabair nas miosa
na fiacail nimhe an tuirc.

Chan e do ghnìomharan a threòraich,
aon chuid math no olc;   30
cha robh iadsan na bu treasa
a chum t' fheabhais na aon sop.

Cha d' rinn tancan do dhualchais
no gunnachan mòra do rùin
no luingeas-adhair do dheagh-ghean
an èifeachd bu neonithe dod dhùil,

ach do thoirt gu àite suarach
a dhèanadh tàire air do ghaol
ged bu armachd dhà an treuntas
bu luaithe bha 'n ealtainn no sgaoth,   40

ged bu dhà fèile na maidne
a b' àille chunnaic sùil òg
on chaidh air tìr an Gleann Èite
ceathrar ainmeil a' bhròin.

Do Ghleann Èite-sa 'na shlocan
sgreagach fuaraidh gun chur
's do Ghleann Dà Ruadh 'na àite creagach
gun bheinn uaibhrich no muir.

Seo an t-àite mu dheireadh
an dèidh bòst curanta do spèis,   50
an ceann thall far nach eil tilleadh
ach bristeadh cridhe 's uaill gheur.

187]

The Proper War

I am going away to the proper war
and I will never return:
you cannot marry me
with the wound that is in your body.

I cannot marry you,
O love, I cannot;
the young Lowlander has been before me
and he has done the evil deed.

He has done the violence to your body,
the unspeakable anguish of our grief,   10
so that you cannot lie
with another while you live.

But we will marry, fair love,
in the vain false church,
for fear the world will be
very chill about your wounds.

I will not go to your cold bed,
that would not be useful, dear;
I'll rather get a tuft bed
in the comfortable sunny Desert,   20
or a gravel bed in a ditch,
in Libya or in Egypt.

Your legacy the comfort of my love.
It is little but is useful.

The Rotten Wood

Since the wood is withered and cut down,
what is the power of the ingenious thought?
And since the joy that love gave
is lost, there is no kind of use
in keeping the thoughts
that do not move together in pride.

An Cogadh Ceart

Tha mi falbh don chogadh cheart
's cha thill mi às a-chaoidh:
chan urrainn dhut mo phòsadh
leis an leòn a tha nad chom.

Chan urrainn dhomh do phòsadh,
a ghaoil, chan urrainn dhomh:
bha an Gall òg romham
is rinn e 'n dò-bheart olc.

Rinn e 'n t-ainneart air do cholainn,
àmhghar do-labhairt ar bròin,   10
air chor 's nach eil thu 'n comas laighe
le fear eile ri do bheò.

Ach pòsaidh sinne, 'ghaoil ghil,
ann an eaglais fhaoin na brèige
air eagal 's gum bi 'n saoghal
glè aognaidh mu do chreuchdan.

Cha tèid mi gu do leabaidh fhuair,
cha bhiodh, a luaidh, sin feumail;
's ann a gheibh mi leabaidh thuim
san Fhàsaich thìorail ghrèine,   20
no leabaidh ghreabhail ann an clais,
an Libia no san Èipheit.

Do dhìleab comhartachd mo ghaoil:
is beag i ach is feumail.

A' Choille Ghrod

On tha a' choille crìon leagte
dè a' bhuaidh th' air an smuain eagnaidh?
Agus on chailleadh an t-èibhneas
thug an gaol, chan eil gnè feuma
ann a bhith càrnadh nan smuaintean
nach gluais le chèile an uabhar.

Though I would realise the animal
writhing and wallowing in the bog,
in the hardship of despair,
in the trial of heart and flesh,   10
held fast throughout the searing night –
what would that be of my expectation and choice?

Though I would realise the eagle
dependent on the miserly stackyard
and every object of pity and ridicule
made by Nature or man, the clown,
as Nekrassov or Shakespeare did,
I would not be proud of my vision.

No more though I would put in words
of comprehensive poignancy every Christ   20
that has been, or the heroic spirited
generous mind that turned from the Volga
the worse beast of the beasts
that made murder, cruelty and devastation.

No more will I put in our language
my fill of paean and of pride,
the fill that I thought would have effect
while the head of my peace remained;
for all I may put in Gaelic,
I will not put my choice of beauty.   30

And it is not the unspeakable thing
that now grips my throat,
the thing that choked me in the beginning,
from which my agony and delirium grew,
and that made my triumph ashes –
but a base thing and a laughing-stock.

                                                                    1944

Ged chuirinn-sa an cèill am beothach
san aonagraich anns a' bhoglaich,
air an allaban gun dòchas,
an deuchainn cridhe agus feòla,   10
an sàs rè na h-oidhche craingidh –
dè sin dhe mo dhùil is m' annsachd?

Ged chuirinn an cèill an iolair
an eisimeil spìocaireachd iodhlainn
is gach culaidh-thruais 's cùis-bhùrta
rinn Nàdar no duine, an t-ùmaidh,
mar rinn Nekrassov no Shakespeare,
cha dèanainn uaill às mo lèirsinn.

Cha mhò ged chuirinn am briathran
drùidhteach coileanta gach Crìosda   20
dan robh bith, no 'n inntinn cholgach
mheanmnach chòir a thill bhon Bholga
a' bhiast bu mhiosa dhe na bèistean
a rinn murt, an-iochd is lèir-chreach.

Cha mhò chuireas mi nar cànain
mo leòr dhen luathghair 's dhen àrdan,
an leòr a shaoil mi bhiodh buadhmhor
fhad 's a mhaireadh ceann mo shuaimhneis;
air na chuireas mi an Gàidhlig,
cha chuir mi innt' mo roghainn àille.   30

Agus chan e 'n càs do-labhairt
tha a-nis an grèim air m' amhaich,
an càs a thachd mi an toiseach,
on chinn m' àmhghar is mo bhoile,
's a chuir gu luaithre mo luathghair –
ach cuis-bhùrta de rud suarach.

        1944

'My Reason Mocked'

My reason mocked my heart
after my star had become corroded:
Fool, you exaggerated a beauty
in defiance of your own intellect,
what injured you was not
the oppression that you were expecting.
You were afraid to face the terror-torrent
of bitter hardship
but not the terror-torrent
of insignificance and lies.   10
ED

Knightsbridge, Libya

June 1942

Though I am today against the breast of battle,
not here my burden and my extremity;
not Rommel's guns and tanks,
but that my darling should be crooked and a liar.

To a Depraved Lying Woman

If I were dead in the Desert
– as you would like me to be –
would not your lies be luxuriant,
many-coloured on my corpse?

For every grain of dry sand
choking my mouth and eye,
you would have a lie to match it
– Himeimat would not be such a pile.

There would not be a corpse between El Ragil
and bloody Eleut El Tamar   10
who would not prefer as clothing
his load of sand to your nimble lie.

'Mhag mo reusan'

Mhag mo reusan air mo chridhe
air grodadh do mo reul:
Chuir thusa, ghloidhc, ri àilleachd
neo-'r-thaing do thuigse fhèin,
ach chan e an claoidheadh
a bha nad dhùil do bheud.
Bha eagal ort ro mhaoim-shruth
an anacothroim ghèir,
ach cha robh ro mhaoim-shruth
an t-suarachais 's nam breug.   10

Knightsbridge, Libia
An t-Òg-mhìos 1942

Ged tha mi 'n-diugh ri uchd a' bhatail,
chan ann an seo mo shac 's mo dhiachainn,
cha ghunnachan 's cha thancan Roimeil,
ach mo ghaol bhith coirbte briagach.

Do Bhoireannach Breugach Coirbte

Nan robh mise marbh san Fhàsaich
– mar a b' fheàrr leat gu robh –
nach e do bhreugan a bhiodh fàsmhor
ioma-dhathach air mo chorp?

Air gach bruan de ghainmhich thioram
a thachdadh mo bheul 's mo shùil
bhiodh breug agadsa ma coinneamh
– cha b' e Himeimat an dùn.

Cha bhiodh corp eadar El Ràgail
is Eleut El Tàmar an sgrios   10
leis nach b' fheàrr a luchd gaineimh
mar chòmhdach na do bhreug chlis.

After your adultery and Nancy-boy
who misled you with his warm money,
your ready lie would put
a cloak over the sordidness of your vicissitudes.

The Two Gehennas, 1939–44

I walked through a Gehenna
as wretched as was ever heard of:
that my love was a poor wretch
with pitiful defects.

I walked another Gehenna,
a filthy, common pit:
that my beloved was a laughing-stock
because of adultery and lies.
ED

'N dèidh t' adhaltranais 's do ghille-mirein
a shaobh thu le airgead blàth,
's ann a chuireadh do bhreug ealamh
cleòc air salchar do chàis.

An Dà Ghehenna, 1939–44

Choisich mise Gehenna
cho bochd 's a chualas riamh:
gu robh mo luaidh 'na dìol-dèirce
le culaidh-thruais nan giamh.

Choisich mi Gehenna eile,
slocan cumanta breun:
gu robh mo luaidh 'na cùis-bhùrta
le adhaltranas is brèig.

5: Battlefield (1942–1943)

5: Blàr (1942–1943)

Going Westwards

I go westwards in the Desert
with my shame on my shoulders,
that I was made a laughing-stock
since I was as my people were.

Love and the greater error,
deceiving honour, spoiled me,
with a film of weakness on my vision,
squinting at mankind's extremity.

Far from me the Island
when the moon rises on Quattara,   10
far from me the Pine Headland
when the morning ruddiness is on the Desert.

Camas Alba is far from me
and so is the bondage of Europe,
far from me in the North-West
the most beautiful grey-blue eyes.

Far from me the Island
and every loved image in Scotland,
there is a foreign sand in History
spoiling the machines of the mind.   20

Far from me Belsen and Dachau,
Rotterdam, the Clyde and Prague,
and Dimitrov before a court
hitting fear with the thump of his laugh.

Guernica itself is very far
from the innocent corpses of the Nazis
who are lying in the gravel
and in the khaki sand of the Desert.

There is no rancour in my heart
against the hardy soldiers of the Enemy,   30
but the kinship that there is among
men in prison on a tidal rock

Dol an Iar

Tha mi dol an iar san Fhàsaich
is mo thàmailt air mo ghuaillean,
gun d' rinneadh a' chùis-bhùrta dhìom
on a bha mi mar bu dual dhomh.

An gaol 's an t-iomrall bu mhotha,
an onair mheallta, mo mhilleadh,
le sgleò na laige air mo lèirsinn,
claonadh an èiginn a' chinne.

'S fhada bhuamsa an t-Eilean
is gealach ag èirigh air Catàra,   10
's fhada bhuam an Àird Ghiuthais
is rudhadh maidne air an Fhàsaich.

Tha Camas Alba fada bhuam
agus daorsa na Roinn-Eòrpa,
fada bhuam san Àird an Iar-thuath
na sùilean glas-ghorma 's bòidhche.

'S fhada bhuamsa an t-Eilean
agus gach ìomhaigh ghaoil an Alba,
tha gainmheach choigreach anns an Eachdraidh
a' milleadh innealan na h-eanchainn.   20

'S fhada bhuam Belsen 's Dachau,
Rotterdam is Cluaidh is Pràga,
is Dimitrov air beulaibh cùirte
a' bualadh eagail le ghlag gàire.

Tha Guernica fhèin glè fhada
bho chuirp neoichiontach nan Nàsach
a tha 'nan laighe ann an greibheal
's an gainmhich lachdainn na Fàsaich.

Chan eil gamhlas 'na mo chridhe
ri saighdearan calma 'n Nàmhaid   30
ach an càirdeas a tha eadar
fir am prìosan air sgeir-thràghad,

waiting for the sea flowing
and making cold the warm stone;
and the coldness of life is
in the hot sun of the Desert.

But this is the struggle not to be avoided,
the sore extreme of humankind,
and though I do not hate Rommel's army,
the brain's eye is not squinting.   40

And be what was as it was,
I am of the big men of Braes,
of the heroic Raasay MacLeods,
of the sharp-sword Mathesons of Lochalsh;
and the men of my name – who were braver
when their ruinous pride was kindled?

Alasdair MacLeod

(A day or two before the 'Battle of Knightsbridge' in May 1942,   I
heard that he was lost from the RAF.)

Between Tobruk and Bir Hacheim,
though our army was being broken,
my thoughts were often on you
lost in Germany
or in France, with no news of you,
spirited courageous one,
so kind and generous,
so daring and handsome.

The MacLeod Land never reared
a MacLeod or another   10
who excelled the young man
who was humorous and strong,
and doubly a kinsman
of my own people:
my worst loss of this battle
that your fair head is laid low.

a' fuireach ris a' mhuir a' lìonadh
's a' fuarachadh na creige blàithe,
agus fuaralachd na beatha
ann an grèin theth na Fàsaich.

Ach 's e seo an spàirn nach seachnar,
èiginn ghoirt a' chinne-daonna,
's ged nach fuath leam armailt Roimeil,
tha sùil na h-eanchainn gun chlaonadh.   40

Agus biodh na bha mar bha e,
tha mi de dh'fhir mhòr' a' Bhràighe,
de Chloinn Mhic Ghille Chaluim threubhaich,
de Mhathanaich Loch Aills nan geurlann,
agus fir m' ainme – cò bu trèine
nuair dh'fhadadh uabhar an lèirchreach?

Alasdair MacLeòid

(Latha no dhà mun do thòisich 'Batal Knightsbridge',
chuala mi gu robh e air chall san Luingis-adhair.)

Eadar Tobruch is Bior Haicheim,
ged bha 'm bristeadh nar n-armailt,
bu tric bha mo smaoin ort
's tu air chall anns a' Ghearmailt
no san Fhraing, 's tu gun fhios ort,
fhir mhisneachail mheanmnaich,
's tu cho còir agus uasal,
cho dàna is dealbhach.

Cha do thog an Tìr Leòdach
Leòdach no eile   10
a thug bàrr air an òigear
's e cho èibhinn is sgoinneil,
agus dùbailt an càirdeas
ri seòrsa mo dhaoine:
mo chreach as motha dhen bhlàr seo
do cheann bàn bhith air faondradh.

Move South

South, south to Bir Hacheim,
tanks and guns at high speed,
there was a jump and kick in the heart
and a kind of delight –
it was the battle joy –
as one heard in the tale,
not knowing if it was a lie.

Going south in the morning
to meet the Africa Corps –
we'll soon reach the French   10
and put a stop to big Rommel!

Before midday the shells,
novel birds in the sky;
we did not reach the French at all.
A quick stop was put to our race.

Heroes

I did not see Lannes at Ratisbon
nor MacLennan at Auldearn
nor Gillies MacBain at Culloden,
but I saw an Englishman in Egypt.

A poor little chap with chubby cheeks
and knees grinding each other,
pimply unattractive face –
garment of the bravest spirit.

He was not a hit 'in the pub
in the time of the fists being closed,'   10
but a lion against the breast of battle,
in the morose wounding showers.

His hour came with the shells,
with the notched iron splinters,

Gluaisibh gu Deas

Deas, deas gu Bior Haicheim,
tancan is gunnachan 'nan deann,
leum agus breab anns a' chridhe
agus seòrsa de mhire –
's e mhire-chatha a bh' ann –
mar a chualas anns an sgial,
gun fhios am b' e bh' ann a' bhriag.

Gabhail gu deas anns a' mhadainn
an coinneamh an *Africa Corps* –
chan fhada gu 'n ruig sinn na Frangaich   10
's gu 'n cuir sinn stad air Roimeal mòr!

Ro mheadhan-latha na sligean,
eòin ùr' annasach san speur;
cha d' ràinig sinn na Frangaich idir:
chuireadh grabadh grad nar rèis.

Curaidhean

Chan fhaca mi Lannes aig Ratasbon
no MacGillFhinnein aig Allt Èire
no Gill-Ìosa aig Cùil Lodair,
ach chunnaic mi Sasannach san Èipheit.

Fear beag truagh le gruaidhean pluiceach
is glùinean a' bleith a chèile,
aodann guireanach gun tlachd ann –
còmhdach an spioraid bu trèine.

Cha robh buaidh air 'san taigh-òsta
'n àm nan dòrn a bhith gan dùnadh',   10
ach leòmhann e ri uchd a' chatha,
anns na frasan guineach mùgach.

Thàinig uair-san leis na sligean,
leis na spealgan-iarainn beàrnach,

in the smoke and flame,
in the shaking and terror of the battlefield.

Word came to him in the bullet shower
that he should be a hero briskly,
and he was that while he lasted,
but it wasn't much time he got.   20

He kept his guns to the tanks,
bucking with tearing crashing screech,
until he himself got, about the stomach,
that biff that put him to the ground,
mouth down in sand and gravel,
without a chirp from his ugly high-pitched voice.

No cross or medal was put to his
chest or to his name or to his family;
there were not many of his troop alive,
and if there were their word would not be strong.   30
And at any rate, if a battle post stands,
many are knocked down because of him,
not expecting fame, not wanting a medal
or any froth from the mouth of the field of slaughter.

I saw a great warrior of England,
a poor manikin on whom no eye would rest;
no Alasdair of Glen Garry;
and he took a little weeping to my eyes.

anns an toit is anns an lasair,
ann an crith is maoim na h-àraich.

Thàinig fios dha san fhrois pheilear
e bhith gu spreigearra 'na dhiùlnach:
is b' e sin e fhad 's a mhair e,
ach cha b' fhada fhuair e dh'ùine.   20

Chùm e ghunnachan ris na tancan,
a' bocail le sgreuch shracaidh stàirnich
gus an d' fhuair e fhèin mun stamaig
an deannal ud a chuir ri làr e,
beul sìos an gainmhich 's an greabhal,
gun diog o ghuth caol grànda.

Cha do chuireadh crois no meadal
ri uchd no ainm no g' a chàirdean:
cha robh a bheag dhe fhòirne maireann,
's nan robh cha bhiodh am facal làidir;   30
's co-dhiù, ma sheasas ursann-chatha,
leagar mòran air a shàillibh
gun dùil ri cliù, nach iarr am meadal
no cop sam bith à beul na h-àraich.

Chunnaic mi gaisgeach mòr à Sasainn,
fearachan bochd nach laigheadh sùil air;
cha b' Alasdair à Gleanna Garadh –
is thug e gal beag air mo shùilean.

Death Valley

Some Nazi or other has said that the Fuehrer had restored to German manhood the 'right and joy of dying in battle'.

Sitting dead in 'Death Valley'
below the Ruweisat Ridge,
a boy with his forelock down about his cheek
and his face slate-grey;

I thought of the right and the joy
that he got from his Fuehrer,
of falling in the field of slaughter
to rise no more;

of the pomp and the fame
that he had, not alone,   10
though he was the most piteous to see
in a valley gone to seed

with flies about grey corpses
on a dun sand
dirty yellow and full of the rubbish
and fragments of battle.

Was the boy of the band
who abused the Jews
and Communists, or of the greater
band of those   20

led, from the beginning of generations,
unwillingly to the trial
and mad delirium of every war
for the sake of rulers?

Whatever his desire or mishap,
his innocence or malignity,
he showed no pleasure in his death
below the Ruweisat Ridge.

Glac a' Bhàis

*Thuirt Nàsach air choreigin gun tug am Furair air ais do fhir na Gearmailte
'a' chòir agus an sonas bàs fhaotainn anns an àraich'.*

'Na shuidhe marbh an 'Glaic a' Bhàis'
fo Dhruim Ruidhìseit,
gill' òg 's a logan sìos ma ghruaidh
's a thuar grìseann.

Smaoinich mi air a' chòir 's an àgh
a fhuair e bho Fhurair,
bhith tuiteam ann an raon an àir
gun èirigh tuilleadh;

air a' ghreadhnachas 's air a' chliù
nach d' fhuair e 'na aonar,   10
ged b' esan bu bhrònaiche snuadh
ann an glaic air laomadh

le cuileagan mu chuirp ghlas'
air gainmhich lachdainn
's i salach-bhuidhe 's làn de raip
's de sprùillich catha.

An robh an gille air an dream
a mhàb na h-Iùdhaich
's na Comannaich, no air an dream
bu mhotha, dhiùbhsan   20

a threòraicheadh bho thoiseach àl
gun deòin gu buaireadh
agus bruaillean cuthaich gach blàir
air sgàth uachdaran?

Ge b' e a dheòin-san no a chàs,
a neoichiontas no mhìorun,
cha do nochd e toileachadh 'na bhàs
fo Dhruim Ruidhìseit.

An Autumn Day

On that slope
on an autumn day,
the shells soughing about my ears
and six dead men at my shoulder,
dead and stiff – and frozen were it not for the heat –
as if they were waiting for a message.

When the screech came
out of the sun,
out of an invisible throbbing,
the flame leaped and the smoke climbed   10
and surged every way:
blinding of eyes, splitting of hearing.

And after it, the six men dead
the whole day:
among the shells snoring
in the morning,
and again at midday
and in the evening.

In the sun, which was so indifferent,
so white and painful;   20
on the sand which was so comfortable,
easy and kindly;
and under the stars of Africa,
jewelled and beautiful.

One Election took them
and did not take me,
without asking us
which was better or worse:
it seemed as devilishly indifferent
as the shells.   30

Six men dead at my shoulder
on an Autumn day.

Latha Foghair

'S mi air an t-slios ud
latha foghair,
na sligean a' sianail mum chluasan
agus sianar marbh ri mo ghualainn,
rag-mharbh – is reòthta mur b' e 'n teas –
mar gum b' ann a' fuireach ri fios.

Nuair thàinig an sgriach
a-mach às a' ghrèin,
à buille 's bualadh do-fhaicsinn,
leum an lasair agus streap an ceathach   10
agus bhàrc e gacha rathad:
dalladh nan sùl, sgoltadh claistinn.

'S 'na dhèidh, an sianar marbh,
fad an latha;
am measg nan sligean san t-srannraich
anns a' mhadainn,
agus a-rithist aig meadhan-latha
agus san fheasgar.

Ris a' ghrèin 's i cho coma,
cho geal cràiteach;   20
air a' ghainmhich 's i cho tìorail
socair bàidheil;
agus fo reultan Afraga,
's iad leugach àlainn.

Ghabh aon Taghadh iadsan
's cha d' ghabh e mise,
gun fhaighneachd dhinn
cò b' fheàrr no bu mhiosa:
ar leam, cho diabhlaidh coma
ris na sligean.   30

Sianar marbh ri mo ghualainn
latha foghair.

6: 1945–1972

6: 1945–1972

Paradise Lost: the Argument

Book I, lines 1–26

Of man's first disobedience, and the fruit
of that forbidden tree, whose mortal taste
brought death into the world, and all our woe,
with loss of Eden, till one greater Man
restore us, and regain the blissful seat,
sing, Heav'nly Muse, that on the secret top
of Oreb, or of Sinai, didst inspire
that shepherd who first taught the chosen seed
in the beginning how the heav'ns and earth
rose out of Chaos; or if Sion hill   10
delight thee more, and Siloa's brook that flowed
fast by the oracle of God, I thence
invoke thy aid to my advent'rous song,
that with no middle flight intends to soar
above th' Aonian mount, while it pursues
things unattempted yet in prose or rhyme.
And chiefly thou, O Spirit, that dost prefer
before all temples th' upright heart and pure,
instruct me, for thou know'st; thou from the first
wast present, and with mighty wings outspread   20
dove-like sat'st brooding on the vast abyss
and mad'st it pregnant: what in me is dark
illumine, what is low raise and support;
that to the highth of this great argument
I may assert Eternal Providence,
and justify the ways of God to men.

Culloden 16.IV.1946

(for the Gaelic Society of Inverness)

Though a hundred years are long
and two hundred longer,
memory is threaded
to the temperance of the bones

Pàrras Caillte: an Argamaid

Eadar-theangachadh air *Paradise Lost*, Leabhar 1, Sreath 1–26

Mu chiad eas-ùmhlachd dhaoine agus meas
na craoibh' ud toirmisgte a thug a blas
bàsail am bàs dhan t-saoghal 's ar n-uile lochd,
is chaill sinn Èden gus an saorar sinn
le neach as moth' air ais dhan chathair àigh,
seinn thusa, Cheòlraidh nèamhaidh, thusa dheachd
air creachainn dhìomhair Òraib no Shinài
an cìobair ud a thug dhad roghainn sluaigh
prìomh oilean mar a dh'èirich talamh 's nèamh
a-mach à neonì; no mas e Sion Beinn   10
as docha leat, no Silòa an t-allt
tha faisg air teampall Dhè, à sin a-mach
gaiream do chuideachadh dham ranntachd dhàin,
nach àill air iteig mheadhanaich dhol suas
os cionn na Beinn Ahònaidhich 's i 'n tòir
air nì do-fheuchainn ann an rosg no rann.
Ach thusa gu h-àraidh, Spioraid Naoimh, len toil
os cionn gach teampaill cridhe ionraic glan,
thoir teagasg dhomh, oir 's aithne dhut. O thùs
bha thusa làthair, is le sgèith mhòir sgaoilt',   20
shuidh thu mar chalman air an aigeann mhòir,
ga dèanamh torrach: na tha annam dorcha
soillsich, na tha ìseal tog 's cùm suas
a chum gu àirde mhòir a' chuspair seo
gun dearbh mi freastal Dhè 's gum fìreanaich
mi dhòighean ris an t-sluagh gu lèir.

1945

Cùil Lodair 16.IV.1946

(do Chomann Gàidhlig Inbhir Nis)

Ged as fada ceud bliadhna
is nas fhaide na dhà dhuibh,
tha a' chuimhne 's i fuaighte
ris an stuaim th' aig na cnàmhan

and to the peace of the dust
that is in Culloden in the battlefield
where the men of Scotland fell
in the undenied heroism;

in the heroism that is not spoiled
with praise or denial,   10
or if the question is asked
if their cause was magnanimous
and their vision beyond reason
and their spirit over agony
or a blinding bandage on reason
and a witchery on nature.

Was it red Charles Stewart
and the excess of his charm
or the old cause of Scotland
that woke the great sore slaughter   20
that had no good result in history
for all its pain and satiety of grief
and left in Culloden
the withered branches of anguish?

Lasting withered branches
that gave over their blossoms
to other fields
in the desert of Scotland,
branches blighted without apples,
but only ugly flowers,   30
and the fields of Scotland
chill and parched, a thing of shame.

The movement of history has given
no proof or denial
in the affair that spoiled
the strong hardy bodies;
no one knows if the breaking
sowed the hateful seed
that spread bracken through glens
where there were benign meadowlands.   40

is ri sàmhchair na duslaich
tha 'n Cùil Lodair san àraich
far na thuit fir na h-Albann
anns a' ghaisge nach àichear,

anns a' ghaisge nach millear
leis a' mholadh no 'n t-àicheadh
no ged bhithear ri feòrach
an e mòrachd bu fhàth dhaibh
is an lèirsinn thar tuigse
is an spiorad thar àmhghair,
no dallabhrat air tuigse
agus buidseachd air nàdar.

An e Teàrlach ruadh Stiùbhart
is anabarr a thàlaidh
no seann adhbhar na h-Albann
a dhùisg am marbhadh mòr cràiteach
nach tug deagh bhrìgh air eachdraidh
dh'aindeoin goirteas is sàth-ghal
is a dh'fhàg an Cùil Lodair
geugan crìona a' chràdhloit?

Geugan maireann is crìona
a liubhair am blàthan
do mhachraichean eile
agus Alba 'na fàsaich,
geugan seacte gun ùbhlan
ach flùraichean grànda,
is raointean na h-Albann
fuaraidh craingidh, cùis-nàire.

Cha tug imeachd na h-eachdraidh
an dearbhadh no 'n t-àicheadh
dhan chùis anns na mhilleadh
na cuirp smiorail làidir;
chan eil fhios an e 'm bristeadh
bha cur an t-sìl ghràineil
a sgap fraineach tro ghleanntan
san robh cluaineagan bàidheil.

Was it the loss at Culloden
that brought the rotting in midwinter
that left the Gaeldom of Scotland
a home without people,
fields haunted by ghosts,
a pasture for sheep,
and that drove beyond the oceans
the worth that was in her people?

It is vain to keep asking
what the young men were thinking: 50
was Scotland first
or red Charles Stewart;
or did they see as a unity
two things stretched before their eyes,
the honour and happiness of her people
and red Charles Stewart.

If they made the mistake,
they are not blamed by history,
for they avoided the disgrace
of the victors in that strife: 60
a waste Gaeldom does not
startle the peace and rest
of those strong bodies
that are stretched in this earth.

The distress of the Gaels
could be as it was
if the lost field of Culloden
had been a choice triumph;
but it was a breaking
to the race of the Gaels,   70
and there grew on this slope
only the withered tree of misfortune.

An e 'n call aig Cùil Lodair
thug an grodadh sna Faoillich
a dh'fhàg Gàidhealteachd na h-Albann
'na dachaigh gun daoine,
'na raoin tathaich aig tannaisg
's 'na h-achadh aig caoraich,
's a ruaig thar nan cuanta
an luach bha 'na daoine?

Is faoin a bhith farraid
dè bha 'm barail nam fiùran: 50
an e Alba bha 'n toiseach
no Teàrlach ruadh Stiùbhart:
no am fac' iad mar aonachd
dà nì sgaoilte fon sùilean,
urram 's sonas a sluaigh-se
is Teàrlach ruadh Stiùbhart.

Ma rinn iadsan a' mhearachd,
chan eil eachdraidh gan dìteadh,
oir sheachain iadsan am masladh
th' air na shoirbhich san t-strì ud: 60
chan eil Gàidhealtachd fhaondrach
a' cur sraonaidh san t-sìothaimh
tha aig na cuirp lùthmhor
tha san ùir seo 'nan sìneadh.

Dh'fhaodadh àmhghar nan Gàidheal
a bhith mar a bha e
is blàr caillte Chùil Lodair
'na roghainn buaidh-làraich.
Ach 's e bh' ann ach am bristeadh
do chinneadh nan Gàidheal   70
is cha d' dh'fhàs air an raon seo
ach craobh sheargte an ànraidh.

Lights

When this auburn head lies
on my shoulder and my breast
the dawn of triumph opens
however gloomy the darkness.

A light in the South-East,
Orion over the Greek Mountain,
a light in the South-West,
Venus over the generous Cuillin.

When my lips are on her cheeks
the inter-lunar lords are shining,   10
a thousand lights low and high,
auburn head and blue eyes.

A Summer Afternoon: the Sound of Raasay

The rose between Ben Dianabhaig
and Cruachan Suidh' Fhinn,
a light cap of clouds on Glàmaig,
a mere hint of a cap on Blaven,
the tide flowing into Caol na h-Àirde,
dancing and sparkling on the Clàrach.
ED

'Who Worked as Hard as You?'

Amongst the Gaels of your day
who worked as hard as you?
Who else waged battle
with such knowledge and skill?

Who surpassed in this age
your sustained, prudent faithfulness,
eighty years of enormous labour
proving what you could do?

218]

Solais

Nuair laigheas an ceann ruadh seo
air mo ghualainn 's air mo bhroilleach
fosglaidh camhanaich na buaidhe
air cho gruamach 's a tha 'n doilleir.

Solas anns an Àird an Earraidheas,
an Sealgair thar beinn na Grèige,
solas anns an Àird an Iaras,
Bheunas thar Cuilithionn na fèile.

Nuair tha mo bhilean air a gruaidhean
boillsgidh uachdarain ra-dorcha,   10
mìle solas shìos is shuas ann,
falt ruadh is sùilean gorma.

Feasgar Samhraidh: Linne Ratharsair

An ròs eadar Beinn Dianabhaig
agus Cruachan Suidh' Fhinn,
currac aotrom air Glàmaig,
ainmeachas curraice air Blàbheinn,
sruth an lìonaidh an Caol na h-Àirde,
luasgan 's lainnir air a' Chlàraich.

'Cò Rinn Coimeas Ur Saothrach?'

Cò rinn coimeas ur saothrach
am measg Ghàidheal nur latha;
no cò eile cho teòma
is cho eòlach chur catha?

Cò thug bàrr anns an linn seo
air bhur dìlse bhuan eagnaidh,
is ceithir fichead bliadhna
de mhòr-shaothair 'nan teist oirbh?

Victory in battle is not measured
in terms of shouting or rattling,   10
but by the courage and diligence
with which peril is faced.

When an end comes to loud cries
and memory withers,
where does the greatness of battle lie
if not in its long term achievements?

You have over thirty-seven
of them to offer proof of you,
as produce and witnesses,
as achievement and history.   20

Your outstanding witnesses
have been set up irremovably
where ill-will cannot break them
or intemperate weather shake them.

They stand erect in the face
of time's swift, deep onward flow:
they stand high on the hillsides
beyond the reach of infamy or ruin.

A memorial cairn no-one can spoil
is precious to the victor: 30
of all pursuits, the choicest
is the one no-one can turn.

Whatever befalls your kindred,
your cairn stands on the summit:
though armies may be broken,
no-one repulsed your army.

In the course of eighty years
death has dealt you many a blow:
many a man of you departed
who was an apple-tree in your garden.   40

Chan e iolach no gleadhar
air am measar buaidh-làraich,
ach a' mhisneachd 's an dìcheall
thèid an comhair a' ghàbhaidh.

Nuair a sguireas an èigheach
's tha a' chuimhne air crìonadh,
cà bheil alladh a' chatha
ach sa bhuil tha gu sìor air?

'S ann tha agaibh mar dhearbhadh,
mar an toradh 's mar fhianais,
mar a' bhuil is mar eachdraidh,
còrr is fichead 's seachd deug dhiubh.

Tha bhur fianaisean buadha
air an stèidheachadh sìorraidh
far nach bristear le gamhlas
's far nach caraich an sian iad.

Tha iad togte fa chomhair
sruth bras domhainn na tìme:
tha iad àrd air na slèibhtean
far nach ruig beud no dìobhail.

Gur glè bhuidhe don bhuadhair
an càrn-cuimhne nach millear:
agus rogha na tòrachd,
's i an tòrachd nach pillear.

Tha bhur cùirn air a' mhullach
ge b' e cuibhreann bhur cinnidh:
ge b' e bristeadh nan armailt,
tha bhur n-armailt gun tilleadh.

An ceithir fichead bliadhna
's iomadh beum thug an bàs oirbh;
's iomadh fear chaidh a-null dhibh
bu chrann-ubhal nur gàrradh.

During the last decade
five were distinguished for wisdom:
the Watsons, Galbraith,
Hugh Fraser and Graham.

You shaped memorial cairns
whose white stone cannot stain:
you engaged in a chase
better than chasing blood.
CW

Who can say?

Where are we to turn tonight
if our strength has forsaken us,
if our shield has been broken in battle,
leaving us neither virtue nor resource?

Dark showers on the land of heroes –
are they downpours heralding death
for young corn, for the ears of achivement,
their beauty dispersed to the four winds?

Where is the trees' youthful opulence,
apple-blossom, dense foliage?   10
Is the promise of fruits
bitter, withered in the ground?

Can no betterment be seen coming from the west,
no lifting in the eastern quarter,
no pinkish softening to the north,
no golden gleam in the southern quarter?

Is this such a darkness as casts a haze
over a bold, penetrating glance,
such a heaping of clouds as instils dread
into champions' unbending hearts?   20

Is this such a twilight as causes
the eye to close when death arrives,

Anns an deich a chaidh seachad
chunnacas còignear bu chèillidh:
Clann Bhàtair, Mac a' Bhreatnaich,
Ùisdean Friseal 's an Greumach.

'S ann a dhealbh sibh cùirn-chuimhne
den chloich ghil ud nach salaich:
's ann a lean sibh an tòrachd
os cionn tòrachd na fala.

Cò Their

Càit an tionndaidh sinn a-nochd
mas e gun do thrèig ar neart,
ma bhristeadh ar sgiath sa bhlàr,
mur fàgar againn buaidh no feart?

Mill dhorcha air tìr nan sonn:
an iad na mill a bheir an t-aog
air fochann is diasan nan euchd,
a leagas am maise ma sgaoil?

Cà bheil saidhbhreas òg nan craobh,
abhall-bhlàth is duilleach dlùth?   10
'N e gu bheil gealladh nam meas
searbh is craingidh anns an ùir?

Nach fhaicear dìocladh on iar
no togail anns an aird an ear,
no 'n àird a tuath ciùin fo ròs,
no aiteal òir san àird a deas?

'N i seo an duibhre chuireas sgleò
air ladarnas an fhradhairc ghèir,
an càrnadh neul a chuireas geilt
an cridhe do-chìosachadh nan treun?   20

'N e seo an ciaradh a bheir
an dùnadh air an t-sùil sa bhàs,

blinds the eagle in pitch darkness,
dims over the falcon's keen eye?

They say that morning will emerge
out of darkness that choked the eye;
that light will clothe anew
mountains, oceans and woods:

that eager sap will find a way
to rise even though the root be cut;   30
that a courageous spirit cannot be quailed
by any bondage ever heard of.

Tonight, though the showers are dark,
a cloak muffling the land of the brave,
though the tongue of Innis Fàil is dumb,
who can say that this silence will last for ever?

Who can take it upon himself to assign
a limit for the poem that does not say
where it ends or else begins,
where it rises, descends or turns?   40

Who can say a pinnacle will not be reached
giving access to a new mountain pass,
offering a level path
from which the eye can range broadly?

Who can say, even if hardship strikes
the land of the mountains with heavy storms,
that its warbling may not again be heard,
brightness refulgent around its head?
CW

A Girl and Old Songs

It is you again, overcoming beauty,
with a web of grief and serenity,
with the unattainable stricken thing
that our people fashioned in obscurity

an iolaire dall san oidhche dhlùith,
an t-seabhag 's a bior-shùil fo sgàil?

Theirear gun tig a' mhadainn òg
on dorchadas a thachd an t-sùil;
gun còmhdaich soillse a' bheinn
's an cuan 's na coilltean às ùr;

gum faigh an snodhach dian a shèol
air dìreadh ged a ghearrar freumh;   30
nach mùchar an spiorad treun
le braighdeanas a chualas riamh.

A-nochd ge dorcha na mill
'nam brat sgaoilt' air tìr nan cliar,
ge balbh cànan Innis Fàil,
cò their gur seo an t-sàmhchair shìor?

Cò ghabhas air fhèin a' chrìoch
a chur às leth an Dàin nach can
cà bheil a dheireadh no a thùs,
a dhìreadh, a theàrnadh no char?   40

Cò their nach ruigear am biod
a bheir an ceum gu bealach ùr
om faighear fàth air slighe rèidh
is sìneadh farsaing aig an t-sùil?

Cò their, ged a bhuail an càs
le siantan troma tìr nam beann,
nach cluinnear a ceilearadh a-rìs
is soilleireachd 'na lì ma ceann?

Nighean is Seann Òrain

'S tu th' ann a-rithist, àille bhuadhmhor,
le filleadh àmhghair agus suaimhneis,
leis an nì do-ruighinn buailte
a dheilbh ar daoine anns an uaigneas,

225]

out of hardship and passion,
until there came out of it the marvel,
half of what remains eternal
while an expectation seeks it,
an ear hears it, a voice weaves it
in the web of mysterious words.   10
And since you are gentle and supremely beautiful,
opening and closing in low song,
forsaking, coming back, denying,
rising, turning and descending;
and though I cannot derive you
on mountain or shore or in wood,
as my people used to do
in Skye or in Mull,
or in Raasay of the MacLeods
or in Canada in exile,   20
you take my thoughts from me
because there is not to be seen on you
the relative misery that is on every other face
that is seen by me on this side.
You are as if there were no oppression
of time or distance on your druid band,
as if you avoided the drowning wave
with which the unebbing sea strikes;
and as if there were shaken off you that weariness
that is in the mountain that may not be climbed   30
and whose gleaming white summit is not to be seen
for the mist on high top stretched.

Who rises in the morning
and sees a white rose in the mouth of the day?
And who casts an eye in the twilight
to see the red rose in the sky:
more than one foliage on the skies,
the two that last on the branches?
Who sees ships on the Sound of Islay
and does not come to meet Cairistiona?   40
Who sees a ship in the sea of Canna,

às an anacothrom 's às a' bhuaireadh,
gus na dhiùchd às am mìorbhail,
dàrna leth na dh'fhanas sìorraidh
fhad 's a mhaireas dùil g' a iarraidh,
cluas g' a chluinntinn, 's guth a shnìomhas
ann am filleadh bhriathran dìomhair.   10
Agus on tha thu ciùin is àlainn,
fosgladh 's a' dùnadh sa mhànran,
a' trèigsinn 's a' tilleadh 's ag àicheadh,
ag èirigh 's a' tionndadh 's a' teàrnadh;
's ged nach urrainn dhomh do shloinneadh
air beinn, air cladach no air coille,
mar a b' àbhaist do mo chuideachd
san Eilean Sgitheanach no am Muile,
no an Ratharsair nan Leòdach
no an Canada air fògradh,   20
's ann a bheir thu bhuam mo smuaintean
do bhrìgh 's nach fhaicear ort an truaighe
chosamhlach a th' air gach aogas
eile chithear leam san taobh seo;
's ann a tha thu mar nach claoidheadh
triall no tìm do cheangal draoidhteach,
mar gun seachnadh tu 'mhuir-bhàthte
leis am buail an cuan gun tràghadh;
's mar gun crathteadh dhìot an sgìths ud
th' anns a' bheinn nach gabh a dìreadh,   30
's nach fhaicear a mullach lì-gheal
leis a' cheò air creachainn sìnte.

Cò a dh' èireas anns a' mhadainn
's a chì ròs geal am beul an latha?
'S cò a bheir an t-sùil sa chiaradh
gu 'm faic e 'n ròs dearg san iarmailt:
duilleach no dhà air na speuran,
an dà tha buan air na geugan?
Cò chì luingeas air Caol Ìle
nach tig an coinneamh Cairistìona?   40
No cò chì long sa Chuan Chanach

a ship that does not strive with white furrows,
that does not seek the harbour
that not one will ever reach,
her back to the land of Clan Ranald
or to the land of Mac Gille Chaluim?

The Ebb-Tide Running

Tonight in Edinburgh
as I look to the north,
a deep strath by the ocean
is in my sight up yonder;

bright gashes between clouds
and holes filled with light in the sky,
opening the doors
to my own great firmament

where a stretch of water twists
around the thighs of the mountains: 10
Liathach and the Cuillin
and Blaven yonder.

        ⋆   ⋆   ⋆

The south-west wind across the Màm,
the inflowing tide and bubbles of foam;

a brow stubborn, dark, grey-green
and a lively blue eye;

the Sound of Raasay aflame
and the ships on the sea;

sweeping along from the north
the old vessels of my love: 20

vessels that existed long ago
renewing their journey tonight;

the eternal music in the top-mast,
the music that will not wait on the beach;

nach eil a' strì ri sgrìoban geala,
nach eil ag iarraidh gus a' chala
nach ruig tè seach tè ra maireann,
a cul air tìr Mhic Mhic Ailein,
no air tìr Mhic Ghille Chaluim?

Sruth Tràghaidh

A-nochd an Dùn Èideann
's mi coimhead mu thuath,
tha srath trom leis an fhairge
'nam leirsinn ud shuas;

claisean buidh' eadar sgòthan
's tuill shoilleir san speur
a' fosgladh nan dorsan
gum iarmailt mhòir fhèin

far bheil linne ga suaineadh
mu shlèistean nam beann: 10
Liathach 's an Cuilithionn
is Blàbheinn ud thall.

                    ⋆   ⋆   ⋆

Gaoth an iar-dheas thar a' Mhàim,
sruth an lìonaidh 'n gucaig càir;

mala dhùr ghlas dhorch
agus sùil bheothant ghorm;

Linne Ratharsair 'na smàl
is an luingeas air an t-sàl;

a' siabadh bhon àirde tuath
seann soithichean mo luaidh: 20

soithichean a bh' ann o chian
a-nochd ag ùrachadh an triall;

an ceòl sìorraidh sa chrann àrd,
an ceòl nach fuirich air an tràigh;

the music that for us will never cease
and will not be lost in death.

An ear hearing it on every shore
and an ear following it on the sea.

Bravery was lost in the music,   30
esteem, anger and sorrow were lost.

Every hope that existed was lost,
along with the remembrance of the loss.

The breaking of the people was lost,
each banishment that begot anger and hatred.

In it were lost the anger and pride
that keep the people alive.

In the music's quest
mist shrouded every landmark.

The old vessels of our love
proceeding with a fair wind through the kyles.   40
CW ED

Hallaig

'Time, the deer, is in the wood of Hallaig'

The window is nailed and boarded
through which I saw the West
and my love is at the Burn of Hallaig,
a birch tree, and she has always been

between Inver and Milk Hollow,
here and there about Baile-chuirn:
she is a birch, a hazel,
a straight, slender young rowan.

In Screapadal of my people   10
where Norman and Big Hector were,
their daughters and their sons are a wood
going up beside the stream.

an ceòl nach stad rinn gu bràth,
is nach caillear anns a' bhàs.

Cluas ga èisteachd air gach tràigh
is cluas ga leantainn air an t-sàl.

Chailleadh a' ghaisge anns a' cheòl,
chailleadh spèis is fearg is bròn.   30

Chailleadh gach dòchas a bh' ann
agus cuimhne air a' chall.

Chailleadh bristeadh an t-sluaigh,
gach fògairt a ghin fearg is fuath.

Chailleadh ann an fhearg 's an uaill
a chumas beatha ris an t-sluagh.

Ann an sireadh a' chiùil
thàinig sgleò air gach iùl.

Seann soithichean ar gaoil
a' falbh le soirbheas tro na caoil.   40

Hallaig

'Tha tìm, am fiadh, an coille Hallaig'

Tha bùird is tàirnean air an uinneig
trom faca mi an Àird an Iar
's tha mo ghaol aig Allt Hallaig
'na craoibh bheithe, 's bha i riamh

eadar an t-Inbhir 's Poll a' Bhainne,
thall 's a-bhos mu Bhaile Chùirn:
tha i 'na beithe, 'na calltainn,
'na caorann dhìrich sheang ùir.

Ann an Sgreapadal mo chinnidh,   10
far robh Tarmad 's Eachann Mòr,
tha 'n nigheanan 's am mic 'nan coille
a' gabhail suas ri taobh an lòin.

Proud tonight the pine cocks
crowing on the top of Cnoc an Ra,
straight their backs in the moonlight –
they are not the wood I love.

I will wait for the birch wood
until it comes up by the cairn,
until the whole ridge from Beinn na Lice   20
will be under its shade.

If it does not, I will go down to Hallaig,
to the Sabbath of the dead,
where the people are frequenting,
every single generation gone.

They are still in Hallaig,
MacLeans and MacLeods,
all who were there in the time of Mac Gille Chaluim:
the dead have been seen alive.

The men lying on the green   30
at the end of every house that was,
the girls a wood of birches,
straight their backs, bent their heads.

Between the Leac and Fearns
the road is under mild moss
and the girls in silent bands
go to Clachan as in the beginning,

and return from Clachan,
from Suisnish and the land of the living;
each one young and light-stepping,   40
without the heartbreak of the tale.

From the Burn of Fearns to the raised beach
that is clear in the mystery of the hills,
there is only the congregation of the girls
keeping up the endless walk,

Uaibhreach a-nochd na coilich ghiuthais
a' gairm air mullach Cnoc an Rà,
dìreach an druim ris a' ghealaich –
chan iadsan coille mo ghràidh.

Fuirichidh mi ris a' bheithe
gus an tig i mach an Càrn,
gus am bi am bearradh uile
o Bheinn na Lice fa sgàil.

Mura tig 's ann theàrnas mi a Hallaig
a dh'ionnsaigh Sàbaid nam marbh,
far a bheil an sluagh a' tathaich,
gach aon ghinealach a dh'fhalbh.

Tha iad fhathast ann a Hallaig,
Clann Ghill-Eain 's Clann MhicLeòid,
na bh' ann ri linn Mhic Ghille Chaluim:
chunnacas na mairbh beò.

Na fir 'nan laighe air an lèanaig
aig ceann gach taighe a bh' ann,
na h-igheanan 'nan coille bheithe,
dìreach an druim, crom an ceann.

Eadar an Leac is na Feàrnaibh
tha 'n rathad mòr fo chòinnich chiùin,
's na h-igheanan 'nam badan sàmhach
a' dol a Chlachan mar o thùs.

Agus a' tilleadh às a' Chlachan,
à Suidhisnis 's à tir nam beò;
a chuile tè òg uallach
gun bhristeadh cridhe an sgeòil.

O Allt na Feàrnaibh gus an fhaoilinn
tha soilleir an dìomhaireachd nam beann
chan eil ach coitheanal nan nighean
a' cumail na coiseachd gun cheann.

coming back to Hallaig in the evening,
in the dumb living twilight,
filling the steep slopes,
their laughter a mist in my ears,

and their beauty a film on my heart 50
before the dimness comes on the kyles,
and when the sun goes down behind Dun Cana
a vehement bullet will come from the gun of Love;

and will strike the deer that goes dizzily,
sniffing at the grass-grown ruined homes;
his eye will freeze in the wood,
his blood will not be traced while I live.

Two MacDonalds

You big strong warrior,
you hero among heroes,
you shut the gate of Hougomont.
You shut the gate, and behind it
your brother did the spoiling.
He cleared tenants in Glengarry –
the few of them left –
and he cleared tenants about Kinloch Nevis,
and he cleared tenants in Knoydart.
He was no better than the laird of Dunvegan. 10
He spoiled Clan Donald.

What did you do then,
you big strong hero?
I bet you shut no gate
in the face of your bitch of a brother.

There was in your time
another hero of Clan Donald,
the hero of Wagram, Leipzig, Hanau.
I have not heard that he cleared
one family by the Meuse 20

A' tilleadh a Hallaig anns an fheasgar,
anns a' chamhanaich bhalbh bheò,
a' lìonadh nan leathadan casa,
an gàireachdaich 'nam chluais 'na ceò,

's am bòidhche 'na sgleò air mo chridhe   50
mun tig an ciaradh air na caoil,
's nuair theàrnas grian air cùl Dhùn Cana
thig peilear dian à gunna Ghaoil;

's buailear am fiadh a tha 'na thuaineal
a' snòtach nan làraichean feòir;
thig reothadh air a shùil sa choille:
chan fhaighear lorg air fhuil rim bheò.

Dà Dhòmhnallach

'Na do ghaisgeach mòr làidir,
nad churaidh measg nan curaidhean,
dhùin thu geata Hougomont.
Dhùin thu 'n geata 's air a chùlaibh
rinn do bhràthair an spùilleadh.
Thog e tuath an Gleann Garadh,
am beagan a bh' air fhàgail dhiubh,
is thog e tuath mu Cheann Loch Nibheis
is thog e tuath an Cnòideart.
Cha b' fheàrr e na Fear Dhùn Bheagain: 10
rinn e milleadh air Cloinn Dòmhnaill.

Dè rinn thusa 'n uair sin,
a churaidh mhòir làidir?
Feuch na dhùin thu aon gheata
an aodann do ghalla bràthar?

Bha ann rid linn-sa fear eile,
curaidh eile de Chloinn Dòmhnaill,
curaidh Bhàgram, Leipsich, Hanau.
Cha chuala mi gun do thog esan
aon teaghlach mun Mheuse   20

235]

or by any other river,
that he did any spoiling
of French or of MacDonalds.

What a pity that he did not come
over with Bonaparte!
He would not clear tenants
for the sake of the gilded sheep,
nor would he put a disease
in the great valour of Clan Donald.

What a pity that he was not   30
Duke of the Land of the Barley
and Prince of Caledonia!
What a pity that he did not come
over with Bonaparte
twenty years before he did,
not to listen to flannel
from that creeper Walter
nor to gather the dust
from the old ruin
but to put the new vigour   40
in the remnant of his kinsmen!

What a pity that he did not come
to succour his kinsmen!

A Memory of Alexander Nicolson, One of My Uncles

Looking at the Cuillin from Corcul
with the copper and the red
and the dark-grey blue its canopy,
I remember you who are dead.

Your foot was on every outcrop
and on every dim blue pinnacle
since Skye was the estate
that was always your choice.

no mu abhainn eile.
Cha d' rinn esan milleadh
air Frangaich no air Dòmhnallaich.

Nach bochd nach tàinig esan
le Bonaparte a-nall.
Cha thogadh esan tuath
air sgàth nan caorach òraidh,
's cha mhò chuireadh esan gaiseadh
ann an gaisge mhòir Chloinn Dòmhnaill.

Nach bochd nach robh esan   30
'na dhiùc air Tìr an Eòrna
is 'na phrionns' air Albainn.
Nach bochd nach tàinig esan
le Bonaparte a-nall
fichead bliadhna mun tàinig,
cha b' ann a dh'èisteachd sodail
on t-sliomaire sin Bhàtar
no a chruinneachadh na h-ùrach
às an t-seann làraich,
ach a chur an spionnaidh ùrair   40
ann am fuidheall a chàirdean.

Nach bochd nach tàinig esan
gu cobhair air a chàirdean.

Cuimhne air Alasdair MacNeacail, Bràthair Mo Mhàthar

'S mi coimhead a' Chuilithinn à Corcal
agus an copar 's an dearg
's an dubh-ghlas gorm 'na bhrat-mullaich,
tha mo chuimhne ort 's tu marbh.

Bha do chas air gach creagan
's air gach bidean gorm ciar
a chionn gum b' e Clàr Sgìthe 'n oighreachd
a bha nad roghainn-sa riamh.

The gapped wall of the Cuillin
a firm rampart to your ideal,
your banners on every peak
and your voice in the breeze of its skies.

The red hollow a glowing fire
between Glamaig and Ben Lee,
your foot on every ridge
and your voice in the unstriving peace.

Your spirit had them all –
Dunscaith and the Cave of Gold –
but the blue Cuillin of the Island
was the curtain wall about your store.

A Ruined Church

There is a ruin of a church in the Ross of Mull
in which there has not been a congregation
or a religious service since the day
Inverkeithing was fought.

The day when the pride of our clan
took the high jump into the permanent;
the standing-jump that spoiled them,
that left their oak an aspen.

A day is cut to permanence
as marble and gold are cut:
in the shortness is the stretching
on which love and pride take hold.

Life is long in the memory of death
when a deed cuts the body's life:
Niall Buidhe young in the bed of dust,
and Red Hector in the heavy clay.

But what of the hundreds of others
of whom scores were quite as high
in spirit as their chief
or as the brother of the bard?

Balla beàrnach a' Chuilithinn
'na mhùr daingeann aig do spèis,   10
do bhrataichean air gach sgurra
's do ghuth an osaig a speur.

A' ghlac dhearg 'na grìosaich theine
eadar Glàmaig is Beinn Lì
's tu fhèin 's do chas air gach bearradh
's do ghuth san t-sàmhchair gun strì.

Bha iad uile aig do spiorad –
Dùn Sgàthaich agus Uaimh an Òir –
ach b' e Cuilithionn gorm an Eilein
am balla dìon a bha mud stòr.   20

Làrach Eaglais

The làrach eaglais san Ros Mhuileach
anns nach robh luchd-èisteachd
no seirbheis cràbhaidh on latha
a chuireadh Inbhir Chèitein.

Latha 'n tug uabhar ar cinnidh
an leum àrd anns a' bhiothbhuan,
an cruinn-leum a rinn am milleadh,
a dh'fhàg an darach 'na chritheann.

Gearrar latha gu ruig buantachd
mar a ghearrar màrmor 's òr,   10
anns a' ghiorrad tha an sìneadh
air am beir an gaol 's a' phròis.

Tha beatha fada 'n cuimhne bàis
nuair ghearras euchd a' bheatha chuim:
Niall Buidhe òg san leabaidh ùrach
's Eachann Ruadh an crèadhaich thruim.

Ach dè mu na ceudan eile
is ficheadan dhiubh cheart cho àrd
anns an spiorad rin ceann-cinnidh
is ri bràthair a' bhàird?   20

Funeral in Clachan

We left the corpse in Clachan
but where did the soul go?

The Catechist's mouth said not a word
whether the way was white or black,

but according to preaching and confession
there was no more to be said:

there was not a sign on his bearing
that he was born anew.

And according to the Apostle Paul
he did not get Grace though he was kind. 10

The man was just and generous,
warm-hearted, honourable and friendly,

but what was the good of the best virtue of them
if the man went in the state of Nature?

His lot was an eternity without hope,
the wrath of God in the fearful pit,

flames about that grey head,
the foul worm and the eternal woe.

His kinsmen in the flesh were
putting the turfs on him decently, 20

but when they left the turf smooth
their talk was fishing, stock and crops.

And though the tears fell
the state of the soul was not their grief,

but the grief of family and kin,
a grief that grew from the state of Nature.

There was not a man in the audience
but took his creed from Geneva.

There was not a man in the band
who did not subscribe to the whole creed; 30

Tìodhlacadh sa Chlachan

Dh'fhàg sinn an corp anns a' Chlachan
ach càit an deachaidh an t-anam?

Cha duirt beul a' Cheisteir guth
an robh an t-slighe geal no dubh.

Ach, a rèir teagaisg 's aidmheil,
cha robh an còrr ann ri chantainn.

Cha robh aon chomharradh air a ghiùlan
gun tàinig a' Bhreith às Ùr air.

Agus, a rèir an Abstoil Pòl,
cha d' fhuair e gràs ged a bha e còir.   10

Bha an duine ceart is bàidheil,
teò-chridheach, onarach is càirdeil.

Ach dè b' fhiach gach beus a b' fheàrr dhiubh
ma dh'fhalbh an duine an Staid Nàdair!

B' e chuibhreann sìorraidheachd gun dòchas,
corraich Dhè san t-sloc dhòbhaidh.

Lasraichean mun cheann liath ud,
a' chnuimh bhreun 's an dosgainn shìorraidh.

Bha chàirdean a thaobh na feòla
a' cur nan ceap air gu dòigheil.   20

Ach nuair a dh'fhàg iad rèidh am fàl
b' e 'n còmhradh iasgach, stoc is bàrr.

Agus ged a thuit na deòir,
cha b' e cor an anama 'm bròn,

ach bròn teaghlaich agus chàirdean,
bròn a chinnich à Staid Nàdair.

Cha robh duine anns an èisteachd
nach tug a chreud à Sineubha;

cha robh duine anns a' bhuidhinn
nach do dh'aidich an creud uile.   30

but before they left the graveyard
many a man understood the real distress.

Almost all the company understood
a thing that one would not whisper to himself alone:

that not a third of a third believed
in the lasting Hell of their creed.

1952

Creagan Beaga

I am going through Creagan Beaga
in the darkness alone
and the surf on Camas Alba
is a sough on smooth shingle.

The curlew and the plover
are crying down about the Cuil;
and south-east of Sgurr nan Gillean,
Blaven, and the stainless moon.

The light levels the sea flatness
from Rubha na Fainge stretched north,   10
and the current in Caol na h-Airde
is running south with swift glitter.

In the Big Park

The moon plays hide-and-seek,
gliding among the clouds,
the children chasing one another
among the stooks in the Big Park.

A night in late autumn
when the Election was dimmer
and before the world was
hard straight sharp furrows.

Ach mun d' fhàg iad an cladh
thuig iad fhèin an fhìor dhragh.

Agus thuig gach fear sa chòmhlan
nì nach seanaiseadh e ri ònrachd:

nach eil trian de thrian a' creidsinn
ann an Ifrinn bhuan na h-aidmheil.

1952

Creagan Beaga

Tha mi dol tro Chreagan Beaga
anns an dorchadas leam fhìn
agus an rod air Camas Alba
'na shian air a' mhol mhìn.

Tha 'n guilbirneach 's an fheadag
ag èigheach shìos mun Chùil,
's an earraidheas air Sgurr nan Gillean,
Blàbheinn, 's a' ghealach gun smùr.

Stràcadh na soillse air clàr mara
o Rubha na Fainge sìnte tuath,   10
agus an sruth an Caol na h-Àirde
a' ruith gu deas le lainnir luaith.

Anns a' Phàirce Mhòir

Falach-fead aig a' ghealaich,
siubhal-sìdhe measg nan sgòth,
a' chlann a' ruith a chèile
measg adagan sa Phàirce Mhòir.

Oidhche 'n deireadh an fhoghair
nuair bha an Taghadh nas ciaire
's mun robh an saoghal 'na sgrìoban
cruaidhe dìreach giara.

When no boy or girl knew
how many stooks were on the plain,   10
every stook still mysterious,
before the field was a bare expanse.

The Election was not clear
to us in the Big Park.

Creag Dallaig

Expectation and hope are changed,
and there is not much hope;
the sun on the snow of Creag Dallaig,
there is no sense in her speech;
she says nothing at all
but that she is,
and she has said that before,
and left my head perplexed.

My heart is on the ridge
and half of it down,   10
and my head climbs and falls
and hangs on a narrow shelf,
and my feet have no support
but my heart, which is getting blunt,
and the brain has no foothold
to lower a rope to my heart.

Twenty-Five Years from Richmond:

1965

Going down through England
on the fast way,
I saw a road-end sign
 to Richmond on Swale.

I remembered the beauty of the town
rising in steep streets
with cobbles

'S gun fhios aig gille no nighinn
cia mhiad adag bh' air an raon,   10
a h-uile h-adag fhathast dìomhair
mun robh an t-achadh 'na chlàr maol.

Cha robh an Taghadh cho soilleir
is sinne anns a' Phàirce Mhòir.

Creag Dallaig

Tha caochladh air an dùil 's an dòchas,
is gun mhòran dòchais ann;
a' ghrian air sneachda Creag Dallaig,
chan eil ciall 'na cainnt;
chan eil i 'g ràdha dad idir
ach gu bheil i ann,
agus thubhairt i sin cheana,
's dh'fhàg i 'n imcheist 'nam cheann.

Tha mo chridhe air a' bhearradh
agus leth dheth shìos,   10
is mo cheann a' streap 's a' tuiteam
's an crochadh air sgeilpe chaoil,
is mo chasan gun aon taice
ach mo chridhe 's e fàs maol,
gun ghrèim coise aig an eanchainn
gu ròp a leigeil sìos g' a thaobh.

Còig Bliadhna Fichead o Richmond:

1965

A' gabhail sìos tro Shasainn
air an t-slighe luaith
chunnaic mi comharradh ceann-rathaid
gu Richmond air Suail.

Chuimhnich mi bòidhche a' bhaile
's e 'g èirigh 'na shràidean casa
le cabhsairean cloiche cruinne,

like those in the stable in Clachan;
the bend of the river and the old abbey,
the *Black Lion* and the *Golden Lion*,   10
a green slope and the old church.
There wasn't much more
but soldiers on the streets,
soldiers drinking in the *Lions*:
Englishmen, Scotsmen, Welshmen;
many bearing their own tributes
and the majority nice and good-natured.
There wasn't much more
in my memory but the Castle.

Twenty-five years ago   20
myself alone in the Castle,
going round alone,
not to examine
old buildings or fortifications,
but scraping my brain and heart
so that I might catch some way
to loosen the unspeakable vice
that clamped kindness, love,
honour, intellect and flesh.

It was not the brutal Nazi madness   30
nor the miserable slavery of France
that closed the vice on my heart
but a poor object of pity, a woman
who had bared to me the sharp novelty of her anguish,
to whom I had to offer
only the shadow and nickname of love
– and the starry vain firmament of the poems
that would put a film over her case –
since there was not in her hurt
dry spoiled body the vigour   40
that would satisfy the strength of young manhood.

In the loneliness of the Castle
I confirmed my first vow

mar bha san stàball sa Chlachan;
lùb na h-aibhne 's an t-seann abaid,
an *Leòmhann Dhubh* 's an *Leòmhann Òir*,
leathad uaine 's an t-seann eaglais.
Cha robh mòran ann a chòrr
ach saighdearan air na sràidean,
saighdearan sna *Leòmhainn* ag òl:
Sasannaich, Albannaich, Cuimrich;
mòran a' giùlan an cuid dragha
agus a' mhòr-chuid socair laghach.
Cha robh mòran a bharrachd
'na mo chuimhne ach an Caisteal.

O chionn còig bliadhna fichead
mi fhìn leam fhìn anns a' Chaisteal
a' dol timcheall leam fhìn;
cha b' ann a dhèanamh sgrùdaidh
air seann togail no seann dìon,
ach a' sgrìobadh m' eanchainn 's mo chridhe
feuch an beirinn air aon dòigh
air fuasgladh na teanchrach do-labhairt
a ghreimich coibhneas agus gaol,
onair, tuigse agus feòil.

Cha b' e an caothach brùideil Nàsach
no daorsa thruagh na Frainge
a dhùin an teanchair air mo chridhe
ach dìol-dèirce bochd mnatha
a rùisg dhomh annas giar a cràdhloit,
do nach robh agam ri thairgsinn
ach faileas is far-ainm a' ghaoil
– is iarmailt reultach fhaoin nan dàn
a chuireadh sgleò air a càs –
a chionn 's nach robh 'na colainn bhreòite
thioram mhillte an treòir sin
a riaraicheadh neart na h-òige.

Ann an aonaranachd a' Chaisteil
dhaingnich mi mo chiad bhòid

– which I had taken a year before –
the generous proud vow of sacrifice,
which satisfied the uppishness of my ancestry:
and the strong old castle was
an image of the excess of the hauteur
that was a battlement on the excess of my love.

Twenty-five years ago   50
I did not think, little did I know,
that pride of heart and language would increase
from the folly of the silly deceitful woman,
who was putting a barbarous strange ploughing
through generously clean wells
and who was putting a manure we did not realise
on a heavy crop that would go to seed.

Little did I know of her sad wound:
that it was only a kind of trial
that comes from adultery and lies.   60
I have long since learned the opposite,
with bullets, mines, deathly shells,
with defeat in victory and despair,
with famine of the spirit and of the flesh:
that worse than the baseness of a silly woman
is the stench from the gas-chamber of Europe.

If I go someday to Richmond
and see the shapely strong Castle,
it will only make me smile
if I remember my agony at all.

The Broken Bottle

The broken bottle and the razor
are in the fist and face of the boy
in spite of Auschwitz and Belsen
and the gallows in Stirling
and the other one in Glasgow
and the funeral of (John) Maclean.

– a thug mi bliadhna roimhe sin –
bòid uasal uaibhreach na h-ìobairt
a shàsaich fearas-mhòr mo shinnsre:
agus bha 'n seann chaisteal làidir
'na ìomhaigh air anabarr an àrdain
bu bhaideal air anabarr mo ghaoil.

O chionn còig bliadhna fichead   50
cha do shaoil mi, 's beag bha dh'fhios a'm,
gum fàsadh uabhar cridhe 's cainnte
o ghòraiche na h-òinsich meallta
's i cur an treabhaidh bhuirb neònaich
tro thobraichean na glaine còire,
's a' cur mathachaidh nach do shaoil sinn
air bàrr trom a readh gu laomadh.

'S beag bha dh'fhios a'm air a cràdhlot:
nach robh ann ach seòrsa diachainn
a thig à adhaltranas 's à briagan.   60
'S fhad on dh'ionnsaich mi a chaochladh,
le peilearan, mèinnean, sligean aognaidh,
le bristeadh buaidhe is eu-dòchas,
le gort an spioraid is na feòla:
gur miosa na suarachas òinsich
an samh à seòmar-gas na h-Eòrpa.

Ma thèid mi latheigin a Richmond
's gum faic mi 'n Caisteal cuimir làidir,
cha toir e orm ach snodha-gàire
mas cuimhne leam idir mo chràdhlot.

Am Botal Briste

Tha 'm botal briste 's an ràsar
an dòrn 's an aodann a' ghill' òig
neo-'r-thaing Auschwitz is Belsen,
a dh'aindeoin na croiche ann an Sruighlea
agus na tèile ann an Glaschu
is tìodhlacadh MhicGill-Eain.

249]

The martyrs shout
on each side of the River Clyde,
and a hundred Connollys in Ireland;
and Ulster does not show   10
that Wolfe Tone followed King William.

Spilt blood and torn flesh
shout about the Easterhouses
and stifle with hard screeches
the voice of the poor martyrs.

Id, Ego and Super-Ego

The symbols went over the escarpment
and the images over the cliff
and they were lost on a wide plain,
on the causeway of the straight road
from which reason sees the truth.

The plain is not at all wide
and the road is twisty,
and though the peaks of the escarpment are
unsteady for sincerity of vision,
the thick heavy wood is no better,   10
growing out of the bone of the road,
out of my ears, out of my eyes,
out of my mouth, out of my nostrils
and out of every little bit of my skin,
even out of that little part
that is warm above my heart.

The perplexity of the great plain
is as difficult as the peaks of grief.
The plain has no grace
and there is no living in the wood.   20

The heart, which is such a close relative
of the spirit, will not wait on the plain;
it much prefers
to hang from a piton against the rock-face

Tha na martairean ag èigheach
air gach taobh de dh'Abhainn Chluaidh,
's ceud Ó Conghaile 'n Èirinn,
's chan eil a choltas air Ulaidh   10
gun do lean Wolfe Tone Rìgh Uilleam.

Tha fuil dhòirte is feòil reubte
mu na Taighean Seara 'g èigheach
's a' mùchadh le sgreadan cruaidhe
guth nam martairean truagha.

Eadh is Fèin is Sàr-Fhèin

Chaidh na samhlaidhean leis a' bhearradh
agus na h-ìomhaighean thar na creige
is chailleadh iad air machair fharsaing,
air cabhsair an rathaid dhìrich
om faic an reusan an fhìrinn.

Chan eil a' mhachair idir farsaing
agus tha an rathad lùbach,
is ged a tha sgurrachan a' bhearraidh
corrach do threibhdhireas an t-seallaidh,
chan fheàrr a' choille throm dhùmhail   10
's i fàs a-mach à cnàimh an rathaid,
às mo chluasan, às mo shùilean,
às mo bheul, às mo chuinnlein
's às gach bìdeig dem chraiceann,
eadhon às an roinn bhig sin
a tha blàth os cionn mo chridhe.

Tha imcheist na machrach mòire
cho doirbh ri sgurrachan na dòrainn.
Chan eil buaidh air a' mhachair
's chan eil bhith beò anns a' choille.   20

Chan fhuirich an cridhe air a' mhachair;
's mòr as fheàrr leis a' chridhe
('s e cho càirdeach don spiorad)
bhith 'n crochadh air piotan ris an stalla

with a big man as rope-leader,
Calvin or Pope or Lenin,
or even a lying braggart,
Nietzsche, Napoleon or Kaiser.

Freud is factor of the woodland
(his office is high on a ledge)   30
and of every incomprehensible estate.
He doesn't much regard the ropesman
(the rope itself a bellows);
sage eye on distant roots,
his ledge in the steep proud rock
defying the restless wood,
the truthful subject wood,
the humble wood that teems
with bitter variegated sweet plants.

To William Matheson

Matheson, you are the compass
on every old and new sea sound
sailed by the ships we love.

You came through the Sound of Islay
to tell of Cairistiona's fleet,
and you were at port in Barra
when Clan Neil took to the ridge of the sea
and when they returned in high spirits
out from the land of MacLean.

You were singing on the fore oar   10
before Dun Neil was on the horizon,
and if one man rowed like two men,
you sang the rowing song like three.

You guided the son of John, son of James
where the Clerk's big son was,
and you went light-footed
with the tale of his death to the women of Sleat.

252]

is fear mòr 'na cheannard ròpa,
Calvin no Pàp no Lenin
no eadhon bragairneach brèige,
Nietzsche, Napoleon, Ceusair.

Tha Freud 'na bhàillidh air a' choille
(tha 'n oifis aige àrd air uirigh)   30
's air gach oighreachd nach tuigear.
Cha mhoth' airsan fear an ròpa
(an ròp e fhèin 'na bhalg-sèididh):
sùil saoi air freumhaichean cèine;
uirigh sa chreig chais uaibhrich
a' toirt neo-'r-thaing do choille 'n luasgain,
don choille fhìrinnich ìochdraich,
don choille iriosail 's i air laomadh
le luibhean searbha dathte mìlse.

Do Uilleam MacMhathain

MhicMhathain, 's tusa a' chairt-iùil
air gach linnidh shean is ùir
a sheòladh saothaichean ar rùin.

Thàinig thusa ro Chaol Ìle
a dh'innse mu luingeas Cairistìona,
agus bha thu ri port Barrach
nuair thug Clann Nèill druim na mar' orr'
agus nuair thill iad le aighear
a-mach o dhùthaich MhicGill-Eain.

Bha thu ri iorram air ràmh-bràghad   10
mun robh Niall Odhar faisg fàire,
agus ma dh'iomair fear mar dhithis,
bha thusa ri iorram mar thrithear.

Threòraich thu Mac 'Ain Mhic Sheumais
far an robh Mac mòr a' Chlèirich,
agus chaidh thu le cois eutroim
is sgeul a bhàis gu mnathan Shlèite.

You took the road to Gairloch
before a MacRae was in the Cro of Kintail,
you tasted the red wine of the amhran   20
before a Matheson drank from Allt Rabhraidh,
and you could give the genealogy of every warrior
who stood on the Field of the Two Descents.

Before a MacLeod came from Lochlann
you were easily going round
every melody in Alba
and on board the ships
that were coming as the tale goes
from the Isle of Man and from Ireland.

You gave the course that sufficed   30
to Calum Sgaire from Lewis,
and you were on Mol Stenscholl Staffin
when John the Brawny struck the sword blow
and you knew amidst their shriekings
the voice of Gormul and of Brindled-Sock-Foot,
and what kind of brag
was in the mouth of the Big Wife of Laggan.

You followed a mermaid's course
out from the land of the Raasay MacLeods
and south from the land of Clan Ranald,   40
through the Sound of Mull, through the Sound of Islay,
through Sound Oronsay of MacPhee,
and though she went veering
out to the Brindled Island,
you were before her when she tacked
to the Wide Land of the Generous Ones.

You walked every field and mountain
from Ben Dorain to the Braes of Locheil,
you heard bird-song in Brae Rusgaidh
and you reached the Fair of Kingussie,   50
you heard the clang of striking weapons
about Auldearn and Killiecrankie.

Ghabh thu 'n rathad a Gheàrrloch
mun robh MacRath an Crò Chinn t-Sàile,
bhlais thu fìon dearg nan amhran 20
mun d' òl MacMhathain à Allt Rabhraidh,
agus shloinneadh tu gach àrmann
a sheas air Achadh an Dà Theàrnaidh.

Mun tàinig Leòdach à Lochlann
bha thusa gabhail gu socair
ceithir-thimcheall air gach fonn
an Albainn is air bòrd nan long
a bha tighinn a rèir sgeulachd
à Eilean Mhanainn is à Èirinn.

Thug thu 'n cùrsa a dh'fhòghnadh 30
do Chalum Sgàire à Leòdhas,
's bha thu air Mol Steinnseil Stamhain
nuair thug 'Ain Garbh am beum le chlaidheamh
agus dh'aithnich thu san sgreuchail
guth Gormail 's Cas a' Mhogain Riabhaich,
agus dè an seòrsa bragail
bha 'm beul Bean Mhòr an Lagain.

Lean thu cùrsa maighdinn-mhara
a-mach à Tìr Mhic Ghille Chaluim
is deas à Tìr Mhic Mhic Ailein, 40
tro Chaol Mhuile, tro Chaol Ìle,
tro Chaol Othasaigh Mhic-a-phìotha,
agus ged ghabh i air a fiaradh
a-mach gu ruig an t-Eilean Riabhach,
's ann bha thu roimhpe nuair a shiar i
gu Tìr Fharsainn nam Fear Fialaidh.

Choisich thu gach raon is sliabh
o Bheinn Dòbhrain gu Bràighe Loch Iall,
chuala tu ceileir am Bràigh Rùsgaidh,
's ràinig thu fèill Chinn a' Ghiùthsaich, 50
chuala tu gliong nan arm a' bualadh
mu Allt Èireann 's air Raon Ruairidh.

Your ear was sharp for all the hubbub
that they had in Ceastle Odhar
and you were not in the back seats
in the Foxes' Den of the Dun
'in the time of the fists being closed'.

You explained to the Blind Harper
what Echo had in his talk.

You were in the audience at every feast   60
in Dunvegan, in Duart and in Duntulm,
and you knew every rowing song
taken to the Castle Tioram
and every coronach and elegy
heard from Rodel to Munster,
every ditty, classic poem and Socair Dhana
in Dun Aray and Dun Scaith,
between Brahan and Dunaverty.

You appraised the Caithness gold
that gleamed on the table of Taymouth Castle,   70
you saw the gleam of the white candles,
you heard the violin music of the sea's cry;
you were on the thwart of every boat
in which each Brown-haired Allan drowned.

                                        1968

The Field of the Two Descents

For Professor Angus Matheson when he was the President of the
Gaelic Society of Inverness

The breeze from Scandinavia
is tonight on the hillside
on the ridges of Lochalsh,
where the complete devastation was halted;
where the Northmen paused
although they struck in Europe;
where Fearchar and the Mathan were,
men that turned back the pursuit.

256]

Bha do chluas giar ris gach othail
a bh' aca anns a' Cheastal Odhar
agus cha robh thu anns na cùiltean
ann am Brachlaich an Dùine
'an àm nan dòrn a bhith gan dùnadh'.

Mhìnich thu dhan Chlàrsair Dhall
dè bh' aig Mac Alla 'na chainnt.

Bha thu san èisteachd aig gach cuirm   60
'n Dùn Bheagain, an Dubhaird 's an Dùn Thuilm,
agus b' aithne dhut gach iorram
a thugadh dhan a' Chaisteal Thioram,
agus gach corranach is cumha
chualas o Ròghadal gu Còig Mhumhan,
gach luinneag, Dàn Dìreach 's Socair Dhàna
san Dùn Aorach 's an Dùn Sgàthaich,
eadar Brathann is Dùn Àbhart.

Bha thusa meas an òir Ghallaich
a bha deàrrsadh air bòrd Bealaich,   70
chunnaic thu leus nan coinnlean geala,
chual' thu ceòl fìdhle gaoir na mara;
bha thu air tobhtaidh gach bàta
san deach gach Ailean Donn a bhàthadh.

                                                    1968

Ach an Dà Theàrnaidh

Don Ollamh Aonghas MacMhathain nuair a bha e 'na Cheann-Suidhe
air Comann Gàidhlig Inbhir Nis

Tha an soirbheas o Lochlann
a-nochd am bàrr slèibhe
air na bearraidhean Aillseach,
far na chaisgeadh an lèir-chreach;
far na stadadh na Tuathaich
ged a bhuail iad an Eòrpa;
far robh Fearchar 's am Mathan,
fir gu tilleadh na tòrachd.

Although the Northman and the Gael
compete in my veins,   10
it is the pulse of the language
that will put a name on the flow;
although I brought from my ancestors
half my kindred from the Northman,
it was Gaelic that gave words
to the inclination of my heritage.

Learning is absorbed
from homeland and from heritage:
the Gaelic language consecrated
a beautiful land with its resources.   20
The bloody hand of the Matheson
on the joints of the language ...
that one thing is understood
at the Field of the Two Descents.

The remainder I don't understand,
and I will not understand it ever:
what sent Arthur and the Mathan
and every man to the field of battle;
if Northman and Gael are
at peace in my bones,   30
what worth is to be attributed to either
except as measured by his language?

The infants of Skye
were cloven with battleaxes
in order that Gaelic would be spoken
in the Skye townships:
until MacAskills, Nicolsons,
MacSweens and MacLeods
would be as eloquent in our language
as Mathesons and MacDonalds.   40

The mountain ridges are sculpted
to a wondrous beauty,
and the Field of the Two Descents

Ged tha 'n Tuathach 's an Gàidheal
ri spàirn 'na mo chuislean,   10
's e plosgadh na cainnte
chuireas ainm air an t-sruthadh;
ged thug mi om shinnsre
leth mo dhìlsean on Tuathach,
's i a' Ghàidhlig thug briathran
do fhiaradh mo dhualchais.

Tha am foghlam a' drùdhadh
o dhùthchas 's o dhualchas:
gun do choisrig a' Ghàidhlig
fearann àlainn l' a buadhan.   20
Làmh fhuilteach a' Mhathain
ann an altan na cànain …
sin aon rud a thuigear
aig Ach an Dà Theàrnaidh.

An còrr cha do thuig mi,
's cha thuig mi gu bràth e:
dè chuir Fearchar 's am Mathan
's gach fear gus an àrach;
ma tha 'n Tuathach 's an Gàidheal
an suaimhneas 'nam chnàmhan,   30
dè a b' fhiach fear seach fear dhiubh
ach mar mheasar a chànan?

Bha na leanabain Sgitheanach
air an spealtadh le pìcean
gus am bruidhnteadh a' Ghàidhlig
ann am bailtean Clàr Sgìthe:
gu 'm biodh Asgallach, Neacallach,
Suaineach is Leòdach
cho labhar nar cànain
ri Cloinn Mhathain 's Cloinn Dòmhnaill.   40

Tha na bearraidhean geàrrte
ann am maise an ioghnaidh,
's tha Ach an Dà Theàrnaidh

has a coloured finish that surpasses thought
with blue-green hillsides
and clumps of trees,
and the Matheson heroes
are a dimness in St Congan's Chapel.

But some of them have been exiled
farther away than the Clachan   50
where generations of Lochalsh folk
maintain kinship beneath the earth:
some made an excursion
beyond their known bounds
till they found burial
on foolish Sheriffmuir.

If they marched on foot
from the Field of Two Descents
to assert James's folly
over the idiocy of George,   60
it was foolish of them to undertake
that journey to the plain of death ...
others will say they went
for the sake of Scotland and of Gaelic.
ED

Palach

There was a time I thought
if the Red Army came
across Europe
the tryst would not be bitter;
that it would not be with a bonfire
as was seen in Prague,
and that it would not be the heroic student
that would go up in smoke
but the brittle firewood of money
– a splendid heather-burning –   10
with the lying oil of rulers
daubed on every tip.

air a dheiltreadh thar smaointean
le leathadan gorma
's le badan de choille,
's tha gaisgich Chloinn Mhathain
an Cille Chòmhghain 'nan doille.

Ach cuid dhiubh air fògradh
nas fhaide na 'n clachan   50
far bheil ginealan Aillseach
'nan dàimh fon an talamh:
cuid thug sgrìob thar an eòlais
air rathad fada as giorra
gus am faigheadh iad tòrradh
air Sliabh gòrach an t-Siorraim.

Ma thug iadsan a' choiseachd
bho Ach an Dà Theàrnaidh
gu amaideas Sheumais
chur thar burraidheachd Sheòrais,   60
's ann a b' fhaoin dhaibh an t-astar
thug gu faiche a' bhàis iad …
their cuid eile gun d' fhalbh iad
air sgàth na h-Albann 's na Gàidhlig.

Palach

Bha uair ann a shaoil mi
nan tigeadh an t-Arm Dearg
tarsainn na Roinn-Eòrpa
nach biodh a' chòmhdhail searbh:
nach b' ann le teine-aighir
mar chunnacas ann am Pràg,
's nach b' e an curaidh oileanaich
a rachadh suas 'na smàl,
ach connadh crìon an airgid –
b' e falaisgear an àigh –   10
le ola bhrèig nan uachdaran
ga sgliamadh air gach bàrr.

There is a ghost or two hill-walking
about this Beltane in gloom.
Bullets in the Père Lachaise
were crackling in their sleep
and guns about the Volga
and blood frozen and hard
in the passes of Guadarrama
and on the bank of the cold Neva.   20

This little smoke is choking them
and the flame's against the bone,
a gas from Himmler's chamber,
a cloud above Hiroshima
to the spirit in the grip
of the generous heart and heroism,
an argument with smoothies,
polite about the Big House,
a rusting on the chains
above the Tatu-Ho.   30

There is no text in my words:
there are a dozen Palachs in France.

Time and Sgurr Urain

Tonight on the shoulder of Sgurr Urain,
on the top of Kintail,
above the floor of Glen Shiel,
it is not of stag or hind I murmur.

For John son of Murdo
is up and down in the glen
and the smoke of Torr Laoighsich
lasts under the kindness of the mavis.

Farquhar of the Kettle is heard
with his finger-end whistle,   10
and the Burn of the Axe King
runs by the braes it was used to.

Tha corra shamhla cnocaireachd
mun Bhealltainn seo fo ghruaim.
Bha peilearan sa Phère Lachaise
a' cnagadaich 'nan suain,
is gunnachan mun Bholga
is fuil 's i reòthta cruaidh
am bealaichean Ghuadarrama
's air bruaich an Nèabha fhuair.   20

An ceòthran seo gan tachdadh
's an lasair ris a' chnàimh,
'na ghas o sheòmar Himmler,
'na neul os cionn Hiroshima
don spiorad a tha 'n sàs
a' chridhe chòir 's an treuntais;
'na argamaid aig sliomairean
's iad cùirteil mun Taigh Mhòr,
'na mheirgeadh air na slabhraidhean
os cionn an Tatu-Hò.   30

Chan eil ceann-teagaisg 'nam chainnt:
tha dusan Palach anns an Fhraing.

Tìm is Sgùrr Ùrain

A-nochd air gualainn Sgùrr Ùrain,
air fras-mhullach Chinn t-Sàile,
os cionn ùrlar Ghlinn Seile,
cha dhamh no eilid mo mhànran.

'S ann tha Iain Mac Mhurchaidh
sìos is suas air a' chòrsa,
agus ceò Torra Laoighsich
buan fo choibhneas nan smeòrach.

Cluinnear Fearchar a' Choire
le fead ceann a mheòir ann   10
agus Allt Rìgh na Tuaighe
ruith mu bhruachan bu nòs da.

263]

Another Big Duncan is
on Sheriffmuir on the battlefield,
and Duncan of the Silver Cups
in high-wooded Inverinate.

Young Angus of Glengarry
is in Clachan Duich under the threshold,
and the Third Hand of Generosity is
under the turf of Cnoc nan Aingeal.   20

The warriors of Clan Matheson are
about the Field of the Two Descents,
and Clan MacRae is going home
to that famous Cro of Kintail.

The beautiful high head of Sgurr Urain
casts its eye over the waters
to the notched knife-edge of Liathach
and the bounds of Ben Nevis.

Time stops on the mountain
and is idle in my desire,   30
for in my thoughts they are equal,
those of yesterday and the day before it.

Equal in my thoughts
those lasting and those gone and neglected,
since the heroism of the Kintail men
is as fresh as the beauty of the mountain.

Doubly fortunate that clan
who got this beauty for heritage;
the fame of the Kintail men is the whiter
for the white snow of Sgurr Urain.   40

Time in whirling winds
about the steep slopes,
and time in eddying currents
coming north through Kylerhea,

Tha Donnchadh Mòr Torra Laoighsich
air Sliabh an t-Siorraim san àraich
agus Donnchadh nam Pìosan
an Inbhir Ìonaid na h-àrd-choill.

Tha Aonghas Òg Ghlinne Garadh
an Clachan Dubhaich fon starsaich,
agus Treas Làmh na h-Òlachd
fo fhòd Cnoc nan Aingeal.   20

Tha àrmainn Chloinn Mhathain
mu Ach an Dà Theàrnaidh,
is Clann MhicRath a' dol dhachaigh
a Chrò ainmeil Chinn t-Sàile.

Àrd-cheann bòidheach Sgùrr Ùrain
toirt na sùla thar linne
gu roinn eagagach Liathaich
agus crìochan Beinn Nibheis.

Tìm 'na stad air an aonaich
agus faoin 'na mo dheòin-sa,   30
on 's co-ionann dom rùn-sa
luchd an-dè is a' bhòn-dè.

Is co-ionann dom aire
na tha maireann no faondrach,
agus gaisge nan Sàileach
cho ùr ri àilleachd an aonaich.

Buidhe, buidhe don chloinn sin
fhuair an loinn seo mar dhùthchas;
is gile alladh nan Sàileach
le geal-shneachda Sgùrr Ùrain.   40

Tìm 'na chuartagan gaoithe
mu chaisead nan leathad,
Tìm 'na chuartagan srutha
tighinn tuath tro Chaol Reatha;

bringing the fleet of Clan Donald
to the strife of the Cailleach
and Black William of Seaforth
going up the Glen to the battle;

coming with the breeze of the songs
and a mist on the mountains,   50
a dew on the memory,
a breaking wave to the vision;

ice on Sgurr Urain
and a vapour on the heights
where the splendours of Scotland
are right round Kintail.

A poem made when the Gaelic Society of Inverness was a hundred years old

Ghosts on a ridge tonight,
on a fleeting peak in the mist
that surges thickly and spreads thinly,
when one bare summit comes in sight
and when another goes away from the eye
and when a rock face is darkened in deep shade.

Smoke of the generations climbing
over peaks of memory of varying value,
the great men and the small
appearing and being lost in the hardship   10
that squinting fortune gives, or the choice
made by vision and devotion.

His own ghosts to every man
and its choice of image to every aspiration;
to each man his choice of ridge
that his eye reaches with the division
made by acute perceptions, or the struggle
that is between Scotland and himself.

giùlan luingeas Chloinn Dòmhnaill
gu gleac còmhraig na Cailleach,
agus Uilleam Dubh Shìophort
suas an gleann chur a' chatha;

tighinn le oiteag nan òran
is 'na cheò air na slèibhtean,   50
'na dhriùchd air a' chuimhne,
'na bhristeadh tuinn air an lèirsinn;

'na dheigh air Sgùrr Ùrain
is 'na smùid air na h-àirdean
far bheil buadhan na h-Albann
ceithir-thimcheall Chinn t-Sàile.

Dàn a rinneadh nuair a bha Comann Gàidhlig Inbhir Nis ceud bliadhna a dh'aois

Samhlaidhean air bearradh a-nochd,
air binnean falbhaidh sa cheò
's e bàrcadh tiugh 's a' sgaoileadh tana
nuair thig aon chreachainn san t-sealladh
's nuair dh'fhalbhas tèile bhon t-sùil
's nuair dhùbhrar stalla fo sgleò.

Ceathach nan ginealach a' streap
thar sgurrachan cuimhne 's caochladh fiù,
na fir mhòra 's na fir bheaga
a' nochdadh 's gan call anns a' ghreadadh   10
a bheir fortan claon no 'n roghainn
a nì lèirsinn is ùidh.

A shamhlaidhean fhèin aig gach fear
's a roghainn ìomhaigh aig gach spèis;
do gach fear a roghainn bearraidh
a ruigeas a shùil leis an sgaradh
a nì geur-aighnidhean no 'n spàirn
tha eadar Alba is e fhèin.

Walking the streets of Inverness
from the ridge of the untractable century,   20
wise men and scholars that stayed
against the onset made against all
who preferred their inheritance to the gold,
and who did not ask for the new choice.

The venomous fog is on the street,
on the peaks and on the towers,
the smoke of the rout from Culloden
and from other routs before it
and from routs after it
twisting perception and hope.   30

A mist gilded with gold,
the worst mist that ever came,
the cavalry and guns of the sheep
and their wild and surly bleating on the mountain,
and the little band striving
when giving in would be good sense.

In the flabby mist of a tale
there is no certainty in a cold version
and there is not much to tell
that cannot be perverted in the telling.   40
In the un-Gaelic town of Inverness
a small group once did a great thing.

Twenty-four there were,
and two out of three are lost in the mist
and no tale of them on one ridge,
their shadow on not one rock face,
but only four or five;
the rest on ridges in deep shadow.

Men on ridges tonight
and not one as high as he ought to be –   50
wise men and scholars of the Gaels
whose loved heredity was a blazing fire,

A' coiseachd shràidean Inbhir Nis
o bhearradh nan ceud bliadhna dùr,   20
saoidhean is sgoilearan a dh'fhuirich
ron ionnsaigh a thugadh air na h-uile
lem b' fheàrr an dualchas na 'n t-òr
's nach do dh'iarr an roghainn ùr.

Tha 'n ceathach nimheil air an t-sràid,
air na sgurrachan 's air na tùir,
ceò na ruaige bho Chùil Lodair
agus bho ruaigean eile roimhpe
agus bho ruaigean às a dèidh
a' fiaradh mothachaidh is dùil.   30

Ceò air a dheiltreadh leis an òr,
an ceò as miosa thàinig riamh,
eachraidh is gunnachan nan caorach
's am mèilich fhiataidh air an aonach,
agus am prasgan beag a' strì
nuair b' e an t-aomadh an ciall.

Ann an ceò plamach sgeòil
chan eil cinnt an lèirsinn fhuair
's chan eil mòran ri aithris
nach gabh claonadh anns an aithris.   40
Am baile Gallta Inbhir Nis
rinn còmhlan beag rud mòr air uair.

Ceathrar ar fhichead a bh' ann
's dà thrian dhiubh caillte sa cheò
's gun sgeul orra air aon bhearradh,
gun am faileas air aon stalla
ach ceathrar no còignear a-mhàin;
tha càch air bearraidhean fo sgleò.

Daoine air bearraidhean a-nochd
's gun fhear dhiubh cho àrd 's bu chòir –   50
saoidhean is sgoilearan nan Gàidheal
dhan robh an dualchas gaoil 'na bhràdair,

some in the swift gleam
and some lost in the mist.

Ridges rising in the eyes of some
and lost utterly in the ignorance of others,
twenty of that group without fame
without whom no banner would stand,
twenty of that band nameless,
with no fame in the dim mist of death.

1971

The National Museum of Ireland

In these evil days,
when the old wound of Ulster is a disease
suppurating in the heart of Europe
and in the heart of every Gael
who knows that he is a Gael,
I have done nothing but see
in the National Museum of Ireland
the rusty red spot of blood,
rather dirty, on the shirt
that was once on the hero   10
who is dearest to me of them all
who stood against bullet or bayonet,
or tanks or cavalry,
or the bursting of frightful bombs:
the shirt that was on Connolly
in the General Post Office of Ireland
while he was preparing the sacrifice
that put himself up on a chair
that is holier than the Lia Fail
that is on the Hill of Tara in Ireland.   20

The great hero is still
sitting on the chair,
fighting the battle in the Post Office
and cleaning streets in Edinburgh.

feadhainn anns an aiteal luath
is feadhainn caillte anns a' cheò.

Bearraidhean ag èirigh do chuid
's gan call gu tur an aineol chàich,
fichead dhen chòmhlan siud gun alladh
às aonais nach seasadh aon bhratach,
fichead dhen chòmhlan siud gun ainm,
gun chliù an ceathach ciar a' bhàis.   60

1971

Àrd-Mhusaeum na h-Èireann

Anns na làithean dona seo
is seann leòn Uladh 'na ghaoid
lionnrachaidh 'n cridhe na h-Eòrpa
agus an cridhe gach Gàidheil
dhan aithne gur h-e th' ann an Gàidheal,
cha d' rinn mise ach gum facas
ann an Àrd-Mhusaeum na h-Èireann
spot mheirgeach ruadh na fala
's i caran salach air an lèinidh
a bha aon uair air a' churaidh   10
as docha leamsa dhiubh uile
a sheas ri peilear no ri bèigneid
no ri tancan no ri eachraidh
no ri spreaghadh nam bom èitigh:
an lèine bh' air Ó Conghaile
ann an Àrd-Phost-Oifis Èirinn
's e 'g ullachadh na h-ìobairt
a chuir suas e fhèin air sèithear
as naoimhe na 'n Lia Fàil
th' air Cnoc na Teamhrach an Èirinn.   20

Tha an curaidh mòr fhathast
'na shuidhe air an t-sèithear,
a' cur a' chatha sa Phost-Oifis
's a' glanadh shràidean an Dùn Èideann.

271]

At Yeats's Grave

The big broad flagstone of the grave
is on yourself and George your wife
between the sea and Ben Bulben,
between Sligo and Lissadell;
and your marvellous words are
coming in the breeze from every side
with the picture of the young beautiful one
in the television of each field.

The sweet voice on the side of Ben Bulben
from the one shapely young mouth   10
that took his fame from Dermid
since it was heard on a Green
become a screech with grief
and with the noble anger
and with the generous deeds
that were sweet in the ears of Connolly
and in the ears of his kind.

You got the chance, William,
the chance for your words,
since courage and beauty   20
had their flagpoles through your side.
You acknowledged them in one way,
but there is an excuse on your lips,
the excuse that did not spoil your poetry,
for every man has his excuse.

The Lost Mountain

The mountain rises above the wood,
lost in the wood that is lost,
and we have been broken on the board of our sun
since the skies are tight.

Lost in the decline of the wood
the many-coloured images of our aspiration

Aig Uaigh Yeats

Tha leac mòr leathann na h-uaghach
ort fhèin 's air Deòrsa do bhean
eadar a' mhuir is Beinn Ghulbain,
eadar an Sligeach 's Lios an Daill;
's tha do bhriathran mìorbhaileach
a' tigh'nn le osaig o ghach taobh
le dealbh na tè òig àlainn
ann an teilifis gach raoin.

An guth binn air slios Beinn Ghulbain
on aon bheul cuimir òg   10
a thug a chliù o Dhiarmad
on chualas e air Grìne
's air fàs 'na sgread le bròn
agus leis an fheirg uasail
is leis na h-euchdan còire
bu bhinn an cluais Uí Conghaile
's an cluasan a sheòrsa.

Fhuair thusa 'n cothrom, Uilleim,
an cothrom dha do bhriathran,
on bha a' ghaisge 's a' bhòidhche   20
's an croinn bhratach tro do chliathaich.
Ghabh thu riutha air aon dòigh,
ach tha leisgeul air do bhilean,
an leisgeul nach do mhill do bhàrdachd,
oir tha a leisgeul aig gach duine.

A' Bheinn air Chall

Tha bheinn ag èirigh os cionn na coille,
air chall anns a' choille th' air chall,
is bhristeadh sinn air clàr ar grèine
on a tha na speuran teann.

Air chall ann an aomadh na coille
ìomhaighean ioma-dhathach ar spèis

since the tortured streets will not go
in the wood in a smooth synthesis.

Because Vietnam and Ulster are
heaps on Auschwitz of the bones,   10
and the fresh rich trees
pins on mountains of pain.

In what eternity of the mind
will South America or Belsen be put
with the sun on Sgurr Urain
and its ridges cut in snow?

Heartbreak is about the mountains
and in the woods for all their beauty,
though the restless sportive blood
rages triumphantly in the young.   20

The eternity of Dante and of Dugald Buchanan
an old new light to a few,
and the grey nonentity of the dust
a withered brittle comfort to more.

Paradise without the paradise of his own people,
the perplexity of the little Free Presbyterian boy:
his complaint and silent refusal
blasphemy in the throat of Geneva;

and in the throat of Rome
– though Purgatory is gentler –   30
the other robber on the tree
and Spartacus with his tortured army.

a chionn 's nach tèid na sràidean ciùrrte
's a' choille mhaoth an co-chur rèidh.

A chionn 's gu bheil Vietnam 's Ulaidh
'nan torran air Auschwitz nan cnàmh   10
agus na craobhan saidhbhir ùrar
'nam prìneachan air beanntan cràidh.

Dè 'n t-sìorraidheachd inntinn san cuirear
Ameireaga mu Dheas no Belsen,
agus a' ghrian air Sgùrr Ùrain
's a bhearraidhean geàrrte san t-sneachda?

Tha 'm bristeadh-cridhe mu na beanntan
's anns na coilltean air am bòidhche
ged tha 'n fhuil mhear gu luaineach
air mire bhuadhar san òigridh.   20

Sìorraidheachd Dhante is Dhùghaill
'na seann solas ùr aig beagan
agus neoni ghlas na h-ùrach
'na comhartachd chrìon phrann aig barrachd.

Pàrras gun phàrras a chuideachd,
imcheist a' ghiullain Shaor-Chlèirich,
a ghearan is a dhiùltadh sàmhach
'nan toibheum an amhaich Sineubha;

agus an amhaich na Ròimhe
– ged tha Purgadair nas ciùine –   30
an robair eile air a' chrann
is Spartacus le armailt chiùrrte.

Elegy for Calum I. MacLean

I

The world is still beautiful
though you are not in it,
Gaelic is eloquent in Uist
though you are in Hallin Hill
and your mouth without speech.

I can hardly think
that a Gael lives
and that you are not somewhere to be found
between Grimsay and the Sound (of Barra),
kindling ancient memory   10
with kindness and fun,

that you are in Hallin Hill,
and though the company is generous
– as generous as is to be found in any place –
that there is not heard the breaking of laughter
or clang on a golden string.

If you were in Clachan
or on Cnoc an Rà,
you would be among half your kin,
among the straight generous people,   20
choice MacLeans and MacLeods.
The dust is not weak.

If you were in Stron Dhuirinish
you would be in a good place,
among the other half of your kin,
among your mother's Nicolsons,
among the big generous men of Braes.
The dust is not weak.

If you were in the other Clachan
that is over here in Lochalsh,   30
that brave man of your ancestors,
Ruairi Beag of the glittering helmet,

Cumha Chaluim Iain MhicGill-Eain

I

Tha an saoghal fhathast àlainn
ged nach eil thu ann.
Is labhar an Uibhist a' Ghàidhlig
ged tha thusa an Cnoc Hàllainn
is do bheul gun chainnt.

'S gann as urrainn dhomh smaointinn
gu bheil Gàidheal beò
's nach eil thu 'n àiteigin ri t' fhaotainn
eadar Griomasaigh 's an Caolas,
a' beothachadh na cuimhne aosta   10
le coibhneas is le spòrs.

Gu bheil thusa an Cnoc Hàllainn,
's ged tha an còmhlan còir
– cho còir 's a gheibhear an àite –
nach cluinnear ann am bristeadh gàire
no gliong air teud an òir.

Nan robh thu anns a' Chlachan
no air Cnoc an Rà,
bhiodh tu am measg leth do chàirdean,
am measg nan daoine dìreach còire,   20
brod nan Leathanach 's nan Leòdach.
Chan eil an duslach lag.

Nan robh thu an Sròn Dhiùrainis
bhiodh tu an àite math,
measg an leth eile dhe do chàirdean,
measg Clann MhicNeacail do mhàthar,
measg fir mhòra chòir' a' Bhràighe.
Chan eil an duslach lag.

Nan robh thu anns a' Chlachan eile
tha bhos ann an Loch Aills,   30
bhiodh am fear treun ud dhe do shinnsre,
Ruairi Beag a' chlogaid dhrìlsich,

would be proud to move
to let you to his shoulder –
if you were to come over.

I am not acquainted with Hallin Hill
but you are there,
and though there were with you only the Eosag,
the company would be rare and noble –
but that is not scarce.   40

Since you are not in Clachan
or on Cnoc an Ra,
among the MacLeans and MacLeods,
we left you among Clan Donald.
There is no better place.

Among the brave generous people
you are in the dust.
Since we always liked Clan Donald
we gave them the most generous gift
when we put you in their dust.   50

To them that have will be given,
even nobleness itself.
We gave you to Uist,
and it was your own choice.
We gave you to Uist,
and it is not the worse of your clay.

II
There is many a poor man in Scotland
whose spirit and name you raised:
you lifted the humble
whom the age put aside.   60
They gave you more
than they would give to others
since you gave them the zeal
that was a fire beneath your kindness.
They sensed the vehemence

moiteil 's e deanamh gluasaid
gu do leigeil-sa ri ghualainn –
nan tigeadh tu a-nall.

Chan eil mi eòlach an Cnoc Hàllainn
ach tha thusa ann,
's ged nach robh cuide riut ach an Eòsag,
b' ainneamh is uasal an còmhlan –
ach chan eil sin gann.   40

O nach eil thu anns a' Chlachan
no air Cnoc an Rà
measg nan Leathanach 's nan Leòdach,
dh'fhàg sinn thu am measg Chlann Dòmhnaill.
Chan eil àite 's fheàrr.

Measg nan daoine treuna còire
tha thu anns an ùir:
on bu thoigh leinn riamh Clann Dòmhnaill
thug sinn dhaibh a' ghibht bu chòire
nuair chuir sinn thu 'nan ùir.   50

Dhaibhsan aig a bheil 's ann bheirear,
eadhon an uaisle fhèin:
thug sinn thusa do dh'Uibhist
– 's gum b' e do roghainn fhèin –
thug sinn thusa do dh'Uibhist,
's cha mhiste i do chrè.

II
Tha iomadh duine bochd an Albainn
dhan tug thu togail agus cliù:
's ann a thog thu 'n t-iriosal
a chuir ar linn air chùl.   60
Thug iad dhutsa barrachd
na bheireadh iad do chàch
on thug thu dhaibh an dùrachd
bu ghrìosach fo do bhàidh.
Mhothaich iadsan an dealas

that was gentle in your ways,
they understood the heavy depths of your humanity
when your fun was at its lightest.

You are talked of in Cois Fhairrge
over in Ireland.   70
Between Cararoe and Spideal
you left many a knot.
You were to the Gaels of Ireland
as one of themselves and of their people.
They knew in you the humanity
that the sea did not tear,
that a thousand years did not spoil:
the quality of the Gael permanent.

You proved in Shetland
and in Sweden   80
and in Norway
that there is no bitterness in the sea;
that the 'malice' is only a word
that chokes lasting truth.
Since you were a favourite with the Gael
you were a favourite with the Gall.
Since you cared for the man
and did not know guile
or sleekitness or fawning for place,
you made Gaels of the Galls.   90

Many of your friends are gone,
many of the great ones of the Gaels.

Duncan of Peninerine
and Donald Roy of Paisley,
and she who gave you the two marvels,
MacCormick's wife from Haclait;
but there is another in Lionacro
for whom you are still alive,
she who did not keep from you the treasure
that was in Trotternish, her home.   100

a bha socair 'na do dhòigh,
thuig iad doimhne throm do dhaondachd
nuair a b' aotruime do spòrs.

Tha sgeul ort an Cois Fhairge
ann an Èirinn thall: 70
eadar an Ceathramh Ruadh is Spideal
dh'fhàg thu iomadh snaidhm.
Bha thu aig Gàidheil Èirinn
mar fhear dhuibh fhèin 's dhen dream.
Dh'aithnich iad annadsa an fhèile
nach do reub an cuan,
nach do mhill mìle bliadhna:
buaidh a' Ghàidheil buan.

Dhearbh thu ann an Sealtainn
agus anns an t-Suain 80
agus ann an Lochlann
nach eil seirbhe anns a' chuan;
nach eil sa ghamhlas ach facal
a thachdas fìrinn bhuan.
On bu mhùirnean thu don Ghàidheal
bu mhùirnean thu don Ghall.
On bha t' ùidh anns an duine
's nach b' aithne dhut an fhoill,
no sliomaireachd no sodal stàite,
rinn thu Gàidheil dhe na Goill. 90

Dh'fhalbh mòran dhe do chàirdean,
mòran de dh'uaislean nan Gàidheal.

Dh'fhalbh Donnchadh Pheigh'nn an Aoireann
agus Dòmhnall Ruadh Phàislig,
's an tè on d' fhuair thu an dà mhìorbhail,
Bean MhicCarmaig à Hàclait;
ach tha tèile 'n Lìonacro
dha bheil thu fhathast an làthair,
tè nach do chùm bhuat an stòras
bha an Tròndairnis a h-àrach. 100

281]

Four called Angus have gone,
MacMillan and the two MacLellans,
and one of the Nicolsons:
Uistman, Benbecula men and a Skyeman.
The Skyeman is in Stron Dhuirinish,
one near to you in kinship,
eye of wisdom, mouth of music,
the generous, gentle, strong Angus.

William MacLean is gone,   110
from whom you got the summit prize,
great pupil of MacPherson,
heir of MacKay and MacCrimmon,
prince in the music of the pipes.

There is a grey-haired one in Drumbuie,
over here in Lochalsh,
who will not forget your talk
and who would not grudge tale or rhyme:
Calum as lasting in his life
as Iain Mac Mhurchaidh of the Cro.

There is another grey-haired one in Barra,   120
another Calum, mouth of grace,
key of music, and finger of art,
the wide generous warm heart,
head that holds the treasure of our lore,
jewel of Clan Neil and Clan Donald.

You were in Spean Bridge
like the best of the MacDonalds,
in Morar and in Arisaig
and in Glen Roy.

In the glens of the Grants,   130
between Ceannchnoc and Corriemony,
you gave and got the kindness
that grew happily about your steps.

Dh'fhalbh ceathrar air robh Aonghas;
MacMhaoilein 's an dà MhacGill-Fhialain
agus fear de Chloinn MhicNeacail:
Uibhisteach, Badhlaich agus Sgitheanach.
Tha 'n Sgitheanach an Sròn Dhiùrainis,
fear bu dlùth dhut ann an càirdeas,
sùil na tuigse, beul a' chiùil,
Aonghas còir ciùin làidir.

Dh'fhalbh Uilleam MacGill-Eain,
fear on d' fhuair thu bàrr na prìse;   110
oileanach mòr Mhic a' Phearsain,
tànaistear MhicÀidh 's MhicCruimein,
prìomhair ann an ceòl na pìoba.

Tha fear liath air an Druim Bhuidhe
a-bhos ann an Loch Aills
nach cuir air dhìochain do bhruidheann
's nach sòradh sgeul no rann:
Calum cho maireann dha ri bheò
ri Iain Mac Mhurchaidh anns a' Chrò.

'S tha fear liath eile 'm Barraigh,   120
Calum eile, beul an àigh,
iuchair a' chiùil is meur na h-ealain,
an cridhe farsaing fialaidh blàth,
ceann sna thaisgeadh leug ar n-eòlais,
àilleagan Chlann Nèill 's Chlann Dòmhnaill.

Bha thu an Drochaid Aonachain
mar Dhòmhnallach nam buadh,
am Mòrair is an Àrasaig
agus an Gleann Ruaidh.

Ann an glinn nan Granndach,   130
eadar Ceannachnoc 's Coire Monaidh
fhuair is thug thu 'n coibheas
a dh'fhàs mud cheum le sonas.

You were in the Ross of Mull
like an unyielding MacLean,
like Lame Hector come home
with his wounds from Inverkeithing.

III
You took the retreat,
little one of the big heart,
you took your refuge behind the wall   140
where the bent grass of Gaelic is sweetest,
little one of the great heroism.

You took the retreat
to the western edge,
you who did not take the breaking,
you who were never broken,
who reached the mouth of the grave
with your spirit always the victor.

Often do I ask
of my own heart   150
if it was the creed of Rome
or a rare hardihood in your kind
that put your heroism to its height,
as it were without effort.

You dearly bought the pride
that we bought in your death:
for four years without hauteur
you hid from your kin your certainty
that your death was so near.

We dearly bought the pride   160
that increased with your death:
that your heroism was a marvel
hidden in your fun;
that seldom was seen your like
in such an extremity.

Bha thu san Ros Mhuileach
mar Leathanach nach trèigeadh,
mar Eachann Bacach air tigh'nn dhachaigh
l' a leòin à Inbhir Chèitein.

III

Ghabh thu an ratreuta,
fhir bhig a' chridhe mhòir,
ghabh thu do dhìon air cùl a' ghàrraidh   140
far 'm mìlse muran na Gàidhlig,
fhir bhig an treuntais mhòir.

Ghabh thu an ratreuta
gus an iomall shiar,
thusa nach do ghabh am bristeadh,
nach do bhristeadh riamh,
a ràinig beul na h-uaghach
is do spiorad sìor bhuadhach.

'S tric a bhios mi faighneachd
dhe mo chridhe fhìn   150
an e creideamh na Ròimhe
no cruadal annasach nad sheòrsa
a chuir do threuntas g' a àirde
mar gum b' ann gun strì.

Is daor a cheannaich thusa 'n t-uabhar
a cheannaich sinne nad bhàs:
fad cheithir bliadhna gun àrdan
chleith thu do chinnt air do chàirdean
cho faisg 's a bha do bhàs.

Is daor a cheannaich sinne 'n t-uabhar   160
a mhiadaich le do bhàs:
gu robh do threuntas 'na mhìorbhail
air falach 'na do spòrs;
gur tearc a chunnacas do leithid
ann a leithid de chàs.

You dearly bought the fishing
when the pain was in your flesh,
when your net was taking in
the gleaming white-bellied salmon, a store;
with the net of your four years of agony   170
you gave us a pride beyond store.

IV
You were often in Uist,
the island of your barley without stint,
lifting as without effort
the crop that fell to your hand,
your toil hidden in your kindness,
the joyful stocks of your fun.

But another Spring came
and you went over the Sea of Skye.
Did you not go to Uist   180
with your body at your struggle's end,
did you go home to Uist
to wait for the very end?

I went up Dun Cana
on the Friday before your death,
my eye was only on Uist
– not as it used to be –
I forgot the Cuillin
looking at Ben More,
at Hecla and Staolaval.   190
They all grew big.

On the Tuesday after
Peter came with the tale,
with news I saw in his face:
that your brave spirit had gone.
I knew that you went unbroken,
that your victory was without flaw.

Is daor a cheannaich thusa 'n t-iasgach
nuair bha am pianadh na t' fheòil,
nuair thug do lìon a-staigh na bradain
thàrr-gheala lìomhach 'nan stòr;
le lìon do cheithir bliadhna ciùrraidh   170
thug thu cliù dhuinn thar gach stòir.

IV
'S tric a bha thu 'n Uibhist,
eilean t' eòrna nach bu ghann,
's tu togail mar gun shaothair
am bàrr a thuit gud làimh,
do shaothair air falach anns a' choibhneas,
adagan aoibhneach do spòrs.

Ach thàinig earrach eile
is chaidh thu thar Chuan Sgìthe.
Saoil an deachaidh tu a dh'Uibhist   180
led chorp an ceann do strìthe?
An deach thu dhachaigh a dh'Uibhist
a dh'fheitheamh ceann na crìche?

Dhìrich mi Dùn Cana
Dihaoine ro do bhàs,
cha robh mo shùil ach air Uibhist
– cha b' ionann 's mar a b' àist –
dhìochainich mi 'n Cuilithionn
's mo shùil air a' Bheinn Mhòir,
air Teacal is air Stadhlabhal.   190
'S ann dh'fhàs iad uile mòr.

'N Dimàirt sin às a dheaghaidh
thàinig Pàdraig leis an sgeul,
le naidheachd a chunnaic mi 'na aodann:
gun d' fhalbh do spiorad treun.
Bha fhios a'm gun d' fhalbh thu gun bhristeadh,
gu robh do bhuaidh gun bheud.

On the Friday after
you were carried in concord,
a Campbell and two MacDonalds   200
leading your course.
Your body was taken to Hallin Hill
under the shade and cover of their music.

Since he was worth their music
they took the MacLean to his Cro,
MacDonald, Campbell, MacCrimmon.
He got a great pomp in Uist.

And the white sand of Hallin Hill
lies lightly on the bones
of him whose great spirit   210
misfortune did not beat down, though his trial
was for four years beyond telling,
and he at grips with the work of his devotion.

And though he is not in Clachan
in Raasay of the MacLeods,
he is quite as well in Uist.
His debt was great to Clan Donald.

Air an ath Dhihaoine
bha 'n t-aonadh mu do ghiùlan;
Caimbeulach 's dà Dhòmhnallach
a' treòrachadh do chùrsa.
Thugadh do chorp a Chnoc Hàllainn
fo bhrat is sgàil an ciùil-san.

On a b' fhiach e an ceòl
thug iad an Leathanach da Chrò;
Dòmhnallach, Caimbeulach, MacCruimein:
fhuair e greadhnachas an Uibhist.

Agus tha gainmheach gheal Cnoc Hàllainn
'na laighe gu h-aotrom air cnàmhan
an fhir sin nach do chlaoidh an t-ànradh
a spiorad mòr ged bha a dheuchainn
fad cheithir bliadhna thar innse
's e 'n sàs an obair a dhìlse.

'S ged nach eil e anns a' Chlachan
ann an Ratharsair nan Leòdach,
tha e cheart cho math an Uibhist.
Bu mhòr a chomain air Clann Dòmhnaill.

7: 1972 and After

7: 1972 is às dèidh sin

Dr John MacLachlan

They said that you would swim the kyle
for the welcome of a mouth,
and that your back was strong and straight
as you went up the face of Ben Shianta
with the burden on your shoulders
of seeing the land a waste
under sheep and bracken and rushes.

They said much about you,
that you were affable and generous,
like the down-slanting beams of the sun   10
under the dark dense clouds
that shed the drops of ruin and torment
and blighted the crop and bloom of your country.

In Cill Chaluim Chille,
near the Camerons and MacLeods,
among the MacLeans and MacInneses,
in 'the big graveyard above Lochaline',
I chanced on MacLachlan's grave,
not knowing it was there.
My ignorance came on me with a start   20
of wonder and of shame.

He who used to swim the kyle
when he was strong and young
weighed down with the fate of his people
and with the love that does not open graves,
the generous-spirited one in sick grief
with the tufts of the churchyard and the growth of the rushes.

The Cameron in Bun Allt Eachainn,
that rare knowledgeable man,
he told about a gleam of the sun   30
on beautiful Morvern
in the time of its emptying and its misery,
though there is over it in our day
only small rays in an obscure memory.

An Dotair MacLachlainn

Thuirt iad gu snàmhadh tu 'n caolas
airson faoilte beòil
's gu robh do dhruim làidir dìreach
a' gabhail a-mach ri Beinn Shianta
leis an eallach air do ghuaillean
bhith faicinn an fhearainn 'na fhàsaich
fo chaoraich is frainich is luachair.

Thuirt iad mòran mu do dheaghainn,
gu robh thu suilbhir còir,
mar chas-chiorbain na grèine   10
fo na sgòthan dubha dùmhail
a shil boinnean an lèiridh
's a shearg bàrr is blàth do dhùthcha.

Ann an Cill Chaluim Chille,
faisg air na Camshronaich 's na Leòdaich,
measg Chlann Ghill-Eain 's Chlann Aonghais,
'anns a' chill mhòir os cionn Loch Àlainn',
dh'amais mi air uaigh MhicLachlainn,
's gun fhios agam gu robh i ann.
Thàinig m' aineolas orm 'na chlisgeadh   20
de dh'ioghnadh is de nàire.

Am fear a b' àbhaist an caolas
a shnàmh 's e làidir òg
air a chlaoidh le cor a dhaoine
's leis a' ghaol nach fosgail uaighean,
am fear còir aighearach fo èislean
le fòid na cille 's fàs na luachrach.

An Camhshronach am Bun Allt Eachainn,
am fear annasach eòlach,
dh'innis e mu aiteal grèine   30
air a' Mhorbhairne bhòidhich
ri linn a fàsachaidh 's a truaighe,
ged nach eil oirre ri ar latha
ach gathan beaga 'n cuimhne uaignich.

They said that you would swim the kyle
for the welcome of a mouth,
and since your heart was wide
and your words so strong and poignant,
they broadened the narrow kyle of Carna
to the big wide kyle of Mull   40
for the widening of your fame.

The great courage of the kyle
was weak and ebbed on Ben Shianta.

The Cave of Gold

I

A man went into the Cave of Gold
and bewailed his lack of three hands,
that two of them were not on the pipes
and the other on the sword.

A cry came from the Cave itself,
the pipes shouting his farewell,
while the young goats and calves
were loud and uncaring on the ridge.

The infants were asleep
or crawling on the soft floors   10
where no lowing of calf was heard
or kid bleating on the brae.

The eyes of the armed men were
where the blue boat is upturned,
her keel the notched teeth of a saw
between Rubha nan Clach and Glamaig.

Would man or woman understand
the complaint and defiance of the pipes,
and did MacCrimmon himself hear
the whining of the lurking bitch?   20

What put him where there was
no waiting nor reaching nor returning,

Thuirt iad gu snàmhadh tu 'n caolas
airson faoilte beòil,
agus on bha do chridhe farsaing
's do bhriathran cho làidir drùidhteach,
leudaich iad caol cumhang Chàrna
gu caol mòr farsaing Mhuile   40
airson leudachadh do chliùtha.

Bha misneachd mhòr a' chaolais
gu lag traoghte air Beinn Shianta.

Uamha 'n Òir

I

Chaidh fear a-staigh a dh'Uamha 'n Òir
is chaoidh e dhìth gun trì làmhan,
nach robh a dhà dhiubh anns a' phìob
agus an tèile sa chlaidheamh.

Thàinig gaoir on Uamha fhèin,
a' phìob ag èigheach a shoraidh,
ged bha minn bheaga agus laoigh
gu labhar coma air a' bhearradh.

Na mic-uchda anns an t-suain
no màgail air na làir bhoga   10
far nach cluinnte geum an laoigh
no minn a' meigeadaich air bruthaich.

Sùil nam fear-feachda far a bheil
an t-eathar gorm air a beul fòidhpe,
a druim 'na fiaclan eagach sàibh
eadar Rubha nan Clach is Glàmaig.

An tuigeadh fear no bean no mac
gearan is dùbhlan na pìoba,
agus na thuig MacCruimein fhèin
miolaran na galla liùgaich?   20

Dè chuir esan far nach robh
fuireach no ruigheachd no tilleadh

with no voice from sea or land
to tell what was in the quest?

Why did he leave the Land of MacLeod,
the green braes and the lochs,
the headlands, the islands and the shores,
the bread, the flesh and the wine,
and that big boat on the horizon,
the Cuillin where it always was?   30

Why did he leave the Land of MacLeod
when the honey and spices were on his lips,
and the bees in his ears,
the love-making, the praise and the music,
the sweet promises and the rewards,
and the soft eloquent words of the drink?

Who else would leave the Land of MacLeod
if free from the poor wretch's labour,
not pierced by a wounded pride,
strong, fortunate, happy, young,   40
not flayed with the water of humiliation
and not pursued by the Fury of remorse?

His Blind was not on the perch
between his heart and his brain,
pounding Nature with a churn-staff,
turning the milk to blood
and the buttermilk to a slush
on the slippery edge of the pit.

Why did he leave the land
and go away at all?   50
There was no summons to quit,
there was no scourge on earth
but the shy faint word
between the brain and the heart,

that the brain said to the flesh
before the heart was moved,

's gun aon ghuth o mhuir no tìr
a dh'innse dè bha san t-sireadh?

Carson a dh'fhàg e Dùis MhicLeòid,
na bruthaichean gorma 's na lochan,
na rubhannan, na h-eileanan 's na tràighean,
an t-aran, an fheòil 's am fìon
's an t-eathar mòr ud air an fhàire,
an Cuilithionn far an robh e riamh?   30

Carson a dh'fhàg e Dùis MhicLeòid
's a' mhil 's an spìosraidh air a bhilean
agus na seilleanan 'na chluasan,
an sùgradh 's am moladh 's an ceòl,
na geallaidhean binne 's na duaisean
is brìodal labhar an òil?

Cò eile dh'fhàgadh Dùis MhicLeòid
's gun e ri cosnadh an dìol-dèirce,
's gun e ga bhioradh leis an àrdan,
ach rathail làidir sona òg,   40
gun fhaileadh le uisge na tàmailt
's gun bhadhbh an aithreachais air a thòir?

Cha robh a Dhall-san air an spiris
eadar a chridhe 's eanchainn
a' maistreadh Nàdair le loinid,
a' cur a' bhainne 'na fhuil
agus na blàthaich 'na h-eabar
air bruaich shleamhainn an t-sluic.

Carson a dh'fhàg e 'n tìr
agus a dh'fhalbh e idir?   50
Cha robh bàirligeadh ann,
cha robh sgiùrsadh fon ghrèin
ach am facal diùid fann
eadar an eanchainn 's an cridhe,

a thuirt an eanchainn ris an fheòil
mun do ghluaiseadh an cridhe

that there was no treasure-trove,
that there was no satisfaction at all
until he felt the band
that comes from the heart's smithy.   60

He did not wait for the sun
of the morrow on the Màm,
as pure and clear as it ever was
until it went in the sea
with no shadow on its face.

He did not wait for the current
that cleans the heart at high water,
and he forgot the way
that day has of touching
the grey glue with gold.   70

He did not see the moon yellow and big
stopped above the Cuillin,
her footprints coins of gold
melted and seed on the brine.
He did not see its rising on the Storr.

II

A second man in the Cave of Gold
armed with the four hands,
two of them to the pipes,
one to the shield and one to the sword.

A grey sword of the nameless steel   80
heavy and blunt with despair
and a shield that could not be split
or pierced, its pride broken and decrepit.

No ivory or silver
on the drones or on the chanter
but hoops of the grey metal
pick-axed from the bare summit of the heart,

nach b' e 'n fhaodail a bh' ann,
nach robh sàsachadh idir
gus am fairicheadh e 'm bann
a thig à ceàrdaich a' chridhe.   60

Cha do dh'fhuirich e ris a' ghrèin
's i moch a-màireach air a' Mhàm
cho geal glan 's a bha i riamh
gus an dreidheadh i sa chuan
gun aon sgàile air a fiamh.

Cha do dh'fhuirich e ris an t-sruth
a ghlanas cridhe le muir-làn
agus dhìochainich e 'n dòigh
a th' aig an latha air an glas-
ghlaodh a dheiltreadh leis an òr.   70

Chan fhac' e ghealach buidhe mòr
os cionn a' Chuilithinn 'na stad
's a lorgan 'nam buinn dhen òr
air leaghadh is 'nan sìol air sàl.
Chan fhac' e h-èirigh air an Stòr.

II
An dara fear an Uamha 'n Òir
le armachd agus ceithir làmhan,
bha a dhà dhiubh anns a' phìob,
tè san sgiath is tè sa chlaidheamh.

Claidheamh glas dhen chruaidh gun ainm   80
tha trom is maol leis an eu-dòchas
agus sgiath nach gabhadh toll
no sgàineadh is a h-uabhar breòite.

Cha b' e ìobhairi no airgead
a bh' air na dosan 's air an fheadan
ach cearcaill dhen a' mheatal ghlas
a phiocadh à creachainn a' chridhe,

where the wind of defiance whistles
against the stacks and escarpments of fortune
and the fire that is in the spirit   90
clambers up the frozen summit of love,

where many a desire is burnt
that is in the peaks of the body
until the spirit itself is
on the pinnacle unreached by thaw.

He did not know what loss
came on the first MacCrimmon
but he understood the words of the music
as he heard them in tradition,

that there was no likelihood at all   100
that he himself would ever return,
and though the weapons would be free
that his heart had no wish for them

but as the clothing of the courage
that would not willingly surrender,
and though the quest was useless
that the art would have its strength,

and that he could put a kind of choice
and shape on his own fame:
he would not be the worse of leaving the name of hero   110
in Borreraig and the Dun.

But he was where
questions were tightening their vice;
though his hands were free,
there was a grip and twist on his brain.

He saw the shadow of death
on glens and plains and moorlands
and the inevitability of things
before he turned his back on the day,

far a bheil fead aig gaoith an dùbhlain
ri stacan 's ri bearraidhean nan càs
agus an teine tha san spiorad   90
a' streap ri mullach reòthta ghràidh,

far an loisgear iomadh miann
a th' ann am binneanan na colainn
gus am bi an spiorad fhèin
air a' bhiod nach ruig an aiteamh.

Cha b' aithne dhàsan dè 'n call
a thàinig air a' chiad MhacCruimein
ach thuig e faclan a' chiùil
mar a chual' e san aithris.

Nach robh coltas idir ann   100
gun tilleadh e fhèin gu sìorraidh,
's ged a bhitheadh na h-airm saor
nach robh an cridhe gan iarraidh

ach mar chòmhdach an treuntais
nach dèanadh strìochdadh ga dheòin,
's ged nach robh feum san t-sireadh
nach biodh an ealain gun trèoir.

'S gum b' urrainn dha seòrsa roghainn
is cumadh a chur air a chliù:
cha bu mhist' e ainm a' churaidh   110
fhàgail am Boraraig 's anns an Dùn.

Ach bha esan far an robh
ceistean a' teannachadh an teanchrach;
ged a bha a làmhan saor
bha grèim is toinneamh air eanchainn.

Chunnaic e dubhar a' bhàis
air glinn 's air machraichean 's air monadh
agus do-sheachantas nan càs
mun d' chuir e chùl ris an latha.

before he took his leave of the Land of MacLeod   120
on the quest that he did not understand,
remembering the words of the music,
the complaint and defiance of another.

He did not look for wealth
or the power of gold and silver,
and no more was it favour or reward
or a motion that one calls hope.

He saw the great horse of his aspirations
bridled and tethered by the past,
and the preparation of the ropes   130
threatening the knife of his pain;

his loved stallion a poor gelding
under the whips of the unseen lord
and his seaworthy black boat
a broken eggshell on the sea;

the Grey Scrape of Spring on the land
and the people without energy or understanding,
a mean churl lord in the Dun
and the old community broken.

The sacrifice was of no avail;   140
it was no sacrifice at all,
for it was at any rate
only a mote at the back of his mind.

He would leave what there was in his day
in order to flee from what would be,
for he saw the blue rampart
become a tough and flabby blue mould.

He thought that the music itself
had no earthly home but the shadows
and that it was only the gleam   150
lighting the reflections of the cave,

'S mun d' ghabh e chead de Dhùis MhicLeòid   120
air an t-sireadh nach do thuig e,
cuimhneachadh briathran a' chiùil,
gearan is dùbhlan fir eile.

Cha robh a dhùil-san ri maoin
no ri cumhachd an òir no 'n airgid
'S cha mhò ri fàbhar no duais
no gluasad ris an canar dòchas.

Chunnaic e each mòr a spèis
air srèin 's air teadhair aig na bha
agus ullachadh nan ròp   130
a' maoidheadh sgeine a chràidh.

Aigeach a rùin 'na ghearran truagh
fo chuip a' mhormhair dho-fhaicsinn
agus a bhàta ciallach dubh
'na plaosgan uighe air an fhairge.

Sgrìob Liath an Earraich air an tìr
agus an tuath gun treòir gun tuigse,
doicheallach 'na thriath san Dùn
agus an seann chomann briste.

Cha robh 'n ìobairt gu feum,   140
cha b' e ìobairt a bh' innte,
oir cha robh i co-dhiù
ach 'na smùirnean air cùl inntinn.

Dh'fhàgadh e na bh' ann ri linn
air sgàth teicheadh ro na bhitheadh,
oir chunnaic e am balla gorm
a' dol 'na liathtas plamach righinn.

Shaoil e gu robh an ceòl fhèin
gun dachaigh saoghail ach an doilleir
's nach robh ann ach a' chaoir   150
a' lasadh faileasan na h-uamha.

lighting them with the vapid flame
that would shed no light on their meaning,
no light that might show on them
more than the blue mould of death.

He went into the mouth of death
mimicking a music he did not understand,
he knew that it was only
a journey without destination.

He knew that the other man   160
of his kin did not return,
and 'will not return' was in his head,
four hands and one heart.

One heart, and two
disputing on the threshold,
the country and the heredity of his people
crying 'liar' and 'thief'.

Another whistling alone
with the whistle of hesitancy and mockery;
though there was ridicule in it,   170
there was neither courage nor doubt.

The heart of a man in the Cave of Gold
and two girning and in conflict
inside his own heart,
and hearing a strange whistling,

saying that he did not wish to be
on the side of his country and heredity,
that he was free and disdained
to be dependent on their passion,

that he would do a thing not done   180
by another of the MacLeod pipers,
that the Black Chanter was nothing but
a poor bruised decrepit mouth,

Gan lasadh leis an lasair bhaoith
nach cuireadh solas air am fàth
air chor 's gum faicte 'nam fiamh
barrachd na liathtas a' bhàis.

Chaidh e staigh a bheul a' bhais
ag aithris air ceòl nach do thuig e,
bha fhios aige nach robh ann
ach an siubhal gun cheann-uidhe.

Bha fhios aige nach do thill   160
am fear eile dhe chinneadh,
agus bha 'Cha thill' 'na cheann,
ceithir làmhan is aon chridhe.

Aon chridhe, agus a dhà
a' trod ri chèile air an starsaich,
dùthchas is dualchas a shluaigh
ag aithris na brèige 's na braide.

Fear eile feadaireachd leis fhèin
le fead an athais 's na sgeige;
ged a bha an fhanaid ann,   170
cha robh misneachd no teagamh.

Cridhe fir an Uamha 'n Òir
's dithis a' cnàmhan 's a' còmhstri
ann am broinn a chridhe fhèin,
's a' cluinntinn feadaireachd neònaich.

Ag ràdha nach b' e mhiann a bhith
air taobh a dhùthchais no dhualchais,
gu robh esan saor 's nach b' fhiù
leis a bhith 'n eisimeil am buairidh.

Gun dèanadh esan rud nach d' rinn   180
fear eile de phìobairean nan Leòdach,
nach robh anns an Fheadan Dhubh
ach am beul truagh breòite,

that would not put a twist in things,
that would not turn rout, foray or grief,
famine or distress or hate,
the death of wretches or of great nobles,

that it was a melodious rotting
that belied the rotting of their country,
that its vitality was only a mock,   190
its ineffable sweetness a false pride,

a high defiance from the poor heart,
a dash of waves against the rock,
pithless blades of grass on the
slippery crumbling edge of the precipice,

minuscule globes of dew
that would be burned by a great hot sun,
empty shells on the beach
in the old man and the child.

He went into the Cave of Gold   200
with the weakness of weapons and of pipes,
from his heart, mouth and hand
a kind of courage in his loss.

III
Two men in the Cave of Gold
meditating upon death
and the shapely mouths of the young
being shaped for hundreds of kisses
in the tender growing woods
here and there in the Land of MacLeod
in the warm yellow Beltane.   210

Two men in the dim Cave
beguiled by two kinds of music,
one ignorant and one without sense,
heedless of all he ever heard,
knowing that no tale came
of the other but idle talk.

nach cuireadh toinneamh ann an càs,
nach tilleadh ruaig no creach no dòrainn,
gort no anacair no fuath,
no bàs thruaghan 's mhaithean mòra.

Gu robh e 'na ghrodadh binn
a mhealladh grodadh an dùthchais,
gu robh a bheothantas 'na sgeig,   190
a bhinneas do-labhairt 'na mhòrchuis,

'na dhùbhlan àrd on chridhe bhochd,
plumanaich thonn ris an stalla,
bileagan feòir gun bhrìgh air oir
shleamhainn mhosganaich na creige,

cùirneanan neoni de dhriùchd
a loisgteadh le grèin an aintheas,
sligean sgiolta air an tràigh
anns an t-seann fhear 's san leanabh.

Chaidh e staigh a dh'Uamha 'n Òir   200
le laige nan arm is na pìoba,
o chridhe 's o bheul 's o làimh
seòrsa misneachd 'na dhìobhail.

III

Dithis ann an Uamha 'n Òir
a' meòrachadh air a' bhàs
is beòil chuimir nan òg
gan cumadh airson ceudan pòg
ann an coilltean maotha 'n fhàis
thall 's a-bhos an Dùis MhicLeòid
ris a' Bhealltainn bhuidhe bhlàith.   210

Dithis anns an Uamha chiair
air am mealladh le dà cheòl,
fear aineolach is fear gun rian,
gun fheart air na chual' e riamh
's fhios aige nach tàinig sgial
air an fhear eile ach an sgleò.

Murmur about the words of a music
caught by an ear that did not stay for reason,
like this and like that, without certainty or guidance,
increasing when spirits rose   220
and sometimes losing its strength,
a breaking of waves on a distant shore.

Other tunes about the rafters of the Dun
and other tunes in the Land of MacLeod,
all behind the wall
that expectation does not leap
unless it is strong with the purpose
and desire that strengthens the illusion.

The expectation denies that it is an illusion
because the aspiration will not be severed   230
from the common hearing and from the eye,
from the taste, from the touch and from the incense
that rises with the fresh new morning
and at the watch of the one star.

The illusion is a pure light to itself,
expectation and heart on one oar,
oppression of the eye and ear
that has not seen and will not listen to 'if' or reward,
to which the roaring of the ocean
and a narrow closed inlet are the same.   240

He did not put off his music
for the freeing of his hands,
the bitch went into his head
and into his heart and put a band
and tight prohibition on the blood
as he went on in his perplexity.

With no struggle but the plea of the music,
he did not let go his pipe.
The sword was useless,
it was the music that strengthened his step,   250
it was the music itself that strove.

Monmhar mu bhriathran ciùil
a thog cluas nach d' fhan ri cèill,
mar siud 's mar seo, gun chinnt gun iùl,
a' dol am meud nuair dh'èireadh sùrd,   220
is uaireannan a' call a lùiths,
'na bhristeadh thonn air cladach cèin.

Puirt eile mu chabair an Dùin
's puirt eile ann an Dùis MhicLeòid
agus iad uile air cùl
a' ghàrraidh nach leum an dùil
mura h-eil i treun le rùn
cridhe neartaicheas an sgleò.

'S i 'g àicheadh gur h-e sgleò a th' ann
a chionn nach sgarar an spèis   230
on chlaistneachd chumanta 's on t-sùil,
on bhlas, on t-suathadh 's on tùis
a dh'èireas leis a' mhadainn ùir
agus ri faire an aoin rèil.

An sgleò 'na sholas glan dha fhèin,
an dùil 's an cridhe air aon ràmh,
mùchadh air an t-sùil 's a' chluais
nach fhac' 's nach èist ri 'ma' no duais,
dhan coingeis beucaich a' chuain
is òb caol dùinte 'na thàmh.   240

Cha do chuir e dheth a cheòl
airson saoradh nan làmh,
's ann chaidh a' ghalla 'na cheann
's 'na chridhe, agus chuir i bann
is bacadh air an fhuil gu teann
's e dol air adhart 'na phràmh.

Gun strì ach agairt a' chiùil,
cha do leig e às a' phìob.
'S ann bha 'n claidheamh gun fheum,
's e 'n ceòl a neartaich a cheum,   250
's e 'n ceòl fhèin a rinn an t-strì.

The pipe itself had the power,
a kind of power in the lack
of every mark that comes on the aspect
of the dark Cave and dim sky
and every colour and gilt that sun puts
on sea and land and deed.

Did MacCrimmon himself understand the music,
its genesis, purpose and meaning,
the argument that was in its cry,   260
though weak yet stronger than the strongest
hero ever seen on field
wrestling with the green bitch of death?

The second's strife with no strength
in spite of the doubling of his hands,
he came of his own accord
and with the brain's warning that his step
was on a lightless useless by-path
and that the green bitch was death.

Another dog came back without a hair,   270
it came back with the spirit,
the music that came and did not go
while there were MacLeods in the Dun,
before there seeped out of them the nature
that was in the veins of lord and land
before the bracken had grown.

Before it had grown thick above the grass
with its green froth about the mouth
through which came the breath of the musics
striving with the great fire of the Blind   280
in which were burned desire and expectation,
that argued that it was not death and deceit
that was in the mild contention
that there was profit in the flesh.

Two men in the Cave of Gold
going to meet death:

Aig a' phìob a bha bhuaidh,
seorsa buaidh ann an dìth
gach comharraidh a thig air fiamh
na h-Uamha dorcha 's an spèir chiair
's gach dath is òradh chuireas grian
air muir 's air fearann 's air gnìomh.

Na thuig MacCruimein fhèin an ceòl,
a shloinneadh n' a run n' a fhàth,
an argamaid a bha 'na ghaoir,   260
ge lag nas treasa na 'n laoch
bu treasa chunnacas air raon
a' gleac ri gall' uaine bhàis?

An dara fear 's a ghleac gun sgoinn
a dh'aindeoin dùblachadh a làmh,
thàinig esan le thoil fhèin
is rabhadh eanchainn gu robh cheum
air frith-rathad gun leus gun fheum
's gum b' e ghall' uaine am bàs.

Thill cù eile 's e air fhaileadh,   270
thill e còmh' ris an spiorad,
an ceòl a thàinig 's nach d' fhalbh
fhad 's a bha Leòdaich san Dùn,
mun do shìolaidh asta 'n gnàths
a bha 'n cuislean triatha 's Dùis
mun robh an fhraineach air fàs.

Mun d' fhàs i tiugh os cionn an fheòir
's a cop uaine mun bheul
tron tàinig anail nan ceòl
a' còmhstri ri bràdair an Doill   280
anns na loisgeadh miann is dùil
a dh'agair nach b' e 'm bàs 's an fhoill
a bha sa chonnsachadh chiùin
a mhathaich tairbhe bhith san fheòil.

Dithis ann an Uamha 'n Òir
a' dol an coinneamh a' bhàis:

one who had not heard of the dog,
his strength the ignorance of the young;
the second with greater strength
and with the weakness above all weakness,   290
knowing that the dog was
of the eerie dogs of death
and that her fangs were quite as long.

My lack, my lack
with four hands,
two hands to the pipe
and one to the shield
and one to the sword.

My lack, my lack
with head and heart,   300
dim eye in the head
and no eye in the heart.

IV (fragmentary)

Another went to the Cave of Gold;
he wanted nothing but the gold.
He came out with his dog
and the green bitch did not pursue.
He did not leave in the Cave the good name
nor the name of MacCrimmon or of MacLeod.

When he appeared dourly
there was a coronet of bracken   310
thick and yellow, a golden winding round his head.
The MacLeods understood that the green one
did not deign but place
a band of the new gold on him.

He was great in the Land of MacLeod,
fat and rich about the board,
and his progeny great in their time.
And there was seen the store
that sheep took from the glens.
The green one did not follow them.   320

fear nach cuala mun chù,
a neart aineolas nan òg;
an dàrna fear le barrachd lùiths
agus an laige thar gach laige   290
's fhios aige gu robh an cù
de choin uamhalta 'bhàis
's gu robh a fiaclan cheart cho fada.

Mo dhìth, mo dhìth
le ceithir làmhan,
da làimh sa phìob
is tè san sgiath
is tè sa chlaidheamh.

Mo dhìth, mo dhìth
le ceann is cridhe,   300
sùil chiar sa cheann
's gun sùil sa chridhe.

IV (criomagach)

Chaidh fear eile dh'Uamha 'n Òir;
cha do dh'iarr e ach an t-òr,
thàinig e a-mach le chù
gun a' ghall' uaine air a thòir.
Cha d' fhàg e san Uamha cliù
no ainm MhicCruimein no MhicLeòid.

Nuair thàinig e a-mach gu dùr
bha coron frainich buidhe dlùth   310
's e 'na fhilleadh òir ma cheann.
Thuig na Leòdaich nach bu diù
leis an tè uaine ach bann
a chur airsan dhen òr ùr.

Bha e mòr an Dùis MhicLeòid,
reamhar saidhbhir aig a' bhòrd
agus a shliochd mòr rin linn.
Agus chunnacas an stòr
a thug ancaoraich o na glinn.
Cha robh an tè uaine air an tòir.   320

313]

The Cave of Gold has its mouth to the sea
and if the monster comes with the current,
she will be in the Cave before high tide,
before half-tide and before low water,
the black bitch will not be regarded
but the green one will get her fill.

Between MacCrimmon and the green
eerie troglodyte without mercy
the poor animal got enough:
torture in his room of pain   330
though he did nothing
that deserved the agony
that neither heart nor reason can measure.

V (fragmentary)
Death is not in the Cave of Gold
at high water or at low
but at the neap tide that comes
when the heart is in two parts
or in pithless fragments
from which the vigour has been sucked.

There is no weakness in the Cave of Gold   340
until the choice is so wrong
that the great plea of the music
only perplexes the desire
that seeks this and that in the recess
where there is not and there has not been seen
a treasure found to satisfy the hope.

A dog came from the Cave of Gold
without a hair on its rib-cage,
its share the hard lot of the poor
who are ruled and yoked   350
and who must reach the pits,
quagmire of the wretched and the poor.

Tha Uamha 'n Òir 's a beul ri muir
's ma thig an uilebheist leis an t-sruth,
bidh i san Uamha ro mhuir-làn,
ro letheach lìonaidh 's ro mhuir-tràigh,
cha bhi suim de ghalla dhuibh
ach gheibh an tè uaine a sàth.

Eadar MacCruirnein 's an tè
uaine uamhalta gun iochd
fhuair an t-ainmhidh bochd a dhìol:
ciùrradh an seòmar a phèin   330
ged nach d' rinn esan sìon
a bha airidh air a' chràdh
nach tomhais an cridhe no 'n ciall.

V (criomagach)
Chan eil am bàs an Uamha 'n Òir
ri muir-làn no ri muir-tràigh
ach ris a' chonntraigh a thig
nuair tha an cridhe 'na dhà roinn
air neo 'na chriomagan gun bhrìgh
às na dheocadh an sgoinn.

Chan eil an laige 'n Uamha 'n Òir   340
gus am bi an roinn cho ceàrr
's nach eil tagradh mòr a' chiùil
ach 'na imcheist dhan mhiann
a dh'iarras siud is seo sa chùil
far nach eil 's nach fhacas riamh
faodail a riaraicheas an dùil.

Thàinig cù à Uamha 'n Òir
gun ròine gaoisid air a chlèibh,
a chuibhreann-san càs nam bochd
air a bheil an smachd 's a' chuing   350
's dhan èiginn ruigheachd nan sloc,
sùil-chruthaich thruaghan is bhochd.

A Church Militant

There is a church militant in his head
shouting about the condition of man
and about the state of every creature
that is suffering the pain of the flesh
and the soreness of the spirit
which we call the heart.

It is girning all the time
when it is not shouting
about the innocent girl in cancer
and about the whore in her disease,   10
about the martyr on a rack
and his repute in the lying mouth.

Its cry is on the top of a mountain
and smothered in the quagmire
in the mouth that gets no hearing,
about the good man and the hero nameless
and about the martyr of whom there is no tale.

Its eye is without sleep or peace
on the innocent oppressed poor creature
and on the insane murderer   20
who did not ask to be born,
on the child's belly
almost splitting with famine;
on the loathsome cholera
and on the horrific cancer,
on the intolerable pain of one creature.

On the gas chambers,
on every Belsen that was,
on the atom and neutron bomb
and on the utter destruction that has no words.

Eaglais Chatharra

Tha eaglais chatharra 'na cheann
ag èigheach mu chor nan daoine
agus mu chor gach creutair
a tha fulang pian na feòla
agus goirteas an spioraid
ris an can sinn an cridhe.

Tha i cnàmhan fad na tide
nuair nach eil i ag èigheach
mun nighinn ionraic sa chansair
's mun t-siùrsaich 'na h-eucail,   10
mun mhartair air inneal-ciùrraidh
agus a chliù am beul na brèige.

Tha a glaodh air mullach beinne
agus mùchte san t-sùil-chruthaich
anns a' bheul nach fhaigh an èisteachd,
mun t-saoi 's mun churaidh gun ainm
's mun mhartair nach cluinnear sgeul air.

Tha 'sùil gun chadal gun tàmh
air an truaghan ionraic chlaoidhte
's air a' mhurtair chaothaich   20
nach do dh'iarr a bhreith,
air maodal theann an leanaibh
's i gu sgàineadh leis a' ghort;
air a' chalar sgreamhaidh
's air a' chansair oillteil,
air cràdh do-ghiùlain aona chreutair.

Air na seòmraichean gas,
air gach Belsen a bh' ann,
air bom an dadmain is an neodroin
's air an lèirchreach nach fhaigh cainnt.   30

317]

Honeysuckle

It is fifty years since I plucked
honeysuckle because of her,
for my nose and for my eye,
a fragrant image of her beauty,
long, long before I understood
that love is so selfish
that it will blind the eyes of the spirit
with the joy of the eye of the flesh.

Forty years since the misery
of miseries was added to her beauty,   10
and since I freely gave her spirit
the grace of graces that it did not have,
a beautiful body and a noble spirit
purified in the fire of misery.

I then understood another thing
that I did not understand before,
how misery burns
the rose and honeysuckle of love,
the plants of the sweetness of the body
plucked with the hoe of misery,   20
and that heart love grows from flesh love
and that heart love has
a transitory victory over the condition of the flesh.

Poem (by John Cornford)

Heart of the heartless world,
dear heart, the thought of you
is the pain at my side,
the shadow that chills my view.

The wind rises in the evening,
reminds that autumn's near.
I am afraid to lose you,
I am afraid of my fear.

Iadhshlat

Tha leth-cheud bliadhna on bhuain
mi iadhshlat air a sàillibh,
dha mo shròin is dha mo shùil,
ìomhaigh chùbhraidh a bòidhche,
fada fada mun do thuig mi
gu bheil an gaol cho fèineil
's gun dall e sùilean an spioraid
le aoibhneas sùil na feòla.

Dà fhichead bliadhna on chuireadh
truaighe nan truaighe ra bòidhche,   10
agus on thug mi saor dha spiorad
buaidh nam buadh nach robh ann idir,
colainn bhòidheach is spiorad uasal
glant' an teine na truaighe.

Thuig mi an uair sin rud eile
nach do thuig mi roimhe,
mar a loisgeas an truaighe
ròs is iadhshlat a' ghaoil,
luibhean mìlse na colainn
piocte le croman na truaighe,   20
's gum fàs gaol cridhe à gaol feòla
agus gun toir an gaol cridhe
buaidh dhiomain air cor na feòla.

Dàn (le John Cornford, air a chur an Gàidhlig)

A chridhe 'n t-saoghail gun chridhe,
a ghaoil cridhe, 's e mo smuain
ortsa 'm pian ri mo thaobh,
faileas fuaraidh do mo shùil.

Tha ghaoth ag èirigh feasgar,
comharradh foghar a bhith faisg,
tha eagal ormsa do chall,
eagal orm rom fhiamh.

On the last mile to Huesca,
the last fence for our pride,
think so kindly, dear, that I
sense you at my side.

And if bad luck should lay my strength
into the shallow grave,
remember all the good you can;
don't forget my love.

Screapadal

Screapadal in the morning
facing Applecross and the sun,
Screapadal that is so beautiful,
quite as beautiful as Hallaig.
No words can be put on beauty,
no picture, music or poem made for it.

Screapadal in May
when the young bracken is
but half a foot in height,
hardly above the grass.

Screapadal the sheep-pen and the cattle-fold
with walls to the south and west and north,
and to the east the sea-sound
over to the Sanctuary of Maol Rubha.

There is a half-dead memory of Maol Rubha
but only the dead written names
of the children, men and women
whom Rainy put off the land
between the north end of the Rock
and the Castle built for MacSwan

or for Mac Gille Chaluim
for violence and refuge.

Green, red-rocked and yellow
knolls to the horizon of the Carn Mor

A' mhìle mu dheireadh gu Huesca,
an fheansa mu dheireadh ro ar n-uaill,
biodh do smuain coibhneil, a ghaoil,
gur saoileam nach eil thu bhuam.

'S ma leagas mì-shealbh mo neart
anns an uaigh staoin,
cuimhnich na 's urrainn dhut dhen mhath;
na dìochainich mo ghaol.

Sgreapadal

Sgreapadal anns a' mhadainn
ris a' Chomraich 's ris a' ghrèin,
Sgreapadal a tha cho bòidheach,
a cheart cho bòidheach ri Hallaig.
Cha chuirear briathran air bòidhche,
cha dèanar dealbh no ceòl no dàn dhi.

Sgreapadal anns a' Chèitean
nuair nach eil an fhraineach òg
ach mu leth-troigh a dh'àirde,
cha mhòr os cionn an fheòir.

Sgreapadal an crò 's a' bhuaile
le ballachan a deas 's an iar 's a tuath,
agus an ear an linne
a-null gu Comraich Ma Ruibhe.

Tha cuimhne leth-mharbh air Ma Ruibhe,
gun ach ainmean sgrìobhte marbh
air a' chloinn 's na fir 's na mnathan
a chuir Rèanaidh às an fhearann
eadar ceann a tuath na Creige
's an Caisteal a thogadh do MhacSuain
no do Mhac Ghille Chaluim
airson fòirneart agus dìon.

Uaine ruadh-chreagach is buidhe
tulaich gu fàire a' Chùirn Mhòir

in the west above the brae
coming down to green meadows,
and the pine wood dark and green
north right to the Castle
and the light-grey rocks beyond it.

And to the south the end of Creag Mheircil   30
hundreds of feet above the grass,
towers, columns and steeples
with speckled light-grey bands,
limestone whiteness in the sun.

A steep brae with scree-cairns
to the east down from the end of the Rock
under birch, rowan and alder,
and the Church of Falsehood in high water
when the spring tide is at its height.

It was not its lies that betrayed the people   40
in the time of the great pietist,
Rainy, who cleared
fourteen townships
in the Island of the Big Men,
Great Raasay of the MacLeods.

Rainy left Screapadal without people,
with no houses or cattle, only sheep,
but he left Screapadal beautiful;
in his time he could do nothing else.

A seal would lift its head   50
and a basking-shark its sail,
but today in the sea-sound
a submarine lifts its turret
and its black sleek back
threatening the thing that would make
dross of wood, of meadows and of rocks,
that would leave Screapadal without beauty
just as it was left without people.

san àird an iar os cionn na bruthaich
a' teàrnadh gu lèanagan uaine,
's a' choille ghiuthais dorcha 's uaine
tuath gus an ruig i 'n Caisteal
's na creagan liath-ghlas air a chùl.

Agus mu dheas ceann Creag Mheircil   30
ceudan troigh os cionn an fheòir,
tùir is cuilbh is stìopaill
le bannan breaca liath-ghlas
'nan gile clach-aoil ris a' ghrèin.

Bruthach chas 'na càrnaich
an ear sìos o cheann na Creige
fo bheithe, caorann is feàrna;
's an Eaglais Bhrèige sa mhuir-làn
nuair tha an reothairt 'na buille.

Cha b' e a breugan-se a bhrath an sluagh   40
ri linn an diadhaire mhòir,
Rèanaidh, a thog an tuath
o cheithir bailtean deug
ann an Eilean nam Fear Mòra,
Ratharsair Mhòr nan Leòdach.

Dh'fhag Rèanaidh Sgreapadal gun daoine,
gun taighean, gun chrodh ach caoraich,
ach dh'fhàg e Sgreapadal bòidheach;
ra linn cha b' urrainn dha a chaochladh.

Thogadh ròn a cheann   50
agus cearban a sheòl,
ach an-diugh anns an linnidh
togaidh long-fo-thuinn a turraid
agus a druim dubh slìom
a' maoidheadh an nì a dhèanadh
smùr de choille, de lèanagan 's de chreagan,
a dh'fhàgadh Sgreapadal gun bhòidhche
mar a dh'fhàgadh e gun daoine.

The Big House of Clachan and the debts
that it brought on Mac Gille Chaluim   60
heavy on the tenantry of each township;
and godly Rainy,
though he was not in such debt
as the social climbing put
with its burden on James Mac Gille Chaluim
and brought exile on his son,
with the largeness and the beauty
that they added to the Big House.

A little remnant of its people
in the Island of the Big Men   70
and black turrets in the sound
between Screapadal and the Sanctuary
mocking the flagstone of Maol Rubha
and the Giant's Cave in Rona
with its little rows of stones,
seats of men and women and children
listening to Maighstir Ruairi
telling that here is no abiding city,
Rainy or no Rainy.

The sound is blue in the sun   80
and the skies naked
and the white bands of Creag Mheircil
glittering to the south
above the wood of birch and hazel,
rowan and alder,
and above the green braes
where the young bracken
and the young grass are a carpet
over to the side of the pine wood
that reaches Brochel Castle.   90

Laughter and weeping,
love, merriment and suffering,
anger, hatred and spite,
heroism, cowardice and heartbreak,

Taigh Mòr a' Chlachain 's na fiachan
a thug e air Mac Ghille Chaluim   60
trom air tuath gach baile;
agus Rèanaidh diadhaidh,
ged nach robh esan anns na fiachan
leis na chuir an fhearas-mhòr
sac air Seumas Mac Ghille Chaluim
agus fògairt air a mhac,
aig a' mhiad is aig an loinn
a chuir iad ris an Taigh Mhòr.

Fuidheall beag dhe dhaoine
ann an Eilean nam Fear Mòra   70
is turraidean dubha san linnidh
eadar Sgreapadal 's a' Chomraich
a' fanaid air leac Ma Ruibhe
's air Uamha 'n Fhuamhaire 'n Rònaigh
agus a sreathan beaga chlach,
suidheachain fhear is bhan is cloinne
ag èisteachd ri Maighstir Ruairi
ag innse nach eil an seo baile mhaireas,
Rèanaidh ann no Rèanaidh às.

Tha 'n linne gorm ris a' ghrèin   80
agus na speuran rùiste
is bannan geala Creag Mheircil
a' deàrrsadh anns an àird a deas
os cionn na coille beithe 's calltainn,
caorainn agus feàrna.
'S os cionn nam bruthaichean uaine
far a bheil an fhraineach òg
's am feur òg 'nam brat-làir
a-null gu taobh na coille giuthais
a tha ruigheachd Caisteal Bhròchaill.   90

Gàireachdaich agus còineadh,
gaol is mire 's fulangas,
fearg is fuath agus gamhlas,
treuntas, gealt is bristeadh-cridhe,

and times of gentle happiness
have left Screapadal
just as they left Brochel Castle
before they left the crofters of Screapadal
and of Fearns and Hallaig
and of every township   100
of the fourteen desolate
for Rainy's money
and Mackenzie's.

There are other towers on the Sound
mocking the tower that fell
from the top of the Castle Rock,
towers worse than every tower
that violence raised in the world:
the periscopes and sleek black sides
of the ships of the death   110
that killed the thousands of Nagasaki,
the death of the great heat and the smoke,

the death that would bring utter devastation
even on the beauty
that grew in Screapadal
and is still there
in spite of Rainy's bad deed,
his greed and social pride.

But the submarines
and the aeroplanes   120
and the atom and neutron!
The slow sore poverty is not
their gift but the sudden holocaust
that will fall from the sky
and will rise from every brae
and will cling to every beautiful meadow
between the north end of the Rock
and the pine wood
between Screapadal and the Castle.

agus uairean de shonas caomh
air Sgreapadal fhàgail
mar a dh'fhàg iad Caisteal Bhròchaill
mun d' fhàg iad tuath Sgreapadail
's na Feàrnaibh agus Hallaig
agus gach baile   100
dhe na ceithir deug tha fàs
air sgàth airgead Rèanaidh
agus airgead MhicCoinnich.

Tha tùir eile air an linnidh
a' fanaid air an tùr a thuit
dhe mullach Creag a' Chaisteil,
tùir as miosa na gach tùr
a thog ainneart air an t-saoghal:
pearasgopan 's sliosan slìoma
dubha luingeas a' bhàis   110
a mharbh mìltean Nagasaki,
bàs an teis mhòir 's na toite,

am bàs a dhèanadh an lèirchreach
eadhon air a' bhòidhche
a dh'fhàs ann an Sgreapadal
agus a tha ann fhathast
a dh'aindeoin gnìomh dona Rèanaidh,
a shannt is fhearas-mhòir.

Ach 's e luingeas-fo-thuinn
agus an luingeas adhair   120
agus an dadman is an neodron!
Chan e bhochdainn mhall chràiteach
an tiodhlac ach an lèirsgrios obann
a thuiteas às an iarmailt
's a dh'èireas às gach bruthaich
's a leanas ris gach lèanaig àlainn
eadar ceann a tuath na Creige
agus a' choille ghiuthais
eadar Sgreapadal 's an Caisteal.

Greed and social pride 130
left Screapadal without people,
and the iron band of laws
that put a vice-like grip on the people,
threatening to raise above them
the black Carn-Mors of hunger
and the Meircil rocks of famine
on which grow the poisonous bracken
from which come the deadly rocket,
hydrogen and neutron bomb.

The Great Famine

I

The clouds of famine with loathsome stink
in the glitter of the sunlight,
withering flesh on bones,
making beauty a disgusting thing.
Breasts that were firm, upstanding
ropes hanging to rib cages,
thighs and calves that were shapely
brittle sticks of firewood,
and the belly that was sleek and slender
a dry tight hideous buoy. 10

II

Many a famine and great thirst
were in the world from the start
without television broadcasting them
to the fat wealthy towns,
with no radio voice telling of them
to kindly or uncaring ears,
and to ears hot with shame,
to the ears of saints and of the wicked,
and to the ears that were listening
to the hunger of their own children. 20

'S e 'n sannt 's an fhearas-mhòr
a dh'fhàg Sgreapadal gun daoine
agus bann iarainn nan lagh
a chuir grèim-teanchrach air an t-sluagh,
a' bagairt togail os an cionn
Cùirn Mhòra dhubha 'n acrais
is Creagan Meircil na gorta
air am fàs an fhraineach phuinnsein
on cinn an rocaid mharbhteach,
bom idrigin is neodroin.

A' Ghort Mhòr

I

Neòil na gorta le samh sgreataidh
ann an deàrrsadh na grèine,
a' seargadh feòil air cnàmhan,
a' dèanadh culaidh-ghràin de bhòidhche.
Cìochan a bha daingeann corrach
'nan ròpan an crochadh ri clèibh,
slèistean is calpannan a bha cuimir
'nam biorain chrìona connaidh,
's a' bhrù a bha cho slìom seang
'na bolla tioram teann oillteil.   10

II

'S ioma gort is tart mhòr
a bh' air an t-saoghal o thùs,
gun telebhis gan craoladh
gu na bailtean reamhar saidhbhir,
gun ghuth rèidio gan innse
do chluasan coibhneil no coma,
agus do chluasan teth le nàire,
's do chluasan nan naomh 's nan aingidh,
's do chluasan a bha 'g èisteachd
ri acras an cloinne fhèin.   20

III

Was it sin that made this destruction,
a destruction far more than twenty times greater
than the fire and brimstone of the showers
that poured on the Cities of the Plain?
Does Nature not care at all
and is Predestination cold-hearted and cruel?

IV

More than twenty million,
more, many times more
than died in the Famine of Ireland,
more than twenty million.   30
Who will measure the pain,
the torture that tears the heart
though there was only one,
one child on whom there was not seen
the wonderful bloom of youth,
the bloom that might last
many a year without fading,
roses opening to full beauty.

V

Hearts of mother and father
and of sister and brother   40
torn with rusty nails,
with iron splinters from shells
that come without whizz from the sky
to tell of the world's plight.

VI

From where have you walked,
you three merciless companions,
famine, weakness and cholera?
From where have you come with your loathsomeness,
from where have you come at all?
Is it from stubborn ignorance   50
or from the uncaring laziness,

III

'N e 'm peacadh a rinn an sgrios seo,
an sgrios fada fichead uair as motha
na teine 's pronnastan nam frasan
a dhòirt air Bailtean na Machrach?
Bheil nàdar coma co-dhiù
's an Taghadh fuar-chridheach borb?

IV

Còrr is fichead millean,
barrachd, barrachd ioma h-uair
na bhàsaich ann an Gort na h-Èireann,
còrr is fichead millean.   30
Cò a thomhaiseas an cràdh,
an ciùrradh a shracas an cridhe
ged nach robh ann ach a h-aon,
aon leanabh air nach fhacas
blàth iongantach na h-òige,
am blàth a dh'fhaodadh mairsinn
ioma bliadhna gun sheargadh,
ròsan a' fosgladh gu làn-àilleachd.

V

Cridheachan màthar is athar
agus peathar is bràthar   40
riabte leis na tàirnean meirgeach,
le spealgan iarainn nan sligean
a thig gun sian às an adhar
a dh'innse mu chor an t-saoghail.

VI

Cò às a thug sibh a' choiseachd
'nur triùir chompanach an-iochdmhor,
a' ghort 's an laige 's an calar?
Cò às a thàinig sibh ler sgreamh,
cò às a thàinig sibh idir?
'N ann às an aineolas rag,   50
no às an leisg gun shuim,

from the small sin,
or from the great sin,
or from the indifferent selfishness
or from wickedness itself
or from the worst malice,
though mankind is so generous,
so merciful, kind and pleasant,
so careful of the state of its children?

VII

Africa is far away   60
but television is near
comfortable rooms
and near tables rich with food
and drink and gleaming silver
and every other privilege of the stomach,
of the eye and taste
and the desires of the body.

VIII

How will food be shared?
How will the desert be watered?
Is death from famine and cholera   70
unavoidable as it was
throughout every generation that has come,
throughout every generation that will come?

IX

Will every man and woman and daughter
and son and infant that will be spoilt
and killed with famine and cholera,
will all of them get the eternal Paradise of the spirit
throughout the lasting generations of infinity?
How good would the principal and interest be
as ransoms for what happened,   80
as ransoms needed by the thousands
and hundreds of millions of creatures
after the great distress of life.

às a' pheacadh bheag,
no às a' pheacadh mhòr,
no às an fhèinealachd choma,
no às an aingidheachd fhèin
no às a' ghamhlas as miosa,
is mac an duine cho còir,
cho iochdmhor coibhneil laghach,
cho cùramach mu chor a chloinne?

VII
Tha Afraga fada thall   60
ach tha 'n telebhis faisg
air rumannan comhartail
's air bùird beairteach le biadh
is deoch is airgead deàrrsach
's gach sochair eile th' aig an stamaig
's aig an t-sùil 's aig a' bhlas
agus aig miannan na colainn.

VIII
Ciamar a roinnear am biadh?
Ciamar a dh'uisgichear an fhàsach?
Bheil bàs na gorta 's a' chalair   70
do-sheachanta mar a bha
fad gach ginealaich a thàinig,
fad gach ginealaich a thig?

IX
Am faigh gach fear is bean is nighean
is mac is leanaban a mhillear
agus a mharbhar le gort is calar
Pàrras shìorraidh an spioraid
fad àlan buan na biothbhuantachd?
Bu mhath am prionnsapal 's an riadh
a bhiodh 'nan èirig air na thachair,   80
an èirig a dh'fheumadh na mìltean
's na ceudan millean de chreutairean
an dèidh anacothrom na beatha.

Escallonia

Willow and two pine trees,
broom and two birches
and two other pines
and Glàmaig behind them;
and the green escallonia
with its rich slippery leaves,
its thick healthy green foliage
and its mannerly red flowers;
the strong shrub from the faint land,
the land of drugs and murder,   10
of poverty and the great misery;
and the escallonia so beautiful,
so proud and so lasting,
as if it were happy and wealthy,
with no defect that man has,
as if it were inviolate.

     There is no care about death
     nor care about sickness
     nor care about misery
     in the silent escallonia,   20
     in the indifferent escallonia.

The escallonia is a kind of hedge,
a fence that will not hide
what is unspeakable in the land
from which it first came,
the great beautiful land
loathsome with the state of its people:
violence, murder and every injustice
that money has brought on the world.

An t-Ascalon

Seileach agus dà chraoibh ghiuthais,
bealaidh agus dà chraoibh bheithe
agus dà chraoibh ghiuthais eile
agus Glàmaig air an cùlaibh;
agus an t-ascalon uaine
le dhuilleagan sleamhainn saidhbhir,
a dhuilleach tiugh fallain uaine,
agus a bhlàthan modhail dearga,
am preas làidir on tìr anfhann,
on tìr thinn aingidh bhrònach,   10
tìr nan drogaichean 's a' mhuirt,
na bochdainn 's na truaighe mòire;
agus an t-ascalon cho bòidheach,
cho uaibhreach agus cho maireann,
mar gu robh e sona beairteach,
gun aon ghiamh a tha air duine,
mar gu robh e do-mhillte.

      Chan eil cùram mun bhàs
      no cùram mun tinneas
      no cùram mun truaighe   20
      air an ascalon shàmhach,
      air an ascalon choma.

Tha an t-ascalon 'na sheòrsa callaid,
'na fheansa nach cuir air falach
na tha do-labhairt san tìr
on tàinig e an toiseach,
an tìr mhòr bhòidheach
sgreataidh le cor a daoine:
ainneart, murt, 's gach ana-ceartas
a thug an t-airgead air an t-saoghal.   30

Spring 1937

On the long wide field
north-east of Portree,
up behind the village,
the big Home Farm shinty field,
the Portree School team:

Boys about sixteen and seventeen,
all well-made and full of vigour,
hardy and courageous,
from Skye, and Raasay, and one,
big, strong and gentle, from Lewis.   10

A day fifty years ago,
a calm sunny day,
without a thread of mist on the Cuillins
or on the skull of the Storr.

But today another mist
on the big Home Farm field,
mist of the days that have gone,
dim over the youth who have lost their youth,
and eight of the twelve dead.

They all lost their youth,   20
which was at first like another generation,
but before two years had ended
barbarous with the dangers of the war,
sickness, wounds and death,
which withered the flowers of the customary,
though the majority survived.

This year there is another band
quite as skilled in the School of Portree,
quite as hardy as the team
that stood on the Home Farm field,   30
before the fifty years surged
on that strong generation of the young.

An t-Earrach 1937

Air an raon fhada leathann
an ear-thuath air Port Rìgh,
shuas air cùl a' bhaile,
raon mòr iomain na Bòrlainn,
sgioba sgoilearan Phort Rìgh:

gillean mu shia-deug 's mu sheachd-deug,
iad uile dèante is sgairteil,
cruadalach agus tapaidh,
Sgitheanaich, Ratharsairich, agus fear dhiubh
Leòdhasach mòr socair laidir.   10

Latha o chionn leth-cheud bliadhna,
latha grianach ciùin,
gun snàithnean ceotha air a' Chuilithionn
no air claigeann an Stòir.

Ach an-diugh ceò eile
air raon mòr na Bòrlainn,
ceò nan lathaichean a dh'fhalbh
ciar thar na h-òigridh a chaill an òige
is ochdnar dhen dà-dheug marbh.

Chaill iad uile an òige   20
's i 'n toiseach mar linn eile,
ach an ceann dà bhliadhna
borb le cunnartan a' chogaidh,
le tinneas, leòintean agus bàs,
a shearg flùraichean na h-àbhaist
ged a thàrr a' mhòr-chuid às.

Am-bliadhna tha buidheann eile
a cheart cho gleusta 'n Sgoil Phort Rìgh,
a cheart cho calma ris an sgioba
a bha san t-strì air raon na Bòrlainn   30
mun do bhàrc an leth-cheud bliadhna
air an linn làidir ud de dh'òigridh.

Festubert 16/17.v.1915

Many a brave and strong young man
was undone on that field,
and many a man fell to earth
when we made a charge on Festubert.
                    Sgt Malcolm MacLean (4th Camerons)

Rattle of the little guns
and clangour of the big guns,
heavy doors being shut
with the blast and crash of tempest;
whizz and whine of the shells
about Festubert of the mud and bloodshed;

big heavy doors shutting
on many a brave strong young man.
Doors opening quietly
and shut as they were opened: 10
boy or girl, or two or three,
taken out of the schoolrooms,
having to go home
down by the Big Bridge,
to the middle of the town,
or south to Lots,
or north to Sluggans,
down to the Pier,
or down to Sligneach,
east to Stormyhill,   20
or over to Black Street:
to every house where sorrow was,
brothers or fathers dead:
thirteen on one day
in the little town of Portree,
thirteen men in Portree
and many another man
between Trotternish and Sleat,
between Duirinish and Strath,
between Bracadale and Raasay,   30

Festubert 16/17.v.1915

'S ioma gille tapaidh treun
a chaidh o fheum san achadh ud,
is 's ioma fear a thuit gu làr
nuair rinn sinn "charge" air Festubert.
Srt Calum MacGill-Eain (4mh Camshronaich)

Stararaich nan gunnachan beaga
is dairirich nan gunnachan mòra,
dorsan troma gan dùnadh
le sgailc is stàirnich na doininn;
sian is miolaran nan sligean
mu Fhestubert a' phuill 's na fala:

dorsan mòra troma dùnadh
air ioma òigear làidir treun.
Dorsan gam fosgladh gu sàmhach
agus gan dùnadh mar a dh'fhosgladh: 10
gille no nighean, no dithis no triùir,
gan toirt a-mach à rumannan sgoile
agus iad ri dhol dhachaigh,
sìos an Drochaid Mhòr,
gu meadhan a' bhaile,
no deas gu na h-Acraichean,
no tuath gu na Slugannan,
sìos chun a' Chidhe,
no sìos chun na Slignich,
an ear gu Cnoc na Gaoithe   20
no null an t-Sràid Dhubh.
Gu gach taigh san robh am bròn,
bràithrean no athraichean marbh:
trì-deug an aon latha
ann am baile beag Phort Rìgh,
trì fir dheug am Port Rìgh,
agus ioma fear eile
eadar Tròndairnis is Slèite,
eadar Diùrainis 's an Srath,
eadar Bràcadal is Ratharsair,   30

between Minginish and Rona,
between Uist, Harris and Inverness.
Doors opened and closed
quietly in many a house,
and the children going home
to weeping or to silence.

Clangour of the big guns,
blast of heavy doors being shut
about other towns in France
and throughout Europe,   40
and doors opening quietly
to dwellings of the broken heart.

A Waxing Moon above Sleat

Dunscaith a bare cairn of stones
and the Green Castle under ivy,
and the ghosts of feuding and death
haunting their weak dead ramparts;
the herbs and flowers of aspirations
about Sabhal Ostaig; and a light,
sunbeam of the Gael's hope,
about its old and new walls.
May good fortune and success
be with the great work of the Sabhal.

eadar Minginis is Rònaigh,
eadar Uibhist 's na Hearadh 's Inbhir Nis.
Dorsan gam fosgladh 's gan dùnadh
gu sàmhach ann an ioma taigh
agus a' chlann a' dol dhachaigh
gu còineadh no gu tosd.

Dairirich nan gunnachan mòra,
sgailc dhorsan troma a' dùnadh
mu bhailtean eile san Fhraing
agus feadh na Roinn-Eòrpa,   40
is dorsan gam fosgladh gu sàmhach
gu fàrdaichean a' bhristeadh-chridhe.

Gealach an Fhàis os Cionn Shlèite

Dùn Sgàthaich 'na chàrnaich luim
's an Caisteal Uaine fo eidheann,
is samhlaidhean na falachd 's a' bhàis
a' tathaich am mùr marbha laga;
luibhean is blàthan an rùin
mu Shabhal Ostaig; agus solas,
deò-grèine dòchas nan Gàidheal,
mu ballachan ùra 's seana.
Mo dhùrachd gu robh math is buaidh
air obair luachmhor an t-Sabhail.

8: The Cuillin (1989)

8: An Cuilithionn (1989)

The Cuillin (1989)

Christopher Grieve, MacDiarmid,
had I the remnant
scraped from the dregs of a small third part
of your sharp profound wild spirit,
I would put the awesome Cuillin
in phosphorescence in the firmament,
and I would make the Island shout
with a cry of fate in the skies.
And, glorious MacDonald,
if I had a third of your might,   10
I would keep our noble Cuillin
head on to the waves of Europe's battle.

PART I

The Sgurr Biorach the highest sgurr,
but Sgurr nan Gillean the best sgurr,
the blue-black gape-mouthed strong sgurr,
the tree-like slender horned sgurr,
the forbidding great dangerous sgurr,
the sgurr of Skye above the rest.
My place above every other place
to be on your high shoulder-blades
striving with your rocky great grey throat,   10
wrestling with hard peaked surging chest.
In the ascent from the corrie,
foot on shelf, finger on little edge,
chest to boulder, mouth to jutty,
on crank step head not dizzy,
tough arm strong unturning
till it grasps the skyline of your fifth peak,
where will break on the struggle's head
the great dim sea of gabbro waves,
knife-edge of high narrow ridges,
belt of the dark steel surge: 20
an ocean whose welter is tight in rocks,
its yawning mouths permanent in narrow chasms,
its spouting everlasting in each turret,

An Cuilithionn (1989)

A Chrìsdein MhicGrèidhir, MhicDhiarmaid,
nan robh agamsa an iarmad
a sgrìobadh o bhàrrlach trian bheag
t' aigne gheur dhomhainn fhiadhaich,
gun cuirinn-sa an Cuilithionn iargalt
'na theine-sionnachain san iarmailt
's gun toirinn às an Eilean èigheach
a dhèanadh iolach dàin sna speuran.
Agus, a Dhòmhnallaich ghlòrmhoir,
nan robh agam trian do threòir-sa,   10
chumainn ar Clàr-Sgìthe òirdheirc
ceann-caol ri tuinn àr na h-Eòrpa.

EARRANN I

An Sgurra Biorach sgùrr as àirde
ach Sgurra nan Gillean sgùrr as fheàrr dhiubh,
an sgurra gorm-dhubh craosach làidir,
an sgurra gallanach caol cràcach,
an sgùrr iargalta mòr gàbhaidh,
an sgurra Sgitheanach thar chàich dhiubh.
Gun tigeadh dhòmhsa thar gach àite
bhith air do shlinneanan àrda
a' strì ri do sgòrnan creagach sàr-ghlas,
mo ghleac rid uchd cruaidh sgorrach bàrcach.   10
Anns an dìreadh bhon choire,
cas air sgeilpe, meur air oireig,
uchd ri ulbhaig, beul ri sgorraig,
air ceum corrach ceann gun bhoile;
gaoirdean righinn treun gun tilleadh
gu ruig fàire do chòigeimh bidein
far am brist air ceann na spàirne
muir mhòr chiar nan tonn gàbro,
roinn nan dromannan caola àrda,
an crios-onfhaidh dorcha stàilinn: 20
cuan 's a luasgan teann an creagan,
a chraosan maireann an caol-eagan,
a spùtadh sìorraidh anns gach turraid,

its swelling eternal in each sgurr.
I see the noble island in its storm-showers
as Big Mary saw in her yearning,
and in the breaking of mist from the Garsven's head
creeping over desolate summits,
there rises before me the plight of my kindred,
the woeful history of the lovely island.   30

Loch of lochs in Coire Lagain
were it not for the springs of Coire Mhadaidh,
the spring above all other springs
in the green and white Fair Corrie.
Multitude of springs and fewness of young men
today, yesterday and last night keeping me awake:
the miserable loss of our country's people,
clearing of tenants, exile, exploitation,
and the great Island is seen with its winding shores,
a hoodie-crow squatting on each dun,   40
black soft squinting hoodie-crows,
who think themselves all eagles.

It was the Devil himself who built this rampart
to hide Rubha 'n Dunain:
chiefs and tacksmen plundering,
with the permission of divines shearing,
clearing tenants and planting brutes,
the other thanks to the Same One
that Loch Slapin is not seen,
where the enslavement took place,   50
where that cry rose
through Strath and through the world.
But Duirinish with its belts of rock,
where the disgust of the islands was checked,
where the Glendale men first kicked
to bring down big castles.

And my own land, the Braes of Clan Nicol,
where the old vigour was renewed,

a bhàrcadh biothbhuan anns gach sgurra.
Chì mi 'n sàr-eilean 'na shiantan
mar chunnaic Màiri Mhòr 'na h-iargain,
's an sgaoileadh ceò bho cheann na Gàrsbheinn
ag èaladh air creachainnean fàsa,
's ann dhiùchdas dhòmhsa càs mo chàirdean,
eachdraidh bhrònach an eilein àlainn.   30

Loch nan loch an Coire Lagain
mur b' e fuarain Coire Mhadaidh,
am fuaran os cionn gach fuarain
san Fhionnachoire gheal uaine.
Mòran fhuaran 's gainne fhiùran
an-diugh 's an-dè 's a-raoir gam dhùsgadh,
call dòrainneach luchd ar dùthcha,
togail tuatha, fògairt, spùilleadh.
'S chithear an t-Eilean mòr 'na lùban,
gurrach feannaig air gach dùn ann,   40
feannagan dubha boga claona:
ar leò gur iolaire gach aon dhiubh.

'S e 'n Diabhal fhèin a thog am mùr seo
a chur air falach Rubha 'n Dùnain:
cinn-chinnidh is fir-tac a' spùilleadh,
le cead dhiadhairean a' rùsgadh,
a' togail tuatha 's a' cur bhrùidean.
Am buidheachas eile dhan Aon Fhear
a chionn nach fhaicear Loch Shlaopain,
far an d' rinneadh an daorsa,   50
far na dh'èirich a' ghaoir ud
feadh an t-Sratha 's feadh an t-saoghail.
Ach Diùrainis nan criosan creige
far na chaisgeadh sgreamh nan eilean,
far an tug na Dalaich breaban
gu caistealan mòra leagail.

'S mo thìr fhìn, Bràighe Chloinn MhicNeacail,
far na dh'ùraich an treòir sheacte,

where one attack was made
that brought Scotland to a turn of wakening.   60

Some wished for luxuriant bracken
for the glens they had to leave;
if they did, heavy the prophecy
on the towers and houses highest today.

I see the Castle of Dunvegan
one sheet flame of bracken,
and the great house of Sleat
blossoming, towers and foundations.

I see townships that were in Brae Eynort
rivers with the pouring of bracken,   70
and I see the faint Twilight of the Gaels,
with its glimmer of bracken reaching heaven.

I was one day on Sgurr a' Ghreadaidh,
standing on the high notched knife-edge,
looking down on the Corrie of Solitude,
through the mist surging around me,
in a breaking of the drift
a glimmer of gold shone on the wings
of an eagle passing down below
beside the flanking walls;   80
and to me above the glory of all birds
the golden glimmer of the Skye bird.
I turned, and north and north-west
there was Minginish in her enchanted beauty,
and green Bracadale,
Duirinish and Trotternish beyond.
The beauty of the great Island rose before me;
it rose, but the bullet whizzed:
how will this love keep its hold
on the icy rock of the world?   90

In a big hall in London
there assembled the bourgeois of Clan Leod,

far an tugadh aon ionnsaigh
a thug Alba gu car dùsgaidh. 60

Dhùraich cuid fraineach fhàsmhor
dha na glinn a b' fheudar fhàgail;
ma dhùraich, gur trom an fhàisneachd
air na tùir 's na taighean as àirde.

Chì mi Caisteal Dhùn Bheagain
'na aon chaoir-lasair frainich,
agus an aitreabh mhòr Shlèiteach
fo bhàrr-gùc, tùir is stèidhean.

Chì mi bailtean bha 'm Bràigh Aoineart
fo thaomadh frainich 'nan aibhnean; 70
's chì mi Feasgar fann nan Gàidheal,
leus frainich bhuaithe ruigheachd nèimhe.

Latha dhomh air Sgùrr a' Ghreadaidh,
'na mo sheasamh air an roinn àird eagaich,
ag amharc sìos air Coire 'n Uaigneis
tro bhàrcadh a' cheò mun cuairt orm,
ann am bristeadh an t-siabain
dheàlraich aiteal òir air sgiathan
iolaire dol seachad shìos ann
ri taobh nam ballachan cliathaich; 80
is dhòmhsa thar glòir gach eunlaith
aiteal òir an eòin Sgitheanaich.
Thionndaidh mi, 's a tuath 's an iar-thuath
bha Minginis 'na bòidhche sheunta
agus Bràcadal uaine;
Diùrainis is Tròndairnis bhuaipe.
Dhiùchd dhomh bòidhche an t-sàr-Eilein,
dhiùchd ach thàinig sian a' pheileir:
ciamar a chumas an gaol seo
grèim air creig dheighe 'n t-saoghail? 90

Ann an talla mòr an Lunnainn
chruinnich bùirdeasaich Shìol Leòid,

big shots from England
arranging festivity and pomp.

And every hill and mountain-meadow shouted
from Sgurr Thuilm to Great Helval
in joy at the turn of events
from the days of the Big Ship.

Many a mountain shoulder and spring cried
from Bruach na Frithe to Ardmore,   100
and there came many a homesick spirit
from distant land and the great ocean.

A faint eerie voice was heard
on the breezes of the West:
'Ben Thota-Gormuil of the handsome men,
Ben Duagraich, my dear dear love!'

The bare cold bones rose
from the weltering of Kyle Vatersay;
their dryness and hardness
clanked laughter to that merriment.   110

The spirit of Neil the poet came,
lamenting the glen where he was young,
and Big Mary came
to tell of the deed of MacLeod.

And every other one who mourned
the speckled mountain and high bare summit
and the greedy injustice of the men of the castles
who put their backs to the shores.

Then came John, man of men,
from St Comgan's down in the Glen;   120
his mirth did not increase
listening to that gabbling.

urrachan mòra à Sasainn
a' cur fleadhachais air dòigh.

Agus ghlaodh gach cnoc is cluaineag
o Sgurra Thuilm gu Healghabhail Mhòir
an àbhachdas mar thachair nithean
o làithean an t-Saothaich Mhòir.

Dh'èigh ioma fireach agus fuaran
o Bhruaich na Frìthe gu Àird Mhòir;   100
thàinig ioma spiorad iargain
à fearann cian 's às a' chuan mhòr.

Chualas guth fann tiamhaidh
air osagan na h-àirde 'n iar:
"Beinn Thota-Gormail nam fear sgiamhach,
Beinn Dubhagraich, m' ionam 's mo chiall."

Dh'èirich na cnàmhan loma fuara
à luasgadh Caolas Bhatarsaigh:
gun d' rinn an tiormachd is an cruas
glag gàire ris an aiteas ud.   110

Thàinig spiorad Nèill, am bàrd,
a' caoidh a' ghlinne 'n robh e òg
agus thàinig Màiri Mhòr
thoirt iomraidh air gnìomh MhicLeòid.

Agus gach eile a bha caoidh
na beinne brice 's creachainn àird,
is eucoir shanntach luchd nan dùn
a chuir an cùl-san ris an tràigh.

Thàinig Iain, an siad,
a Cille Chòmhghain shìos sa Ghleann;   120
cha deachaidh aoibhneas-san am miad
ag èisteachd a' ghoileim a bha ann.

One evening and I on Sgurr na Banachdaich
ghosts rose in the late hours:
on every pinnacle of the Cuillin
the image of a spoiler was rocking.
A-straddle on Sgurr a' Ghreadaidh
there were three of the lords of Dunvegan,
and on the Tooth of the Bhaister
as many of the lords of Sleat.   130

South-west, on the head of the Garsven,
was seen Doctor Martin,
and MacAllister of the Aird was
in a notch on the top of Blaven.
Big Ewen was on Sgurr an Sgumain
looking down at Rubha 'n Dunain,
and a Cameron near him,
contemplating the Minginish they had shorn.
East, on the skyline of Sgurr nan Gillean,
there rose the likeness of Major Fraser,   140
and on their hunkers on the Bidean
were Ballingall and Mr Gibbon.
Alone on the thigh of the Bruach
were Corrie and Alasdair Ruadh;
Mackay and Rainy on Dun Can,
and they were no gentler shades.
And in every corrie below
every slick fawner of their band,
who earned the top of their great rewards,
every factor, lawyer and gent   150
who ate and licked around,
who dragged and plundered and drove.
From every corrie and peak
surged the same hymn in unison:
'With wealth and rank
there is always the devotion of the talented;
their desire will come and be given to them,
that is their desert and the eternal law.'
The hard cry of their slogan burst upon me:

Feasgar dhomh air Sgurra na Banachdaich
dh'èirich samhlaidhean san anmoch;
air gach baideal dhen Chuilithionn
bha riochd fear-spùillidh a' tulgadh.
Gòbhlach air Sgùrr a' Ghreadaidh
bha triùir de thriathan Dhùn Bheagain,
agus air Fiacail a' Bhàisteir
a liuthad de mhormhairean Shlèite.   130

An iaras, air ceann na Gàrsbheinn,
chunnacas an Dotair Màrtainn,
's bha MacAlasdair na h-Àirde
anns an eig air mullach Blàbheinn.
Bha Eòghainn Mòr air Sgùrr an Sgùmain
's e 'g amharc sìos air Rubha 'n Dùnain
agus Camhshronach dlùth ris,
a' coimhead Mhinginis a rùisg iad.
An ear, air fàire Sgurra nan Gillean,
dh'èirich fiamh a' Mhàidseir Friseal,   140
agus 'nan gurraich air a' Bhidean
bha Ballingall is Maighstir Gibbon;
leotha fhèin air Slios na Bruaich
bha Fear a' Choire 's Alasdair Ruadh;
MacÀidh is Rèanaidh air Dùn Cana,
's cha b' iadsan bu chaoine tannasg.
Agus anns gach coire fòdhpa
gach sodalach slìom dhen còmhlan,
a choisinn bàrr am mòr-dhuaisean,
gach bàillidh, fear-lagha 's uasal   150
a dh'ith 's a dh'imlich mun cuairt,
a shlaod 's a spùill agus a ruaig.
O gach coire agus sgurra
bhàrc an aon laoidh cuideachd:
'An ceann beairteis agus uaisle
gheibhear an-còmhnaidh ùidh nam buadhmhor;
thig is bheirear dhaibh an iarrtas –
siud an airidh 's an lagh sìorraidh.'
Bhrùchd orm gàir chruaidh an iolaich:

'Lazy inefficient peasants,   160
oppress them, clear them and sweep them,
break them, drive them and rout them.'

The ghost band began to dance,
and that was no auspicious exercise,
the coronach of the people leaving
mingled in the jingling din of the gentlemen.
Over width of sea and march
there answered the poor heart in its distress
and every poor room under the eyes of the sun
from which came the cry of their hardship and extremity,   170
like the cry throughout Strath
that Geikie heard and did not conceal.
And though another voice split the fog,
Lenin, Marx or Maclean,
Dimitrov or MacPherson,
Mao Tse-tung and his company,
the devilish revelry would drown
the voice of the wise and the cry of the tortured,
and the screeching noise would weary and oppress me
while the great Cuillin reeled dizzily.   180

On Sgurr Alasdair in the glitter
and silver loveliness of the moon,
that cry remained in my hearing,
it pierced the marrow of my strength;
and though our Ben Lee stood proudly
above every sgurr and brae of them,
and though I saw the rocks of Valtos
excelling the birds' career,
and though the Confluence of the Three Burns were
like the Volga full and slow,   190
the screeching of the Cuillin would follow
my ears with its anguish;
and though I heard one night in the hall
of the Portree that I know and love
the old hero, Donald MacCallum,

'Tuath na leisge 's na droch ghiullachd,
claoidh iad, tog iad agus sguab iad,
brist iad, iomain iad is ruaig iad.'

Thòisich na Tannasgan air dannsa,   160
's cha b' e siud an iomairt sheannsail,
corranach an t-sluaigh a' fàgail
an ceann gliongarsaich nan àrmann.
Thar farsaingeachd cuain agus àrainn,
fhreagair an cridhe bochd san àmhghar,
's gach seòmar truagh fo roisg na grèine
on tig gaoir an anacothroim 's an èiginn   170
mar a' ghaoir air feadh an t-Sratha
a chuala Geikie 's nach do cheil e.
'S ged sgoilteadh guth eile 'n ceathach,
Lenin, Marx no MacGill-Eain,
Dimitrov no MacMhuirich,
Mao Tse Tung is a chuideachd,
bhàthadh an caithream diabhlaidh
guth nan saoi is glaodh nam piantan,
's chlaoidhteadh mi le sgread na fuaime
's an Cuilithionn mòr a' dol 'na thuaineal.   180

Air Sgùrr Alasdair ri lainnir
is àilleachd airgid na gealaich,
lean an glaodh ud ri mo chlaistneachd,
dhrùidh e air smior mo neairt-sa;
's ged sheasadh ar Beinn Lì gu h-uaibhreach
thar gach sgurra agus bruaich dhiubh,
's ged a chithinn creagan Bhaltois
a' toirt bàrr air rèis na h-ealtainn,
's ged bhiodh Beul Àtha nan Trì Allt
mar a' Bholga làn is mall,   190
leanadh sgreuchail a' Chuilithinn
ri mo chluasan 'na duilighinn.
'S ged chuala mi oidhche 'n talla
Phort Rìgh mo ghaoil agus m' aithne
an seann siad, Dòmhnall MacCaluim,

that cry alone will last.
And until the whole Red Army comes
battle-marching across Europe,
that song of wretchedness will seep
into my heart and my senses.   200
The warriors of the poor mouldering,
rotting carcases in Spain,
and the hundreds of thousands in China,
a sacrifice of most distant effect;
the many Thaelmanns in Germany
and the great Maclean in Scotland,
MacPherson in St Comgan's
and the great Island languishing,
I here on rocks of sport,
and Scotland mouldering in sick slumber.   210

PART II

Rocky terrible Cuillin,
you are with me in spite of life's horror.
The first day I ascended your black wall
I thought the judgement was descending;
the first day I kissed your cheek
its likeness was the face of the Great Flood;
the first day I kissed your mouth
Hell opened its two jaws;
the first day I lay on your breast
I thought I saw the loading   10
of the heavy swift skies
for the destructive shaking of the earth.
Reaching the blade-back of Bruach na Frithe,
I came in sight of the savageness of the country:
a heavy black-red mantle of the clouds,
the storm winds in their mouths;
about the girdling summits of the awesome sgurrs
a dun opening in the firmament
under the low red-black dense pall
of brindled dark surly clouds,   20
congregation of the horrors of the elements,

356]

's e a' ghaoir ud a mhaireas.
'S gus an tig an t-Arm Dearg còmhla
le caismeachd tarsainn na Roinn-Eòrpa,
drùidhidh iorram na truaighe
air mo chridhe 's air mo bhuadhan.   200
Curaidhean nam bochd a' cnàmh
'nan closaichean lobhte anns an Spàinn,
's na ceudan mìle anns an t-Sìn,
ìobairt air am faide brìgh;
a liuthad Thaelmann anns a' Ghearmailt
's an Leathanach mòr an Albainn,
Mac a' Phearsain ann an Cille Chòmhghain,
's an t-Eilean mòr glè rongach;
mise 'n seo air creagan spòrsa,
is Alba lobhadh an suain bhreòite.   210

EARRANN II

A Chuilithinn chreagaich an uabhais,
tha thusa mar rium dh'aindeoin fuathais.
A' chiad la dhìrich mi do mhùr dubh
shaoil leam am Breitheanas bhith tùirling;
a' chiad la phòg mi do ghruaidh
b' e choimeas fiamh an Tuile Ruaidh;
a' chiad la phòg mi do bheul
dh'fhosgail Iutharn a dhà ghiall;
a' chiad là laigh mi air t' uchd-sa
ar leam gum faca mi an luchdadh   10
aig na speuran troma, falbhaidh
gu crith sgriosail na talmhainn.
'S mi ruigheachd rinn-dhruim Bruach na Frìthe
nochd mi allaidheachd na tìre:
brat trom, dubh-dhearg air na neòil,
doineannachd nan gaoth 'nam beòil.
Mu bhàrr cearcall nan sgùrr iargalt
fosgladh lachdann anns an iarmailt
fo bhrat ìosal, dearg-dhubh, dùmhail
nan sgòth riabhach, dorcha, mùgach,   20
coitheanal uabhais nan dùilean,

gathering of the storms for exercise;
hurricane clangour of every blast
about the grim savage pinnacles;
shaking and quivering of the yelling blast
about the battlements of every grey bare-swept summit.
The sides and thighs of the Cuillin
stripped naked for the giant wrestling
with no flesh on them but the scree
thrown headlong in cairns   30
from hip and knees
down to the depth of the gloomy abysses.
Compared with the giant Son of Cuillin,
neither Goll nor Fionn nor monster
devised by man's imagination
was more than a louse on a beetle's back
compared with Cuchulain in his war gear.
What likeness knee or calf,
chest, thigh or mortal shoulder
to the ramparts of grim precipices   40
black with ice or with cold wet ooze,
to the heaving chest of the high mountain bluffs
surging in proud crags
like the mother-breasts of the world
erect with the universe's concupiscence.
I saw the horn of Sgurr Dearg
rising in furious challenge
in the haste of the skies;
and throwing the stars in spindrift
the trinity of the Sguman risen.   50

On Sgurr Dubh of the Two Hills
a voice came to my ear singing,
Patrick Mor and his music mourning
all the children of mankind;
and an evening on the Garsven
there was another music that came,
Maol Donn and its theme of love-fullness
breaking the hearts of lovely tunes.

cruinneachadh nan sian gu lùth-chleas.
Srannaich ghailleannach gach sgala
mu na biodan gruamach, allaidh,
crathadh is crith na h-osaig-èighich
mu bhaidealan gach creachainn lèithe,
sliosan is slèistean a' Chuilithinn
lom, nochdte ri gleac an fhuirbidh,
gun de dh'fheòil orra ach an sgàirneach
a thilgeadh comhair a cinn 'na càrnaich   30
bho do chruachann 's bho do ghlùinean
sìos gu grunnd nan glomhar ùdlaidh.
Ris an fhaobairne, Mac Cuilithinn,
cha robh Goll no Fionn no uilebheist
a dheachdadh le mac-meanmna daonda
ach mar mhial air druim na daolaig
ri Cù Chulainn 'na arm-aodach.
Dè an coimeas glùn no calpa,
uchd, sliasaid no guala thalmhaidh
ri ballachan nan stalla gruamach   40
dubh le deigh no snighe fuaraidh,
ri uchdaich nam fireach àrda
'nan creagan uamharra bàrcadh
mar chìochan-màthar an t-saoghail
stòite 's an cruinne-cè ri gaoladh.
Chunnaic mi Adharc an Sgùrr Dheirg
ag èirigh ann an dùbhlan feirg
anns an deifir bh' air na speuran,
's 'nan cathadh a thilgeil nan reultan
trianaid an Sgùmain air èirigh.   50

Air Sgùrr Dubh an Dà Bheinn
thàinig guth gum chluais a' seinn,
Pàdraig Mòr 's a cheòl a' caoineadh
uile chlann a' chinne-daonna.
Agus feasgar air a' Ghàrsbheinn
bha ceòl eile ann a thàinig,
Maol Donn agus ùrlar sàth-ghaoil
a' bristeadh cridhe nam fonn àlainn.

In the white lying down of the sun
the west gave to my sight   60
the gleam of seas behind Barra
going round the islands of our blood;
and the great Island in its storm-showers
as seen by the homesick eye
that looked upon America while it desired
Grula, Brunnal and the two Hills of Scarral
that surged in the pulsations of the blood;
Duirinish of the high headlands,
Minginish of the abundant breast,
soft Bracadale of the lovely pap hollows   70
washed by the hidden kiss of the sea;
and the great Aird of Strath Swordale,
the long smooth thigh of the cold mountains
on which heather and grass lie high in jewels
like the clustered gold-lit hair of my beloved.
Rising from the bog-myrtle of Rubha 'n Dunain
in sharp fragrant wafts
the love and grief of the peasants of the land
scattered for exploiters' wealth;
on the green hill-slopes   80
the mists of history wound,
the heart, blood and flesh of my people
in a nightmare on the fields:
Minginish gathering into a fold
Waternish and Sleat,
Trotternish, Raasay and Rona,
Duirinish, the Strath and Soay
in the soft smirr of rain.
And heavy on the slumber of the moorland
the hardship and poverty of the thousands   90
of crofters and the lowly of the lands,
my kin and my own people.
And though their fate did not make
the sore world cry of Spain,
and through their dispensation did not make
a mantle of blood on the face of the firmament,

Ann an laighe geal na grèine
bha an àird an iar a' toirt dom lèirsinn   60
lainnir a' chuain air cùl Bharraigh
's e 'g iathadh eileanan ar fala;
agus an t-Eilean mòr 'na shiantan
mar chunnacas le sùil na h-iargain
a nochd Ameireaga 's i 'g iarraidh
Grùla, Brunnal, Dà Chnoc Sgarrail,
a bhàrc am plosgartaich na fala;
Diùrainis nan rubhachan àrda,
Minginis a' bhroillich lànmhoir,
Bràcadal bhog nan cìoch-lag àlainn   70
gan nighe le falach-phòig an t-sàile;
agus Àird mhòr Shrath Shuardail,
sliasaid fhada rèidh nam fuar-bheann,
fraoch is feur 'nan leugan shuas oirr'
mar chiabhan òr-laist' ceann mo luaidhe.
'S ag èirigh bho roid Rubha 'n Dùnain
anns na tlàman geura cùbhraidh
gaol is bròn tuath na dùthcha
a sgapadh le beairteas an spùillidh.
Air na leathadan uaine   80
ceò na h-eachdraidh ga shuaineadh,
cridhe, fuil is feòil mo dhaoine
'nan trom-laighe air na raointean;
Minginis a' cròdhadh le chèile
Bhatairnis agus Slèite,
Tròndairnis, Ratharsair is Rònaigh,
Diùrainis, an Srath is Sòdhaigh
anns a' mhèath-chiùran còmhla.
Agus trom air suain na frìthe
cruaidh-chàs is bochdainn nam mìltean   90
de thuath 's de mhith-shluagh na tìre,
mo chàirdean is mo chuideachd fhìn iad.
Agus ged nach d' rinn an càs-san
gaoir ghoirt saoghail na Spàinne,
agus ged nach d' rinn an dìol-san
brat fala air aodann na h-iarmailt,

as Marlowe saw the blood of Christ
and Leonhardt the blood of Liebknecht,
and though no news came
of their destruction's night   100
to reach the world agony of grief,
the fall of the Asturians in their glory,
their lot was the lot of all poor people,
hardship, want and injury,
ever since the humble of every land
were deceived by ruling-class, State and Civil Law,
and by every prostitute
who sold their souls for that price
that the bitches of the world have earned
since the great people of wealth have triumphed.   110

Another day upon the mountains
and the Asturians risen again;
O God, that I would see the steel of their challenge
descending on the masses of the Cuillin!
O best men on the board of the earth,
though your dispensation is death-chill,
you brought shame to the cheeks
who felt the majesty of your hardihood
and suffered to hear of your extremity
under violence, deceit and lies.   120
O that black Sgurr nan Gillean
and every other sgurr and pinnacle would rise
as memorial cairns of your hardship
and your great awesome valour.

Another day this upon the mountains
and the men of Skye not yet risen;
another day this upon the moors
and the Great Island losing its people;
another day this dappling the skies
that will give no satisfaction to their yearning;   130
another day this breaking the horizon
that will see neither their joy nor laughter;

mar chunnaic Marlowe fuil Chrìosda
agus Leonhardt fuil Liebknecht,
agus ged nach d' fhuaradh fios
air oidhche challa an sgrios   100
a ràinig gal saoghail a' bhròin,
tuiteam nan Asturaidheach 'nan glòir,
b' e 'n càs-san càs nan uile bhochd,
an cruaidh-chàs, a' ghainne is an lochd
on mhealladh ìochdarain gach tìre
le uachdarain, le stàit 's lagh sìobhalt
agus leis gach ioma strìopach
a reic an anam air a' phrìs ud
a fhuair gallachan an t-saoghail
on bhuadhaich urrachan na maoine.   110

Seo latha eile air na slèibhtean
's na h-Asturaidhich a-rithist air èirigh.
A Dhia, nach fhaicinn cruas an dùbhlain
air mill a' Chuilithinn a' tùirling!
O fheara 's fheàrr air clàr an t-saoghail,
ged a tha ur dìol-se aognaidh,
thug sibh nàire do na gruaidhean
a dh'fhairich mòralachd ur cruadail
's a dh'fhuiling cluinntinn mur deuchainn
fo fhòirneart, cealgaireachd is breugan.   120
Nach èireadh Sgurra dubh nan Gillean
's gach sgùrr eile agus binnean
mar chùirn-chuimhne air bhur cruadal
agus air gaisge mhòir an uabhais!

Seo latha eile air na slèibhtean
's na Sgitheanaich fhathast gun èirigh;
seo latha eile air na raointean
's an t-Eilean Mòr a' call a dhaoine;
seo latha eile breacadh iarmailt
nach toir sàsachadh don iargain;   130
seo latha eile bristeadh fàire
nach fhaic an aoibhneas no an gàire;

another day this before my eyes
that will give no respite to the desires
that follow every year
as it creeps to its gloaming.
We do not have our people
since the men of Braes have failed,
and there has been no MacCrimmon nor MacPherson
with us this year or last year;   140
and if I reach tomorrow
my portion will be part of the shame.

Another day this upon the mountains
and great Scotland under the doom of beasts:
her thousands of poor exploited,
beguiled to a laughing-stock,
flattered, doctored and anointed
by the nobles and godly bourgeois
who make a bourgeois of Christ.

Another day this upon the mountains   150
and our choice Scotland a porridge of filth;
England and France together
smothered in the same dung-heap;
great Germany a delirium of falsehood
and Spain a graveyard where valour lies;
and the rulers of Poland
a laughing-stock of Europe.

There is a will-of-the-wisp on the moss
and its portent is not solace
but slaughter, famine, murder and grief,   160
heartbreak and the death of hope.

O morass of Mararabhlainn,
it is you who inherited the ghosts,
for you heard the pain and weeping
when Coire na Creiche was a field of carnage,
and you heard the lamentation
as Minginish was losing its people.

seo latha eile ri mo shùilean
nach toir faochadh do na rùintean
a tha leantainn gach bliadhna
's i a' snàgadh gu a ciaradh.
Chan eil againne ar daoine
agus fir a' Bhràighe air aomadh,
's cha robh MacCruimein no MacMhuirich   140
ann am-bliadhna no an-uiridh;
agus ma ruigeas mi a-màireach
bidh mo chuibhreann anns an tàmailt.

Seo latha eile air na slèibhtean
is Alba mhòr fo bhinn bhèistean,
a mìltean bhochdan air an spùilleadh,
air am mealladh 'nan cùis-bhùrta,
air am breugadh, air an ungadh
aig maithean is bùirdeasaich dhiadhaidh
tha deanamh bùirdeasach de Chrìosda.

Seo latha eile air na slèibhtean   150
is Alba gheal 'na brochan brèine,
Sasainn agus an Fhraing còmhla
air am mùchadh san aon òtraich,
a' Ghearmailt mhòr 'na boile brèige,
's an Spàinn 'na cladh an laigh an treuntas,
agus uachdarain nam Pòlach
'nan culaidh-mhagaidh na Roinn-Eòrpa.

Tha solas-biorach air a' mhòintich
's chan eil 'na mhanadh an sòlas
ach casgairt, gort is murt is dòlas,   160
bristeadh-cridhe 's bàs an dòchais.

Och, a mhòinteach Mararabhlainn,
's ann dhutsa bu dual na taibhsean,
oir chuala tusa an cràdhghal
is Coire na Creiche 'na àraich
agus chuala tu an caoineadh
is Minginis a' call a daoine.

PART III

The morasses have spread,
encircling the mountains of the world,
until they swallow Europe,
America and Asia together.
The red scum will grow and surge,
drowning in a great flood of filth
all that is generous, kind and straight,
shaking bog of every land.
The quagmire is deep and rich,
swallowing the land of the unfortunate,   10
mantle of fat, black and ugly,
smothering thousands of poor wretches:
many a peak and many meadows
have gone down in that ocean:
the Cuillin and Braes have been drowned
and almost God in the heavens.
Minginish was already drowned
and Bracadale as well –
och, blood-bespattered morasses,
who at all will stop your floods?   20
Who will give respite to the agony
unless the Red Army comes in this extremity?

Many a rose and beautiful lily
grows on the surface of the moss,
beautiful in hue and garb
though they have grown on the dung-heap;
but the filth will penetrate the soul,
belying the flush of the blood.

Many a sappy luxuriant tree
grows in the alien bog,   30
many a lovely strong-winged bird
has perched on it before drowning,
but when it sprouts to seed
flowers, birds and trees are swallowed.

EARRANN III

Tha na boglaichean air sgaoileadh,
a' cuairteachadh beanntan an t-saoghail,
gus an sluig iad an Roinn-Eòrpa,
Ameireaga 's an Àisia còmhla.
Fàsaidh is bàrcaidh an ruaimleach
's i bàthadh ann an tuil mòr brèine
na tha fialaidh, còir is dìreach,
critheanaich gach uile thìre.
Tha 'n t-sùil-chruthaich domhainn saidhbhir,
a' slugadh fearann nan neo-aoibhneach,   10
brat na saille, dubh is duainidh,
a' mùchadh nam mìltean thruaghan:
's ioma sgurra 's mòran chluaintean
a chaidh fodha anns a' chuan ud:
bhàthadh an Cuilithionn 's am Bràighe,
's cha mhòr Dia anns na nèamhan.
Bhàthadh Minginis roimhe
agus Bràcadal cuideachd;
och, a bhoglaichean fuilteach,
cò idir a stadas ur tuiltean?   20
Cò bheir faochadh dhan àmhghar
mur tig an t-Arm Dearg sa chàs seo?

Tha ioma ròs is lili bhòidheach
a' cinntinn air uachdar na mòintich,
bòidheach ann an dath 's an còmhdach
ged a dh'fhàs iad air an òtraich,
ach thig a' bhrèine anns an anam
a' mealladh rudhadh na fala.

Tha ioma craobh dhosrach snodhaich
a' fàs anns a' bhoglaich choimhich   30
is ioma eun treun-sgiathach àlainn
a sheas oirre mus deach a bhàthadh;
ach an uair a thig an laomadh,
sluigear flùr is eun is craobhan.

O greedy morasses,
you swallowed the great French Revolution,
you swallowed Germany and Italy,
long ago you swallowed Scotland and Britain,
you swallowed America and India,
Africa and the great plain of China,   40
and, great One, that is the anguish,
that you swallowed the heroism of Spain.

Here's to you, greedy morasses,
you are conceited, cruel, commanding;
well you may, you have the right
to the service of brain without the heart:
you got the 'black labour' of the wise
for many a day in spite of regret.

Children of the authoritative bourgeois,
dance in the evil morass,   50
come to sport on its banks,
you yourselves will not be long on top.
Make a trip to St Comgan's
to dance on that hero's grave,
and take a turn to Glasgow,
where MacLean's grave is green.
Dance heartily and joyfully
before you yourselves are drowned in the rivers.
The bitter quagmire is very great
and there is a threat on the Red Peak.   60

Have you heard the ugly story
that the Stallion has been gelded?
Many a bourgeois and bailiff
was keeping him down in the moss.
His stones and brains were severed:
the animal was badly damaged;
they made a bleating of his neighing,
he was left on the midden.
Our famous horse has been taken from us.
The morasses will drown all there is.   70

Och, a bhoglaichean sanntach,
shluig sibh an t-Ar-a-mach mòr Frangach,
shluig sibh a' Ghearmailt is an Eadailt,
is fhad' on shluig Alba 's Breatainn;
shluig sibh Ameireaga 's na h-Innsean,
an Aifric is magh mòr na Sìne,   40
's a Thì mhòir, b' e siud an t-àmhghar,
gun d' shluig sibh gaisge na Spàinne.

Siud oirbh, a bhoglaichean sanntach,
tha sibh moiteil, garg, ceannsail;
sibh a dh'fhaodas, tha sibh dligheach
air seirbheis eanchainne gun chridhe:
fhuair sibh dubh-chosnadh nan saoidhean
ioma latha dh'aindeoin caoidhe.

A chlanna nan uachdaran ceannsail,
dannsaibh anns a' bhoglaich aingidh,   50
thigibh gu spòrsa air na bruachan,
chan fhada bhios sibh fhèin an uachdar.
Thoiribh sgrìob a Chille Chòmhghain
a dhannsa air uaigh an t-seòid ud,
agus dèanaibh turas Ghlaschu
is uaigh MhicGill-Eain ann a' glasadh.
Dèanaibh dannsa chridheil aoibhneach
mus bàthar sibh fhèin sna h-aibhnean:
mòr an t-sùil-chruthaich shearbh
's tha maoidheadh air an Sgurra Dhearg.   60

An cuala sibh an sgeul grànda
gun do spothadh an t-Àigeach?
Bha ioma bùirdeasach is bàillidh
ga chumail fodha anns a' chàthar.
Sgaradh a chlachan agus eanchainn:
rinneadh droch dhìol air an ainmhidh;
rinn iad mèilich dhe shitrich,
dh'fhàgadh e air an t-sitig.
Thugadh bhuainn ar n-each iomraidh,
bàthaidh na boglaichean an t-iomlan.   70

Have the Dale men been told
of the fate of the powerful renowned horse?
Has there been told in Braes
the fate of the mettlesome strong horse?
It has been heard in Russia and in India,
in France and by the millions of China;
but the news has not reached Scotland,
for she is deaf and blindfolded,
and even if it is told in England,
the clowns will not understand its meaning.   80

The Skyemen are all tortured
by what happened to that animal,
the men of Scotland are all frail and sick
in spite of their ignorance of the story:
the Skyemen are all bruised
with what they understand of that case;
do you think there is anyone in Glasgow
who will understand and interpret the disgrace?

I went up one Sunday morning
to the summits of the misty pinnacles,   90
I saw the bourgeois in battle-order,
MacDonalds without victory, and MacLeods.

Going up the spur of Coir' Each,
I knew your mood and your aspect;
though my country was a desert,
that hour was no reparation.

Have you heard the filthy tale
of what was done to the Glendale Stallion?
That's little of their base deeds,
work of landlords and their coward slaves.   100

I am pained for the victor horse
that would lift his high head over the seas,
that would challenge with his neighing
the mountainous surge of the western ocean rising.

An deach innse dha na Dalaich
mar thachair dhan each lùthmhor allail?
An deach innse anns a' Bhràighe
dìol an ainmhidh mheanmnaich làidir?
Chualas anns an Ruis 's na h-Innsean,
san Fhraing 's le milleanan na Sìne,
ach cha d' ràinig am fios Alba,
oir tha i bodhar is fo dhalla-bhrat,
is ged a dh'innsear e an Sasainn,
cha thuig na h-ùmpaidhean fhathann.   80

Tha na Sgitheanaich uile ciùrrte
leis na thachair dhan bhrùid ud,
tha fir na h-Albann uile breòite
a dh'aindeoin aineolas an sgeòil ud:
tha na Sgitheanaich uile brùite
leis na thuigeas iad dhen chùis ud;
saoil sibh a bheil fear an Glaschu
a thuigeas 's a mhìnicheas am masladh?

Dhìrich mi moch madainn Dòmhnaich
gu mullaichean nam baideal ceòthar,   90
chunnaic mi na Bùirdeasaich an òrdugh,
Dòmhnallaich gun bhuaidh, is Leòdaich.

Dìreadh a-mach glùn Choir' Each,
dh'aithnich mi bhur sùrd 's bhur dreach:
ged bha mo dhùthaich 'na fàsaich,
cha b' èirig air a' chùis an tràth ud.

An cuala sibh an sgeul salach
mar rinneadh air an Àigeach Dhalach?
Beag siud dhen gnìomharan trùillich,
obair uachdaran 's am fùidsean.   100

Tha mi cràiteach mun each bhuadhar
a thogadh a cheann àrd thar chuantan,
a bheireadh an dùbhlan le shèitrich
do ghailebheinn a' Chuain Shiair ag èirigh.

371]

Once I heard with strong feeling
of the dancing of bristles on his head,
when there was raised in the island a banner
dappled with wounds and with the scarlet of anger.

Think, if I had been in his saddle
when the clangour of the year had come, 110
would I have caught up with MacDiarmid,
though hard his tempest across the skies?
Would I have caught up with MacDonald
for all the lightning-fire of his glory?
But I did not see the greatness
and I must stay where it suffices,
a Skyeman by the side of the great Mary.
But I will not tell her strong spirit
that no turning has come on that ebb-tide;
I will avoid her brave forehead, 120
as my tale is of the ethos of our island ebbed.

From the summits of the antlered Cuillin
have been seen many lovely images,
some walking the high mountains,
others, who descended, drowned:
even in the ugly morass
were seen the reflections of beauty:
heroism, wisdom, honour,
youth, music and laughter
and the generosity of the heart, 130
strength and unrivalled high spirits.
Every flower that grows has been seen,
even the tortured wounded side;
but in one there has never been seen
the judgement of Lenin and the red side of Christ.
The two may not be seen together
for all the expanse of the morass;
they are not to be seen in one place
except on the bare tops of the high mountains.

Bha uair a chuala mi le annsachd
mu dhannsa fhrioghan air a cheann-san,
nuair thogadh anns an Eilean meirghe
breac le lot is sgàrlaid feirge.

Saoil nan robh mi fhìn 'na dhìollaid
nuair thàinig faramachd na bliadhna,
an robh mi air beireachd air MacDhiarmaid
ge cruaidh a dhoineannachd thar iarmailt?
An robh mi air beireachd air MacDhòmhnaill,
a dh'aindeoin beithir-theine a ghlòir-san?
Ach chan fhaca mi a' mhòrachd,
's feumar stad far am fòghain,
Sgitheanach ri taobh Màiri Mòire.
Ach chan inns mi dha spiorad làidir
nach tàinig tilleadh air an tràigh ud;
seachnaidh mi clàr treun a h-aodainn
's mo sgeul air buaidh ar n-Eilein traoighte.

O mhullaichean a' Chuilithinn chràcaich
chunnacas ioma ìomhaigh àlainn,
cuid a' cnocaireachd nan àrd-bheann,
cuid eile, theirinn, air am bàthadh:
eadhon anns a' bhoglaich ghrànda
chunnacas faileasan na h-àille:
chunnacas gaisge, gliocas, nàire,
chunnacas òige, ceòl is gàire,
agus fialaidheachd a' chridhe,
treuntas is aighear do-ruighinn.
Chunnacas gach flùr a dh'fhàsas,
eadhon an taobh gonte cràiteach;
ach ann an aon chan fhacas riamh ann
tuigse Lenin is taobh dearg Chrìosda;
chan fhaicear an dithis còmhla
a dh'aindeoin farsaingeachd na mòintich;
chan fhaicear ann an aon àit' iad
ach air mullach lom nan àrd-bheann.

My chill heart was anguished   140
when I thought that it was your face
that I saw in that foolish bog.
My dear, my delight and my white love,
surely you did not think that side worthy.
My heart filled with bursting flames
to see you on the generous mountain.

Many a drowning of beautiful things
that morass has done in its dung-heap;
but it did not drown my white love:
one sign that it will reach its failure.   150

That day will grow dim on the morass
though it is swelling and loathsome,
night will grow black on its banks,
its scum will fall and recede,
its surging flood-tide will ebb;
another look will come on its bounds,
drowning and anguish will be abated,
and day will rise on the Cuillin.

PART IV
Far and steep from the mountain height
down to the bottom of the wide-mouthed gluttonous morass,
but the higher the ascent goes,
the deeper one sees
through the scum, through the moss,
through the core of the drowning bog.
But why is there hope
that a change will come on the morass,
that its power and triumph will leave it,
that its movement will ebb utterly?   10
Isn't great proud Scotland
already submerged in the mire,
are not Spain and Italy,
France, Germany and Britain?
Has it not drowned all,

Bha deuchainn 'na mo spiorad aognaidh   140
nuair a smaoinich mi gum b' e t' aodann
a chunnaic mi sa mhòintich bhaoith ud.
A luaidh, m' annsachd is mo ghaol geal,
tha fhios nach diù leatsa 'n taobh ud.
Lìon mo chridhe 'na lasair caoire
ri t' fhaicinn air a' mhullach fhaoilidh.

'S ioma bàthadh de nì boidheach
a rinn a' bhoglach 'na h-òtraich;
ach cha do bhàth i mo ghràdh geal:
aon chomharradh gu ruig i fàillinn.   150

Ciaraidh an latha air a' mhòintich
ged a tha i oillteil bòrcach,
dubhaidh an oidhche air a bruachan,
tuitidh is traoghaidh a ruaimle,
tràghaidh a muir-làn mòr bàrcach;
thig coltas eile air an àrainn,
leasaichear bho bhàthadh 's duilighinn
is èiridh latha air a' Chuilithionn.

EARRANN IV
'S fhada 's cas o àird an aonaich
sìos gu grunnd na boglaich craosaich,
ach mar as àirde thèid an dìreadh
's ann as doimhne a chì neach
tro an ruaimle, tro a' chàthar,
tro chridhe boglaich a' bhàthaidh.
Ach carson a ghabhar dòchas
gun tig caochladh air a' mhòintich,
gun fàg a treòir is a buaidh i,
gun tràig is gun traoigh a luasgan?   10
Nach eil Alba mhòr an àrdain
cheana fodha anns a' chlàbar,
nach eil an Spàinn is an Eadailt,
an Fhraing, a' Ghearmailt agus Breatainn?
Nach do bhàth i na h-uile

good or bad, in the floods?
Has it not had the same victory over the world,
overflowing on all sides,
has it not made a Dachau of the world,
has it not spoilt courage and white love? 20

There has been seen on the streets of Glasgow
and on the streets of Edinburgh,
and on the streets of London,
the rotten wrack of filth:
poverty, hunger, prostitution,
fever, consumption and every disease:
they all grew on its side.
It went to seed with sores.

I have a foot in the morass
and a foot on the Cuillin, 30
my mind seized in the dung-heap
and my eye following the multi-swiftness.

There is little hope that I will ever ascend
to the high hunting-ground of the moorland,
and little hope that I will be found on the mountains
where the stars are dwelling.

I shall make no struggle nor lonely wrestling
ever with that morass;
nor shall I escape from its fearsome quagmire
with what is in me of great effort. 40

Too much of the morass in my spirit,
too much of the bog in my heart,
too much of the scum in my talents:
my courage has taken the grey hue.

I may not reach the summit of the Bidean,
not at all to mention Blaven,
I may not be seen on Sgurr nan Gillean,
nor on the rock faces of danger.

olc air mhath anns na tuiltean?
Nach tug i 'n aon bhuaidh air an t-saoghal,
a' cur thairis air uile thaobhan,
nach d' rinn i Dachau dhen t-saoghal,
nach do mhill i gaisge 's gaol geal?   20

Chunnacas air sràidean Ghlaschu
agus air sràidean Dhùn Èideann,
agus air sràidean Lunnainn,
tiùrr lobhte na brèine:
a' bhochdainn, an t-acras, an t-siùrsachd,
an fhiabhrais, a' chaitheamh 's gach èislean,
dh'fhàs iad uile air a taobh-se:
rinn i laomadh le creuchdan.

Cas agam anns a' bhoglaich
agus cas air a' Chuilithionn,   30
m' inntinn an sàs anns an òtraich,
's mo shùil air tòrachd an iomaluais.

'S gann gun dìrich mi chaoidh
dh'ionnsaigh frìth àird a' mhunaidh,
's gann gu faighear mi air slèibhtean
air am bi reultan a' fuireach.

Cha dèan mi gleac no carachd ònrachd
ris a' mhòintich ud gu bràth;
cha thàrr mi às a crithich uabhais
leis na tha annam de spàirn.   40

Cus dhen bhoglaich 'na mo spiorad,
cus dhen mhòintich 'na mo chridhe,
cus dhen ruaimle 'na mo bhuadhan:
ghabh mo mhisneachd an tuar glas.

Cha ruig mi mullach a' Bhidein
gun tighinn idir air Blàbheinn,
chan fhaicear mi air Sgurra nan Gillean,
no air stallachan a' ghàbhaidh.

377]

The night of the morass is on my eyes
and has seeped into my vision,   50
I have no hope of a new bloom
nor of a new brightness of the sun.

Distant, sore and distant
the day that has not come,
long the night on the Cuillin
that rocks in its anguish:
long the night on the mountains
that shriek with a hard cry,
long the greying of evening
on the longed for mountains that I love.   60

PART V
I heard that a breaking was seen
and a startling on the horizon,
that there was seen a fresh red rose
over a bruised maimed world;
I heard about the River Clyde
being of the hue of scarlet;
I heard about Maclean
making an undying knot
on every heart and brain
with spirit over agony.   10

A great portent and a monster was seen,
the Stallion neighing on the Cuillin,
rising of the bubbling crags
that the spirit made to rock.
The choice of the big craggy horses
was bounding on Sgurr a' Ghreadaidh,
the great wild Eist leaped
across the utmost bound of the land;
he put his foot on Sgurr nan Gillean
while he was prancing on the Bidean,   20
he jumped with might and pride
from Sgurr na h-Uamha to Blaven
and from Blaven he took a long stride

Tha oidhche na mòintich air mo shùilean
's i air drùdhadh air mo lèirsinn;   50
chan eil mo dhòchas ri ùr-dhreach
no ri ùr-ghile grèine.

'S fhada, goirt fada,
's fhada 'n latha nach tàinig,
's fhada 'n oidhch' air a' Chuilithionn
's e ri tulgadh an àmhghar;
's fhada 'n oidhch' air na slèibhtean
's iad ri èigheachd cruaidh-ghàireach,
's fhada 'm feasgar air ciaradh
air beinn iargain mo ghràidh-sa.   60

EARRANN V
Chuala mi gum facas bristeadh
agus clisgeadh air an fhàire,
gum facas ròs dearg ùrail
thar saoghal brùite màbte;
chuala mi mu Abhainn Chluaidh
a bhith air tuar na càrnaid;
chuala mi mu MhacGill-Eain
bhith deanamh ceangal neo-bhàsmhor
air gach cridhe agus eanchainn
le meanmnachd thar cràdhlot.   10

Chunnacas manadh mòr is uilebheist,
an t-Àigeach a' sitrich air a' Chuilithionn,
èirigh nan creagan a bha builgeadh,
air an tug an spiorad tulgadh.
Bha roghainn nan each mòra creagach
a' bocail air Sgùrr a' Ghreadaidh,
leum an Eist mhòr fhiadhaich
tarsainn iomallan nan crìochan;
chuir e chas air Sgurra nan Gillean
's e prannsail air bàrr a' Bhidein,   20
leum e le lùths an àrdain
o Sgurra na h-Uamha gu Blàbheinn
agus o Bhlàbheinn thug e gàmag

to the horned top of the Garsven;
he made one bound off Sgurr an Fheadain,
leaving the wild lonely cliff,
until he reached the moss,
which he stamped into one rutting bog.
Here's to you, mighty Stallion,
you will pound and smash the pimps' bourgeoisie,   30
you will career across the morass;
you are no longer on the dung-heap;
you are no more a poor gelding;
the swamps have lost their wiles.

    Great horse of the sea,
    my love your gloom;
    spirited horse
    of the hard old head;
    beautiful grey horse
    of the brindled sides,
    great wild Eist,   40
    you were always our love.

    Skye Stallion,
    you are before me,
    my jealous choice
    and my yearned-for hope;
    steed of the oceans,
    how you have stirred me,
    and how restless my heart is
    with the unrest of your eyes!   50

    Great loved horse
    of the mantling mane,
    you heard the respite
    of the angry Caogach;
    great horse of the waves,
    mount of heroes,
    you heard the melody
    of the piercing Maol Donn.

gu mullach adharcach na Gàrsbheinn;
gheàrr e boc dhe Sgùrr an Fheadain
's e fàgail uamhaltachd na creige
gus an d' ràinig e 'n càthar,
a stamp e mar aon pholl-dàmhair.
Siud ort fhèin, Àigich lùthmhoir,
prannaidh tu bùirdeasachd nam fùidsean,   30
nì thu sìnteag thar na mòintich;
chan eil thu tuilleadh air an òtraich:
chan eil thu nis nad thruaghan gearrain;
chaill na boglaichean am mealladh.

    Eich mhòir a' chuain,
    mo ghaol do ghruaim;
    eich mheanmnaich
    an t-seana chinn chruaidh:
    eich ghlais sgiamhaich
    nan slios riabhach,   40
    Eist mhòr fhiadhaich,
    b' thu riamh ar luaidh.

    Àigich Sgitheanaich,
    's tu air mo bhialaibh,
    mo roghainn iadaich
    is m' iargain dùil:
    a steud nan cuantan,
    's tu th' air mo bhuaireadh,
    's mo chridhe luaineach
    led luasgan shùl.   50

    Eich mhòir ghaolaich
    na muinne craobhaich,
    chual' thusa faochadh
    a' Chaogaich chais:
    eich mhòir nan tonn,
    a mharcachd shonn,
    chual' thu fonn
    Maol Donn ṅan gath.

Rugged Stallion,
you heard the storm   60
and shouting cry
of stately impetuous drone
from Patrick Mor
and Patrick Og,
love and grief
and great joyous pride.

Great horse of the horizon,
my heart of laughter,
you heard the pride
of the great generous one;   70
you heard MacPherson
from your mountain battlement,
you heard the hero
who gave the guidance.

Grey fearsome horse,
you heard the screaming
when a striking came
with a big year:
you heard MacCallum,
the famous militant,   80
and two Stewarts
with a great flame.

Love of the horizon,
dear one of the high mountains,
my treasure of shade,
my love your beauty;
girdling summit
of the wise and heroic,
treasured hills,
your strife will not cease.   90

Hope of Scotland,
the blinding mantle will lift
that is so deadly

Àigich ghairbh,
chual' thusa stoirm   60
is glaodhaich gairm
duis fhoirmeil bhrais
o Phàdraig Mòr
's o Phàdraig Òg:
an gaol 's am bròn
's a' phròis mhòr ait.

Eich mhòir na fàire,
mo chridhe gàire,
chual' thu àrdan
an t-sàr-fhir chòir: 70
chual' thu MacMhuirich
od bhaideal munaidh,
chual' thu 'n curaidh
dhan tugadh seòl.

Eich ghlais iargalt,
chual' thu 'n t-sianail
nuair thàinig stialladh
le bliadhna mhòir:
chual' thu MacCaluim,
an gaisgeach allail,   80
is dà Stiùbhart
le lasair mhòir.

A luaidh fàire,
a ghaoil nan àrd-bheann,
m' eudail sgàile,
mo ghràdh do lì:
a chearcaill mullaich
nan saoi 's nan curaidh,
a bheanntan ulaidh,
cha sguir bhur strì.   90

A dhòchais na h-Albann,
togaidh 'n dallabhrat
a tha cho marbhteach

with the force of its vain talk:
desire of Europe,
the help will come,
the red living flame
that will expunge the ash.

The Cuillin will be seen
a multi-swift eagle,   100
an affable lion,
a red dragon:
Scotland will be seen
a white-banded side,
a moving fire,
on plain and slope of hill.

Long, long and distant,
long the ascent,
long the way of the Cuillin
and the peril of your striving;   110
long the way of the mountains,
many the deeds they require,
hard the struggle against the rocks,
sore that wrestling and that weariness.

How great the war and the wounds
in the ransom of Europe;
how hard the perplexed wrestling
that is in the understanding of justice;
long, long the perplexity
and the manifold swift wretchedness,   120
long the night and its yearning
before the gold-red sun comes.

Long, but come it will,
the golden sun will come to us;
the Cuillin will rise,
genial in his white glory;
though the night is bitter to us
that cast a black shadow on the beauty,

le arraghloir lùiths:
a spèis na h-Eòrpa,
thig an còmhnadh,
an lasair bheò-dhearg
a sgriosas smùr.

Chithear an Cuilithionn
'na iolair iomaluath,   100
'na leòmhann suilbhir,
'na bheithir dheirg;
chithear Alba
'na slios geala-chrios,
'na teine falbhaidh,
air magh 's air leirg.

'S fhada, cian fada,
's fhada an dìreadh,
's fhada slighe a' Chuilithinn
is cunnart bhur strì-se;   110
's fhada 'n streap ris na slèibhtean,
's ioma euchd a tha dhìth orr',
's cruaidh spàirn ris na creagan;
's goirt a' charachd 's an sgìths ud.

Mòr am blàr is na creuchdan
tha an èirig na h-Eòrpa;
cruaidh an gleac iomagain
tha an tuigse na còrach;
cian fada 'n imcheist
is iomaluas na breòiteachd,   120
fada 'n oidhche 's a h-iargain
mun tig grian dhearg òraidh.

Fada, ach thig i,
's ann dhuinn thig an òr-ghrian;
èiridh an Cuilithionn
gu suilbhir 'na ghlòir geal;
ged as searbh dhuinn an oidhche
chuir an loinneas fo sgleò dubh,

385]

the morning will break
on splendid battlements. 130

Hard the extremity of China,
of India and of Scotland,
bitter the loss of Spain,
where the great dead are;
hard the extremity of Italy,
of Germany and of France,
while the rulers of England
put their poor to dire need.

Connolly is in Ireland
rising above agony, 140
MacLean in Scotland
a pillar on the heights;
Liebknecht in Germany
dead but undying,
and Lenin in Russia,
where great judgments go.

> *If there are bounds to any man
> save those himself has set
> to far horizons they're postponed
> and none have reached them yet. 150

> And if most men are close curtailed
> and keep a petty groove
> 'tis their own sloth that is to blame,
> their powers they will not prove.

> Preferring ease to energy,
> soft lives to steel-like wills,
> and mole-heaps of morality
> to the eternal hills.

> All Earth's high peaks are naked stone
> and so must men forego 160
> all they can shed – and that's all else! –
> proportionate heights to show.

* Adapted from MacDiarmid's 'If there are bounds to any man' in *Second Hymn to Lenin and Other Poems* – S.M.

's ann a bhristeas a' mhadainn
air baidealan glòrmhor.   130

Cruaidh càs na Sìne,
nan Innsean 's na h-Albann,
searbh call na Spàinne,
àrainn nam mòr-mharbh;
cruaidh càs na h-Eadailt,
na Gearmailt 's na Frainge,
is uachdarain Shasainn
a' cur am bochdan fo ghanntachd.

Tha Ó Conghaile an Èirinn
ag èirigh thar àmhghair,   140
MacGill-Eain an Albainn
'na chalbh air na h-àirdean,
Liebknecht sa Ghearmailt
marbh ach neo-bhàsmhor,
is Lenin an Ruisia,
ceann-uidhe nan sàr-bhreith.

   *Ma chuireadh crìochan ro neach
   ach iad a chuir e fhèin,
   dhan fhàire far an ruigear iad
   cha tug aon neach a cheum.   150

   'S ma tha mhòr-chuid gu fangte teann,
   a' leantainn slighe crìon,
   's e 'n leisg fhann fhèin as coireach air,
   an lùths cha dhearbh iad fìor.

   'S fheàrr leò 'n t-seasgaireachd na 'n treòir,
   buigead thar stàilinn bhuadh,
   is dùintean beaga moraltachd
   os cionn nam beann bith-bhuan.

   Mullach an t-saoghail a' chlach lom;
   is èiginn neach cur dheth   160
   na ghabhas, agus sin gach eile,
   mum bi an àird 'na bheachd.

* Eadar-theangaichte bhon Bheurla aig MacDhiarmaid – S.M.

PART VI

I knew hardship without respite
from the day I was put on the Ship of the People.
I was in Gesto gathering shellfish
when I was seized, being alone.
I suffered slavery with strokes,
the 'black labour' and a sun with a heat
that withered my flesh on my bones
and harried the bloom of youth
that was on my cheeks and forehead
before misery came on my world.   10
Many a trial I myself heard of
in the Island before that time;
but who got as much as I, or half of it?
God of the Graces and Christ,
my asking was not great,
but I did not get as much of little kindness
as that I might see on a horizon
Ben Duagraich, where the sheiling was
in my youth, or the graveyard of my people.
Many a thing comes on the poor   20
but no one has suffered my hurt,
though I was happy when I was young,
in spite of poverty, in the Land of MacLeod.

When I rise in the morning
I see only the grey fields,
where there is toil and anguish
and the soil itself almost splitting
with the murderous heat of the sore sun.
Toil, hunger, faintness, shame,
those were the portion in fate for me;   30
and never may I reach a horizon
to see Loch Harport and my mother's house
where there was warmth and laughter
at waulkings in the time of my people;
and I may not see the horned Cuillin
rising above Minginish of my full love.

EARRANN VI

Fhuair mise deuchainn gun fhaochadh
on latha chuireadh mi air Long nan Daoine.
Bha mi 'n Geusto a' buain maoraich
an uair a ghlacadh mi 's mi 'm aonar.
Dh'fhuiling mi daorsa nan stràc,
an dubh-chosnadh is grian le àin
a shearg m' fheòil air mo chnàmhan
's a rinn creachadh air a' bhlàth òg
a bha 'na mo ghruaidhean 's 'nam aodann
mun tàinig dunachd air mo shaoghal.   10
'S ioma deuchainn mun cuala
mi fhìn san Eilean ron uair ud;
ach cò fhuair uiread rium no leth dheth?
A Dhia nan gràs agus a Chrìosda,
cha bu mhòr m' iarrtas
ach cha d' fhuair mi de bhàidh bhig
fiù 's gu faicinn air fàire
Beinn Dubhagraich, far robh an àirigh
'nam òige, no cladh mo chàirdean.
'S ioma nì thig air na bochdan   20
ach cha d' fhuiling neach mo lochd-sa,
ged bha mi sona nuair bha mi òg,
a dh'aindeoin bochdainn, an Dùis MhicLeòid.

An uair a dh'èireas mi sa mhadainn
chan fhaic mi ach na raointean glasa,
far a bheil saothair is ànradh
's am fonn e fhèin an ìmpis sgàineadh
le teas murtail na grèine cràitich.
Saothair, acras, fannachd, tàmailt,
b' iadsan a' chuibhreann a bha 'n dàn dhomh;   30
agus a-chaoidh cha ruig mi fàire
om faic mi Loch Harport 's taigh mo mhàthar
far an robh cridhealas is gàire
aig luaidhean ri linn mo chàirdean;
agus chan fhaic mi an Cuilithionn cràcach
ag èirigh thar Minginis mo shàth-ghaoil.

My sore fullness of grief
how I am tonight
and the dispensation of the poor in my mind.

It is not the death of chiefs   40
that ever pained me
but the hard lot of those I loved.

The speech and music
I knew when young
gone like a film from my eye,

and my joy of thought,
of reason and of love
over the race of the seas beyond my hope.

In Bracadale
of the steep braes,   50
of the green meadows, my desire.

In Minginish
of the most lovely slopes,
of the greenest bushes, my love.

In the Island of Skye
of the beautiful hills,
of the brindled moors,
my delight and thought;

in the high island
of the grim Cuillin,   60
of the winding lochs,
my glory and my love.

In the spirited island
of the cold mountains,
of the restless streams,
of the soft meadows;

in the joyous island
of the rich hearts,
of the kind spirits,
with the shape of generous beauty.   70

390]

Mo shàth-ghal goirt
mar a tha mi nochd
is dàl nam bochd rim ùidh.

Cha bhàs nan triath   40
a chràidh mi riamh,
ach càs is dìol luchd-rùin.

A' chainnt 's an ceòl
a chleachd mi òg
air falbh mar sgleò bhom shùil,

is èibhneas smuain
mo chèille 's luaidh
thar rèis a' chuain bhom dhùil.

Am Bràcadal
nam bruthach cas,   50
nan cluaintean glasa, m' ùidh;

am Minginis
as grinne slios,
as guirme pris, mo rùn;

an Eilean Sgitheanach
nam beann sgiamhach,
nam monadh riabhach,
mo chiall 's mo smaoin;

an Eilean uachdrach
a' Chuilithinn ghruamaich,   60
nan loch suaineach,
mo luaidh 's mo ghaol;

an eilean uallach
nam beann fuara,
nan sruth luaineach,
nan cluaineag caomh;

an eilean aoibhneach
nan cridhe saidhbhir,
nan spiorad coibhneil,   70
le loinn-chruth faoil.

Exile is a poor thing
when the hardship of poverty goes with it;
I learned that for myself
when I sailed in the *Annie Jane*.
We lifted sails in the Bay of Barra
on a wild day, night of destruction,
and the sails went out in shreds
behind Vatersay with the drift
and the whirling spray of a wild sea.
The *Annie Jane* went to pieces   80
with myself and her cargo of my kindred.
I did not see distant America,
for the great sea swallowed me with its mouth.
Drowning was a miserable thing
when it was neither useful nor necessary.

I am the great Clio of Skye,
I am known above hundreds:
I am well-informed throughout the world,
I know the fate and dispensation of mankind.
I was one day in Strath Swordale   90
and a sore cry came to my ears:
I heard the coronach of the poor ones
whom the Baron was driving
from Borreraig and green Suisnish
to the other side of the oceans.
I looked at the Land of MacLeod
and the lie did not deceive my grief.

I am the great Clio of Lewis,
I walked as far as was required
on that keen and ready way   100
from Bernera to Stornoway.
I am the Clio that does not lack pride,
for I have seen the Hunt of Park;
I am the shrewd Clio:
I know whence every Revival.

'S e gnothach bochd a tha san fhògradh
nuair tha an cruaidh-chàs an tòir air;
dh'fhoghlaim mise siud dhomh fhìn
nuair sheòl mi anns an *Annie Jane*.
Thog sinn siùil am bàgh Bharraigh
latha fiadhaich, oidhche challa,
is chaidh na siùil a-mach 'nan stiallan
air cùl Bhatarsaigh le siaban
agus cathadh-mara fiadhaich.
Chaidh an *Annie Jane* 'na clàran   80
leamsa 's le luchd mo chàirdean.
Chan fhaca mi Ameireaga chianail,
òir shluig a' mhuir mhòr 'na beul mi.
'S e gnothach bochd a bha sa bhàthadh
nuair nach robh feum no stàth ann.

'S mise Chlio mhòr Sgitheanach,
tha mi ainmeil thar chiadan:
tha mi fiosrach feadh an t-saoghail,
is eòl dhomh dàn is dàl nan daoine.
Bha mi latha an Srath Shuardail   90
agus thàinig gaoir gum chluasan:
chuala mi corranach nan truaghan
a bha am Mormhair a' ruagadh
à Boraraig is Suidhisnis uaine
gu taobh eile nan cuantan.
Thug mi sùil air Dùis MhicLeòid
's cha do mheall a' bhreug mo bhròn.

'S mise Clio mhòr Leòdhais,
choisich mi cho fad' 's a dh'fhòghnadh
air an t-slighe ealamh dheònach ud   100
à Beàrnaraigh gu Steòrnabhagh.
'S mise Chlio gun chion àrdain,
oir chunnaic mi Faghaid na Pàirce:
's mise Chlio gheur-chùiseach:
tha fhios agam cò às gach Dùsgadh.

I am the sorrowful Clio of Mull;
I have seen bracken in floods.

I am the Clio of Harris;
I worked the pickaxe among those eastern rocks.

I am the Clio of the Hebrides: 110
I have seen suffering and loss,
I heard the great pipe of MacCrimmon
and the hornless sheep cropping.

I am the Clio of Inverness:
I stood alone in the great destruction
that was on Drumossie up yonder
when the evening of horror came in sight:
I saw Charles Roy fleeing
and Alasdair Roy a carcass.

I heard the coronach and the weeping   120
in the bleating of the sheep.

I am the Clio of the Lowlands:
I know sick frailty and blinding illusion.
I saw the miner a bonded slave
but I saw the red rose of Clyde spreading
to a great mighty mantle of anger
when Maclean raised a banner.

I am the Clio of Ireland.
O God, I was greatly tortured
with the famine of Potato Year,   130
with tyranny, poverty and anguish;
but in spite of the misery
I am the Clio of great spirit,
for I have seen Connolly and Pearse,
Wolfe Tone, Fitzgerald and Emmet.

I am the great Clio of England:
my lot has not been the easier one;

'S mise Clio bhrònach Mhuile;
chunnaic mi fraineach 'na tuiltean.

'S mise Clio na Hearadh;
phioc mi anns na creagan sear ud.

'S mise Clio Innse Gall: 110
chunnaic mi allaban is call,
chuala mi pìob mhòr MhicCruimein
agus a' chaora mhaol a' criomadh.

'S mise Clio Inbhir Nis:
sheas mi leam fhìn anns an sgrios
a bh' air Druim Athaisidh shuas ud
nuair a nochd feasgar an uabhais:
chunnaic mi Teàrlach Ruadh a' teicheadh
agus Alasdair Ruadh 'na chlosaich.

Chualas an corranach 's an caoineadh   120
ann am mèilich nan caorach.

'S mise Clio na Galltachd:
's aithne dhomh breòiteachd is dallabhrat;
chunnaic mi am mèinnear 'na thràill daorsa
ach chunnaic mi ròs dearg Chluaidh a' sgaoileadh
'na bhrat cumhachdach mòr feirge
's MacGill-Eain a' togail meirghe.

'S mise Clio na h-Èireann:
a Dhia, fhuair mise mo lèireadh
le gort Bliadhn' a' Bhuntàta,   130
le fòirneart, bochdainn is ànradh;
ach a dh'aindeoin na truaighe
's mise Chlio mhòr uallach,
oir chunnaic mi Ó Conghaile 's am Pearsach,
Wolfe Tone, MacGearailt agus Emmet.

'S mise Clio mhòr Shasainn:
cha b' e mo chuibhreann-sa a b' fhasa:

I saw Tyler and John Ball,
Kett and evil Dudley and More,
Lilburne, and on Burford Bridge   140
Thompson with a pistol in each fist;
Blake and Shelley with their anguish,
many a Park and Stately Home.

I am the Clio of Spain:
it is I who know anguish:
I was in Madrid and in Barcelona,
I saw heroism and tyranny,
every suffering and misery,
in spite of the struggle of the proud heart.

I am the Clio of France: 150
I saw the Revolution lost,
and I saw the Commune with its grief,
its suffering, heroism and glory.

I am the Clio of Italy:
I saw a terrible sight
when the Via Appia was under the crosses
of Spartacus and the militant slaves;
I saw all the beauty that sufficed,
and also the death of Matteotti.

I am the Clio of Greece,   160
I saw slavery and its wound,
and false Metaxas
in spite of wisdom and philosophy.

I am the Clio of India:
I saw famine that cannot be told,
I saw exploitation and lies,
Nehru and Gandhi in extremity.
I saw poverty beyond thought,
the ultimate of humanity.

chunnaic mi Tyler is John Ball,
Kett is Dudley olc is More,
Lilburne, 's air Drochaid Àth Bhuirg   140
MacThòmais le daga 's gach dòrn;
Blake is Shelley len cràdhlot,
ioma Pàirc is Dachaigh Stàiteil.

'S mise Clio na Spàinne:
's ann agamsa tha fhios air àmhghar:
bha mi 'm Madrid is Barsalòna,
chunnaic mi gaisge agus fòirneart,
gach fulangas agus gach truaighe,
a dh'aindeoin spàirn cridhe 'n uabhair.

'S mise Clio na Frainge;   150
chunnaic mi 'n t-Ar-a-mach caillte,
's chunnaic mi *La Commune* le bròn,
le h-àmhghar, le gaisge 's le glòir.

'S mise Clio na h-Eadailte:
chunnaic mise sealladh eagalach
nuair bha 'm Via Appia fo chroisean-ceusta
Spartacus 's nan tràillean euchdach;
chunnaic mi de bhòidhche na dh'fhòghnadh,
agus cuideachd bàs Mhatteotti.

'S mise Clio na Grèige,   160
chunnaic mi daorsa le creuchdan,
agus Metaxas na brèige
a dh'aindeoin gliocais is èigse.

'S mise Clio nan Innsean,
chunnaic mi a' ghort nach innsear,
chunnaic mi spùilleadh is breugan,
Nehru is Gandhi 'nan èiginn;
chunnaic mi bochdainn thar smaointean,
ceann-crìche a' chinne-daonna.

I am the Clio of Germany:
O God, it is I who saw a blinding mist
on the condition and heart of mankind,
Liebknecht, Thaelmann and slavery.

I am the Clio of China;
I had my own share of it;
but I grasped the chains of Tatu Ho
and the misery changed to glory.

I am the Clio of the world:
I traversed mountains, glens and plains,
towns and empty moorlands,
but I did not see much respite.
I read Plato and Rousseau,
Voltaire, Condorcet and Cobbett,
Kant, Schopenhauer, Hume, Fichte,
Marx, Lenin, Blok, Nietzsche.

I am the Clio of the world:
I worked my passage on the Ship of the People,
I was at the Battle of Braes
and in Leningrad in the stir
about the Palace when a stream
of the Bolsheviks came running.

I am a mavis on the floor of Paible
but I did not get much sleep.

> Look out, is it day,
> as I wait for the horizon
> and I gaze at the Cuillin
> till the rocking has ceased;
> look out, is it morning
> that dapples the skies;
> and see if it is the red rose
> that is gilding the mountains?

170

180

190

200

'S mise Clio na Gearmailte: 170
a Dhia, 's mise chunnaic alla-cheò
air cor is cridhe nan daoine,
Liebknecht, Thaelmann is daorsa.

'S mise Clio na Sìne;
fhuair mise mo chuid fhìn dheth;
ach ghlac mi slabhraidhean Tatu Hò
's chaidh an truaighe 'na glòir.

'S mise Clio an t-saoghail:
shiubhail mi beanntan, glinn is raointean,
bailtean agus monaidhean faoine,   180
ach chan fhacas mòran faochaidh.
Leugh mi Plato is Rousseau,
Voltaire, Condorcet agus Cobbett,
Kant, Schopenhauer, Hume, Fichte,
Marx, Lenin, Blok, Nietzsche.

'S mise Clio an t-saoghail:
dh'obraich mi m' aiseag air Saothach nan Daoine,
bha mi aig Batal a' Chumhaing
agus an Leningrad san iomairt
mun Phàileis nuair thàinig sruth   190
dhe na Boilseabhaich 'nan ruith.

Smeòrach mis' air ùrlar Phabail,
ach cha d' fhuair mi mòran cadail.

          Seall a-mach, an e 'n là e,
          's mi ri feitheamh na fàire,
          's mi ri coimhead a' Chuilithinn
          gus an tulgadh bhith sàsaicht';
          seall a-mach, an e mhadainn
          a tha balladh nan speuran;
          agus faic an e 'n ròs dearg   200
          a tha 'g òradh nan slèibhtean?

I am the Clio of the world:
my wandering is eternal, and chill with death.
But often there rises the flame
that kindles brain, heart and soul.
I was in Leipzig, with eager hope,
when Dimitrov stood before the court,
and I heard as much then
as I ever heard before.
I saw in one living flame   210
the surging spirit of man,
the spirited hero soul,
the exact brain of the summits,
the ever triumphant irrepressible spirit,
the white-darting philosophic heart;
the wheel of History going round,
over it the universe will not prevail.

    The wheel will go round
    and the distress will turn to victory.
    Look, I see afar   220
    the surging of the ebbless sea;
    I see the rise of the waves
    and a swell with a great high gloom:
    that day will be lasting
    and the mountains will shout for joy.

    Clio did not leave the Dun
    in spite of misery and faintness from long ago,
    though her joy was transient
    on heights beyond joy in the mountains;
    she spoke to me saying: 230
    there is no doubt that the aspiration
    and hope will be seen real,
    the head of joy and desire of the poets.

I saw the rising and falling of poor faces
in the sea's motion hurt:
at the Mound in Edinburgh
I marked the hand rising

'S mise Clio an t-saoghail:
tha mo shiubhal sìorraidh, aognaidh,
ach gu tric 's ann dh'èireas an lasair
a dh'fhadas eanchainn, cridhe 's anam.
Bha mi 'n Leipzig le ùidh
nuair sheas Dimitrov air beulaibh cùirt,
's chuala mi uiread 's a chuala
mi riamh roimhe 'n uair ud.
Chunnaic mi 'na chaoir bheò uile   210
spiorad beadarrach an duine,
anam aigeannach a' churaidh,
eanchainn eagarra nam mullach,
aigne sìor-bhuadhach gun chlaoidh,
cridhe geal-ghathach an t-saoi;
cuibhle na h-Eachdraidh a' dol mun cuairt.
Oirre cha toir an domhain buaidh.

    Thèid a' chuibhle mun cuairt
    is tionnda'idh gu buaidh an càs.
    Nàile, chì mise bhuam   220
    onfhadh a' chuain gun tràigh;
    chì mi bàrcadh nan stuadh
    agus bàirlinn le gruaim mhòir àird:
    bidh an latha sin buan
    's bidh na beanntan fo nuallan àigh.

    Cha d' fhàg Clio an Dùn
    dh'aindeoin truaighe 's cion lùiths bho chian,
    ged a b' fhalbhach a mùirn
    air àirdean thar dùil 's air sliabh;
    's ann a labhair i rium: 230
    chan eil teagamh nach fhaicear fìor
    an dòchas 's an dùil,
    ceann aighir is ùidh nan cliar.

Chunnaic mi bogadaich aodann bhochd
an iomairt na fairge fo lochd:
aig a' Mhound an Dùn Èideann
mhothaich mi an làmh ag èirigh

above the welter of the wild sea
to clutch at the flitting thing,
the straw of expectation that was passing   240
while the empty heart was bursting.

I saw on the streets of Glasgow
and on the streets of Edinburgh
and on the streets of London
the ultimate end of the torment;
and rising from poverty and hunger,
from suffering and wounds,
the great red banner of the spirit
that will not be cast down after rising.

I looked at the Cuillin,   250
on which another rocking was come.
Greatest of heroes, your face
was carved in the shape of the ancient summits;
the spirited blast of your heart
made Sgurr nan Gillean heave:
the surging hopes of humanity
brought a shaking on the mountain.

    If a limit has been set to man
    beyond that which he has put himself,
    and if living man has reached it,   260
    it has felt your step.

PART VII

Many a turn the world has taken
since Aeschylus saw the likeness
of hero-man-god hanged, lacerated
on Caucasus of the dangerous peaks:
the god fashioned after man's image,
barbarous Jupiter, with oblique jealousy
sending the hungry obedient vultures
to tear and eat his liver:
mankind on the rocks
crucifying his own soul to the screeches   10

os cionn plubartaich na fairge
a dhèanamh grèim air an fhalbhan,
an sop fiughair bha dol seachad   240
's an cridhe falamh a' spreadhadh.

Chunnaic mi air sràidean Ghlaschu
agus air sràidean Dhùn Èideann
agus air sràidean Lunnainn
crìoch dheireannach an lèiridh;
's ag èirigh à bochdainn 's à acras,
à cruaidh-chàs 's à creuchdan
meirghe mhòr dhearg an spioraid
nach leagar an dèidh èirigh.

Choimhead mi air a' Chuilithionn,   250
air an tàinig caochladh tulgaidh.
A shàr-churaidh, 's ann bha t' aodann
geàrrt' an gnùis nam mullach aosta;
bha sgal aigeannach do chridhe
toirt luasgain air Sgurra nan Gillean:
bha bàrcadh spèis a' chinne-daonna
a' toirt a' chrathaidh air an aonach.

　　　Ma tha crìoch air a cur ro neach
　　　ach ise chuir e fhèin,
　　　's ma ràinig duine beò i,   260
　　　gun d' fhairich i do cheum.

EARRANN VII
'S ioma car a chuir an saoghal
on chunnaic Aeschylus aogas
suinn-dè-duine crochte màbte
air Caucasus nan sgurra gàbhaidh:
an dia fhuair dealbh air cruth daonda,
Iupatar borb, le iadach claoine
a' cur nam biatach acrach mùinte
a shracadh 's a dh'ith' a ghrùthain:
an cinne-daonna air na creagan
a' ceusadh anama fhèin ri sgreadan   10

of the birds and savage animals
that got their own good from the feeding.
Jupiter, the brutal coward, has failed,
and so has Jahweh the Jew,
but a time has never come
when rulers have not found a god
who hangs on pious mountains
the sacrifice of surpassing men.
Christ was hanged on a cross
and Spartacus with his hundreds; 20
there were many god-vultures in Britain
who did the loathsome hateful work
and many a Christ has been crucified
last year and this year.

Shelley said that the Caucasian summit
started at the hero's pain,
and I saw a leaping
of the Cuillin mountain for joy
to see Dimitrov alone
making the human spirit 30
leap out of its shell, unhusked,
to stop the breath of the world.
In that stoppage died
ancient paltry bourgeois gods:
they fell from the narrow ridges
down to abysses, shrieking.
But the vulture and the buzzard
are still on the slopes of the wild mountains.

My love went with me on the mountain
so that she might hear the singing 40
on the peaks of the dangerous steps;
she heard and half-understood their melody,
and at once the form of the vulture
took her fair sad beauty
and she holed my body.

nan eun is nam brùidean fiadhaich
a fhuair an toirt fhèin on bhiathadh.
Dh'aom Iupatar, an gealtair brùideil,
agus Iahweh an t-Iùdhach
ach cha tàinig àm riamh
's nach d' fhuair uachdarain dia
a chrochadh air na beanntan cràbhach
colann ìobairt nan sàr-fhear.
Chrochadh Crìosda air crois-ceusaidh
agus Spartacus le cheudan;   20
bha ioma biatach dè am Breatainn
a rinn an obair oillteil sgreataidh,
agus cheusadh ioma Crìosda
an-uiridh agus am-bliadhna.

Thuirt Shelley gun do chlisg am mullach
Caucasach ri pian a' churaidh,
agus chunnaic mise leumraich
air sliabh a' Chuilithinn le èibhneas
ri faicinn Dimitrov 'na aonar
a' toirt air an spiorad dhaonda   30
leum às a chochall le faoisgneadh
gu stad analach an t-saoghail.
Anns an stad ud bhàsaich diathan
aosta bùirdeasach crìona;
thuit iad bho na mullaichean caola
sìos gu glomharan le glaodhaich.

Ach tha a' bhiatach 's an clamhan
fhathast air sliosan nam beann allaidh.
Chaidh mo ghaol leam air a' bheinn
feuch an cluinneadh i an t-seinn   40
a bha air stùcan nan ceum gàbhaidh;
chual' is leth-thuig i 'm mànran
agus air ball bha cruth na biataich
air a bòidhche ghil chianail
agus 's ann tholl i mo chliathaich.

There are many birds on the mountain,
some dumb and some singing.

I went out on moors and high hills,
I took with me my kin.   50
They heard the theme of the crying melody,
and they took to mangling
the great alien famous form
that was hanging from the precipice.

The bird's beak will tear the blasphemy
that is on the lips of the holy learning.

I walked on the heights of the mountains
and two loves were fighting in my head;
white vultures and foul vultures
were paining and torturing my heart.

I am not the Clio of the world   60
and I found the summit death-chill.

I am the Clio of the world,
I saw much suffering;
I knew poverty with Lenin
and with millions before now.

The monster has been lifted out of the sea
and put on the summit of the Cuillin;
it was coiled when it was routed
out of the depths of the oceans,
but now it is straight,   70
leaping windward against the elements;
the serpent was seen leaping,
striking heaven's face with its fangs.

Christ has been seen going round
on the bare cold summit.

Tha ioma eun air a' bheinn,
cuid dhiubh balbh is cuid a' seinn.

Chaidh mi mach air frìth nan àrd-bheann,
thug mi leam mo chuid chàirdean,
chual' iad ùrlar a' ghàir-chiùil   50
agus 's ann shìn iad air màbadh
a' chrutha mhòir choimhich allail
a bha 'n crochadh ris an stalla.

Reubaidh gob an eòin an toibheum
a tha air bilean an naomh-oilein.

Choisich mi air àird nam beann
's dà ghaol a' sabaid na mo cheann:
bha biataichean geala 's breuna
a' pianadh mo chridhe le lèireadh.

Cha mhise Clio an t-saoghail   60
's fhuair mi am mullach aognaidh.

'S mise Clio an t-saoghail:
chunnaic mise mòran saothrach;
mheal mi bochdainn còmh' ri Lenin
agus ri milleanan cheana.

Thogadh às a' mhuir an uilebheist
's chuireadh i air àird a' Chuilithinn;
bha i cearclach an àm ruagaidh
a-mach à doimhne nan cuantan,
ach a-nise tha i dìreach   70
a' leum ri gaoith an aghaidh sìne;
chunnacas an nathair a' leumraich
is aodann nèimh air a bheumadh.

Chunnacas Crìosda dol mun cuairt
air a' mhullach lom fhuar.

407]

There has been seen a band who had ascended
the sharp rock of the peaks of strife.

I was one day in the rocky Cuillin,
I heard the great pipes incited,
the roar of mankind in answer,   80
brain and heart in harmony.

A cry was heard on the hills,
the people's shout of liberty rising.

On the peaks around
were the living dead and their triumph:
Toussaint, Marx, More, Lenin,
Liebknecht, Connolly, MacLean,
and many a proud spirit
extinguished in the extremity of Spain.

A thousand years was like a drift   90
of mist lost in the skies;
the great Clio was ever rising,
a hundred thousand years paltry in her sight:
it was she who saw the Cuillin
rising on the other side of anguish.

The *Commune* of France arisen
and ever walking on the mountains;
and the eternal Easter of Ireland
a fire that extremity will never smoor;
MacCallum, Donald MacLeod, MacPherson   100
always walking on our moorland,
the funeral of Maclean in Glasgow
winding over the streets of steep mountains:
the chains of the Tatu Ho in their steel
swinging between perilous peaks.

The edge of man's spirit will be ground
on the bare sharp summits of mountains:

Chunnacas còmhlan a bh' air dìreadh
geur-chreag sgurrachan strìtheil.

Latha dhomh sa Chuilithionn chreagach,
chuala mi phìob-mhòr ga spreigeadh,
nuallan cinne-daonna freagairt,   80
an eanchainn 's an cridhe leagte.

Chualas iolach air na slèibhtean,
gàir shaorsa an t-sluaigh ag èirigh.

Air na sgurrachan mun cuairt
bha na beò-mhairbh is am buaidh:
Toussaint, Marx, More, Lenin,
Liebknecht, Ó Conghaile, MacGill-Eain,
agus ioma spiorad àrdain
a chuireadh às an càs na Spainne.

Bha mìle bliadhna mar shiaban   90
ceò air a chall san iarmailt;
bha Chlio mhòr a' sìor èirigh,
ceud mìle bliadhn' crìon ra lèirsinn:
's ise chunnaic an Cuilithionn
ag èirigh air taobh eile duilghe.

Commune na Frainge air èirigh
's a' sìor choiseachd air na slèibhtean,
agus Càisg bhiothbhuan Èireann
'na teine nach smàl an èiginn;
MacCaluim, Dòmhnall MacLeòid, MacMhuirich   100
a' sìor choiseachd ar munaidh,
tìodhlacadh MhicGill-Eain an Glaschu
a' suaineadh thar sràidean chas-bheann;
slabhraidhean an Tatu Hò 'nan stàilinn
a' riaghan eadar sgurrachan gàbhaidh.

Bleithear roinn an spioraid dhaonda
air creachainnean geura aonaich.

the heart that cannot be torn
and the brain that cannot be choked
are walking, ever walking together   110
over the black peaks of grief.

Rising on the other side of sorrow,
more than one Cuillin is seen:
there is seen the blue Cuillin of the Island
and two other Cuillins:
the Cuillin of ancient Scotland
and the Cuillin of mankind;
a Cuillin trinity pouring   120
its surge of peaks on the world,
a Cuillin trinity rising
above the lasting misery of the hills.
The black rose of the sharp-wounding Cuillin
red with the blood of man's heart;
the dim rose of the grey brain
red with the hue of the rash blood;
the white rose of the philosophic intellect
red with the unoppressed blood;
the red rose of hero courage
aflame above the mountain summit.

A black ooze on the rock face,   130
'black labour' and the sweat of blood,
a black ooze on the firmament:
the misery of millions making it dim;
the lasting misery that has come,
and the misery that is to come,
and the misery that is with us,
the sore killing long misery:
Christ hanging on the cross
and Spartacus beside Him;
each millennium of slow toil-suffering,   140
the bitter leaves of the salt rose;
'black labour' a nightmare,
humiliation, fever, consumption,

Tha an cridhe nach gabh sracadh
agus an eanchainn nach gabh tachdadh
a' coiseachd, a' sìor choiseachd còmhla
thar sgurrachan dubha na dòrainn.

Ag èirigh air taobh eile duilghe
chithear barrachd na aon Chuilithionn,
chithear Cuilithionn gorm an Eilein
agus dà Chuilithionn eile,
Cuilithionn na h-Albann aosta
is Cuilithionn a' chinne-daonna,
trianaid Cuilithinn a' taomadh
a h-onfhaidh sgurraich air an t-saoghal:
trianaid Cuilithinn ag èirigh
thar ànradh buan nan slèibhtean.
Ròs dubh a' Chuilithinn ghuinich
dearg le fuil cridhe 'n duine;
ròs ciar na h-eanchainne glaise
dearg le tuar na fala braise;
ròs geal tuigse nan saoi
dearg leis an fhuil gun chlaoidh;
ròs dearg misneachd nan laoch
thar mullach shlèibhtean 'na chaoir.

Snighe dubh air an stalla,
an dubh-chosnadh is fallas fala;
snighe dubh air an iarmailt,
ànradh nam milleanan ga ciaradh;
an t-ànradh buan a thàinig
agus an t-ànradh nach tàinig,
agus an t-ànradh a tha againn,
an t-ànradh goirt marbhteach fada:
Crìosda an crochadh air a' chrois
agus Spartacus 'na chois,
gach mìle bliadhna saothrach maille,
duilleagan searbha an ròis shaillte:
an dubh-chosnadh 'na throm-laighe,
an tàmailt, an fhiabhrais, a' chaitheamh,

leaves of the terrible rose,
a nightmare on the firmament.

Nevertheless the Cuillin is seen
rising on the far side of agony,
the lyric Cuillin of the free,
the ardent Cuillin of the heroic,
the Cuillin of the great mind,   150
the Cuillin of the rugged heart of sorrow.

Far, far distant, far on a horizon,
I see the rocking of the antlered Cuillin,
beyond the seas of sorrow, beyond the morass of agony,
I see the white felicity of the high-towered mountains.

    Who is this, who is this on a bad night,
    who is this walking on the moorland?
    The steps of a spirit by my side
    and the soft steps of my love:

    footsteps, footsteps on the mountains,   160
    murmur of footsteps rising,
    quiet footsteps, gentle footsteps,
    stealthy mild restrained footsteps.

    Who is this, who is this on a night of woe,
    who is this walking on the summit?
    The ghost of a bare naked brain
    cold in the chill of vicissitude.

    Who is this, who is this in the night of the spirit?
    It is only the naked ghost of a heart,
    a spectre going alone in thought,   170
    a skeleton naked of flesh on the mountain.

    Who is this, who is this in the night of the heart?
    It is the thing that is not reached,
    the ghost seen by the soul,
    a Cuillin rising over the sea.

duilleagan an ròis iargalt
’nan trom-laighe air an iarmailt.

Neo-’r-thaing chithear an Cuilithionn
’s e ’g èirigh air taobh eile duilghe;
Cuilithionn liriceach nan saor,
Cuilithionn aigeannach nan laoch,
Cuilithionn na h-inntinne mòire,   150
Cuilithionn cridhe garbh na dòrainn.

Fada, cian fada, fada air fàire
chì mi tulgadh a’ Chuilithinn chràcaich,
thar marannan dòlais, thar mòinteach àmhghair,
chì mi geal-shuaimhneas nan stuadh-bheann àrda.

    Cò seo, cò seo oidhche dhona,
    cò seo a’ coiseachd air a’ mhonadh?
    Ceumannan spioraid ri mo thaobh
    agus ceumannan ciùin mo ghaoil,

    ceumannan, ceumannan air na slèibhtean,   160
    monmhar cheumannan ag èirigh:
    ceumannan fiata, ceumannan ciùine,
    ceumannan èalaidh socair mùinte.

    Cò seo, cò seo oidhche dunaidh,
    cò seo a’ coiseachd air a’ mhullach?
    Tannasg eanchainne luime nochdte,
    fuar ri aognaidheachd an torchairt.

    Cò seo, cò seo oidhche ’n spioraid?
    Chan eil ach tannasg lom cridhe,
    manadh leis fhèin a’ falbh a’ smaointinn,   170
    cliabh feòil-rùiste air an aonach.

    Cò seo, cò seo oidhche chridhe?
    Chan eil ach an nì do-ruighinn,
    an samhla a chunnaic an t-anam,
    Cuilithionn ag èirigh thar mara.

Who is this, who is this in the night of the soul,
following the veering of the fugitive light?
It is only, it is only the journeying one
seeking the Cuillin over the ocean.

Who is this, who is this in the night of mankind?   180
It is only the ghost of the spirit,
a soul alone going on mountains,
longing for the Cuillin that is rising.

Beyond the lochs of the blood of the children of men,
beyond the frailty of plain and the labour of the mountain,
beyond poverty, consumption, fever, agony,
beyond hardship, wrong, tyranny, distress,
beyond misery, despair, hatred, treachery,
beyond guilt and defilement: watchful,
heroic, the Cuillin is seen   190
rising on the other side of sorrow.

Cò seo, cò seo oidhche 'n anama
a' leantainn fiaradh an leòis fhalbhaich?
Chan eil, chan eil ach am falbhan
a' sireadh a' Chuilithinn thar fairge.

Cò seo, cò seo oidhche chinne?   180
Chan eil ach samhla an spioraid,
anam leis fhèin a' falbh air slèibhtean,
ag iargain a' Chuilithinn 's e 'g èirigh.

Thar lochan fala clann nan daoine,
thar breòiteachd blàir is strì an aonaich,
thar bochdainn, caitheimh, fiabhrais, àmhghair,
thar anacothruim, eucoir, ainneairt, ànraidh,
thar truaighe, eu-dòchais, gamhlais, cuilbheirt,
thar ciont is truaillidheachd, gu furachair,
gu treunmhor chithear an Cuilithionn   190
's e 'g èirigh air taobh eile duilghe.

9: Unpublished Poems

9: Dàin nach deach fhoillseachadh

Shelley 8.vii.34

One hundred and twelve years since
the Italian sea poured over your head,
you, foremost among English poets
and closest of all to us!
One hundred and twelve years since
the elements rushed to cover your flesh,
since they set a seal on profundity of love
and on cold, corrupt animosity.
You are dead, but alive though dead –   10
inspire me with your purpose:
even if I were to get a share of that knowledge,
the coal which set your eyes alight!
CW

Come and see

Come and see, come and see,
you will get comfort and support,
you will see the ruling priest of the land
and the minister of the shire.
They will serve you bitter bread,
food without value for your soul;
your spirit and your flesh
will become thoroughly acquainted with such loving.
They will fill the steep cup
full of bitter, grey wine,   10
you will get comfort and peace
and they will destroy your essential humanity.
But if you should fall down,
Hell will rise up on you.
They will go to heaven's heights,
but you will get the company of poets.
CW

Shelley 8.VII.34

Ceud is dusan bliadhna on thaom
cuan Eadailteach thar do chinn,
o thusa, 'phrìomh de bhàird na Beurla
as dlùithe a thaobhas rinn!
Ceud is dusan bliadhna on bhàrc
na dùilean thar do chrè,
bhon chuir iad seul air doimhneachd gràidh
's air gamhlas fuar nam breun.
Is thusa marbh, ach beò ge marbh,   10
o deachd mi le do rùn –
ged gheibhinn roinn den eòlas ud,
an èibheall loisg do shùil!

Thig is faic

Thig is faic, thig is faic,
gheibh thu cofhurtachd is taic,
chì thu àrd-shagart tìre
agus ministear na sgìre.
Bheir iad dhut an t-aran goirt,
biadh t' anama gun toirt;
gheibh do spiorad agus t' fheòil
air a' ghaol ud aithne 's eòl.
Lìonaidh iad an cupa cas
làn den fhìon shearbh, ghlas,   10
gheibh thu cofhurtachd is sìth
is sgrìosaidh iad an daonda-brìgh.
Ach ma thuiteas tusa sìos,
èiridh Iutharna ort a-nìos.
Thèid iad gu nèamh nan àrd,
ach gheibh thusa còmhlan bhàrd.

To the Pope who offered thanks to God for the fall of Barcelona

Deceitful pious whore of a bitch
who carries Christ's tiara,
around this time last year you were wallowing
in children's blood and in your holiness.
cw

Greeting to Kennedy-Fraser

Greeting to Kennedy-Fraser,
gentlewoman without fault;
she castrated our potent muse
and put sugar on the mutilation.

The Powers That Be

Murdering thousands each day,
godly Franco, the spindrift will come
that will choke your heart and lungs.

Blessing the murderers for eternity,
you with him, godly Pope,
your black sail will be torn by a drift.

And you, Archbishop of England,
with your smooth, ready fawning,
History will shite on you foully.

And you, ministers of Scotland,
the smoke will check this course
that your sleek, good-going tongues have.

'Venerable George MacLean'

Venerable George MacLean,
that day we were on Neist Point,
why didn't you geld the stallion with your teeth
or with the edge of your devilish tongue?
cw

10

Don Phàp a thug buidheachas do Dhia airson tuiteam Bharsalòna

A ghalla shiùrsaich shlìom, dhiadhaidh,
's tu giùlan tiara Chrìosda,
mun àm seo 'n-uiridh bha thu blianadh
am fuil naoidhean 's nad dhiadhachd.

Soraidh le NicUalraig-Fhriseal

Soraidh le NicUalraig-Fhriseal,
bean uasal ise gun chron;
spoth i ar Ceòlraidh lùthmhor
's chuir i siùcar air an lot.

Na Cumhachdan a Tha

A' murt nam mìltean gach latha,
a Fhranco dhiadhaidh, thig an cathadh
a thachdas do chridhe 's do sgamhan.

'S tu beannachadh nam murt gu sìorraidh,
thusa còmh' ris, a Phàip dhiadhaidh,
sracar do sheòl dubh le siaban.

Agus thusa, Àrd-easbaig Shasainn,
led shliomaireachd mhìn ealamh,
cacaidh an Eachdraidh ort gu sgreamhaidh.

Is sibhse, mhinistearan Albann,   10
bacaidh an toit am falbh seo
th' aig bhur teangannan slìoma falbhach.

'A Sheòrais MhicGhill-Eathain fhiachail'

A Sheòrais MhicGhill-Eathain fhiachail,
latha dhuinn air an Eist Fhiadhaich,
carson nach do spoth thu e le t' fhiaclan
no le faobhar na teangaidh diabhlaidh?

Tailor's Dummy

Would you rather have me neat and trim,
a tailor's dummy as regards my dress,
sleek, handsome, foolish, spotless,
than what I am, a firebrand of the understanding,
offering you beyond your grasp
the mind of Scotland and Ireland's poets?

Why was I born a poet
to give your beauty immortality
if this tale is true that you would prefer
a mindless dummy in a tailor's window?   10
CW

Naked Girl

The girl reached a flowing brightness;
she took off her clothes and stood naked,
her white-skinned outline silhouetted in the bright sun,
the rays flattering her thighs,
her firm, round, jewel-like breasts,
her slim, delicate, comely belly
and the shapeliness of her buttocks.
CW

1939. Blood

Blood on the snow and gore on the streets,
lungs getting burned and bodies violently beaten,
skulls getting broken and ribs shattered,
gore on the doorposts and blood on the keystones.

Children's feet racing along the pavement,
lament in the cities and wailing in the glens,
lies and blasphemies dancing together:
you asked for all of that, chose it, preferred it.

You took it all because that is what you wanted,
rather than a loss you did not suffer, or the choice of heroes;   10

Cumadh Tàilleir

Am b' fheàrr leat mi nan robh mi gleusta,
'nam chumadh tàilleir a thaobh èididh,
slìom, eireachdail, baoth, glè-ghlan,
na mar a tha mi 'nam chaoir cèille,
a' toirt dhut os cionn do cheudfàth
geur-aigne bàird Albann 's Èireann?

Carson a rugadh 'nam bhàrd mi
a chur biothbhuantachd air t' àilleachd
ma tha an sgeul seo fìor gur fheàrr leat
balbhan cèille 'n uinneag tàilleir?   10

Nighean Nochd

Ràinig an nighean soilleireachd shrùlach;
chuir i dhith is sheas i rùiste,
a cumadh cneas-bhàn geàrrt' sa ghrèin ghil,
sodalaich nan gath ra slèistean,
ra cìochan daingne cruinne leugach,
ra broinn sheang mhìn àlainn
agus ri cuimireachd a màsan.

1939. Fuil

Fuil air an t-sneachd' agus gaorr air na sràidean,
sgamhan ga losgadh is colann ga stràcadh,
claigeann ga bhristeadh is broilleach ga phrannadh,
gaorr air an ursann is fuil air na bannan.

Casan nan naoidhean 'nan ràs air a' chabhsair,
gal anns na bailtean is gaoir anns na gleanntan,
a' bhreug is an toibheum cuideachd a' dannsa:
dh'iarr sibh iad uile, ur roghainn 's ur n-annsachd.

Ghabh sibh iad uile, oir b' iad a b' fheàrr leibh
na call nach robh agaibh, na roghainn nan sàr-fhear;   10

you rejected Lenin as you rejected Christ,
your gods were perversion, blindness and greed.

Your ears opened to a noise that was always there;
you closed your eyes as corruption swelled,
you ate, drank and praised lies,
you kissed them, fed them and tried nothing more.

What did you care for the path of justice,
Blake, Liebknecht, Maclean, Macpherson?
What did you care for the sacrifice in Spain,
Jesús Hernández and Lorca, noble victims?   20

You preferred Lithgow and Smith;
you got your fill from Thyssen and Krupp;
your greatness came from Rockefeller, Carnegie,
Morgan, Chamberlain and Vickers.

Cajole your Duke, Sutherland remnants,
and, Lochaber people, your Locheil,
and, Londoners, your numerous earls
and, Frenchmen, your hundreds of families.

Gore on the streets and blood on the pavements,
a brain being split, that gets your favour;   30
consumption, fever, poverty and frailty
and now the other face of glory.

Your children will pluck from your cheeks
unhealthy roses of the tree of horror:
a banner with Christ's blood high in the skies
and your blood congealing on the claws of rottenness.

You defended wealth and you will get chlorine,
mustard and phosgene to your heart's content,
and when alleviation comes
you will receive the freedom that you got before.   40

You will get the freedom to be plundered
and deceived with multiple defilement:

424]

dhiùlt sibh Lenin mar dhiùlt sibh Crìosda,
a' chlaoine, an doille 's an sannt ur diathan.

Dh'fhosgail ur cluasan don fhuaim a bha daonnan;
dhùin ur sùilean 's an truailleachd air laomadh,
dh'ith sibh iad, dh'òl sibh iad, mhol sibh na breugan,
phòg sibh iad, bhiadh sibh iad 's an còrr cha do dh'fheuch sibh.

Dè b' fhiach leibhse slighe na còrach,
Blake, Liebknecht, MacGhill-Eathain, am Muireach?
Dè b' fhiach leibhse ìobairt Spàinnteach,
Ìosa Hernandez, Lorca sàr-mhairbh?   20

B' fhearr leibhse Litchù 's Mac a' Ghobhainn;
bho Thyssen 's bho Krupp fhuair sibh na dh'fhoghain;
bho Rockefeller, Carnegie 's Morgan,
bho Chamberlain 's Vickers ur mòrachd.

Slìobaibh ur Diùc, a Chataich iarmaid,
agus, Abraich, bhur Loch Iall-se,
agus, a Lunnainnich, ur n-iomadh iarla,
's, a Fhrangaich, ur teaghlaichean, ciad dhiubh.

Gaorr air na sràidean 's fuil air a' chabhsair,
eanchainn ga spealtadh, siud ur n-annsachd;   30
an èitig, an fhiabhrais, a' bhochdainn 's a' bhreòiteachd
agus a-nis ceann eile na glòire.

Ròsan euslainneach craobh an uabhais
buainidh ur clann bheag às bhur gruaidhean:
brat fuil Chrìosda air àird nan speuran
's ur fuil-se tiugh an ìne na breunaid.

Dhìon sibh maoineas 's gheibh sibh *chlorine*,
mustard is *phosgene* mar a dh'fhòghnas,
agus an uair a thig am faochadh,
mar fhuair sibh roimhe i, gheibh sibh saorsa.   40

Gheibh sibh saorsa bhith air ur spùilleadh
agus air ur mealladh le iomadh trùilleach:

Elstree, the press and the B.B.C. –
they will not leave you in want of anything.

Won't you be the tractable, well set up ones
cutting many a throat
of wretched, misguided Germans
who were deceived in the same fashion!

Won't you be contented under the midden
enjoying your eternity of glory,   50
your children frail orphans,
on your high carved memorials their sustenance!

Blood on the snow, blood on the meadow,
blood on the shelter, blood to the windward,
Germany's blood, France's blood,
Britain's blood, all blood shed despite you.
CW

My love in the plundered garden

The defensive wall was broken,
each dry tree cut down,
your dry body abused
while the gunners who loved you
slept deep and unaware –
the gunners who could have defended you,
as stalwart as you ever saw,
who could have kept violence from your body,
far from you, buried in the ground.
CW

Snuffling

Snuffling around the rose of nobility,
you plucked the occasion to act basely,
to be deceitful, lying, corrupt,
but you saw the red rose of nobility.

Chipping at the rock of nobility,
you found the precious gem.

Elstree, am pàipear 's am B.B.C. –
cha leig iadsan èis oirbh a thaobh nì.

Nach sibhse a bhios soitheamh, dòigheil
is sibh a' gearradh iomadh sgòrnan
aig Gearmailtich bhochda, mhì-sheòlta
a mhealladh air an aon t-seòl ud!

Nach sibh bhios sona 's sibh fon òtraich
a' mealtainn sìorraidheachd bhur glòire,   50
ur clann 'nan dilleachdain bhreòite;
ur cuilbh shnaidhte àrda lòn dhaibh!

Fuil air an t-sneachda, fuil air a' chluaineig,
fuil air an fhasgadh, fuil air an fhuaradh;
fuil na Gearmailt, fuil na Frainge,
fuil Bhreatainn, fuil uile gun taing dhiubh.

Mo ghaol san lios chreachte

Briste 'm balla-dìon,
geàrrte tioram gach craobh,
màbte tioram do chom
agus gunnairean do ghaoil
sa chadal aineolach throm –
na gunnairean a bhiodh gud dhìon,
bu trèine chunna tu riamh,
a thilleadh ainneart bhod chom,
fada bhuat 's an talamh trom.

Snòtachadh

A' snòtachadh air ròs na h-uaisle,
spìon thu an cothrom a bhith suarach,
a bhith cealgach, briagach, truaillidh,
ach chunnaic thu ròs dearg na h-uaisle.

A' piocadh ann an creig na h-uaisle,
fhuair thu 'n neamhnaid a bha luachmhor.

You placed it around your lovely neck
mounted in reddish gold;
but when it acquired your body's warmth
it was spoiled in no time at all   10
and seeped away, leaving behind streaks
which showed how base and worthless you are.
CW

'Making a laughing-stock of my gifts'

Making a laughing-stock of my gifts,
worshipping a woman who is lying and base
as if she were an idol –
that is what besmirched my reason.
CW

'What did you get, my heart'

What did you get, my heart,
for your sole noble action?
In return for your toil and diligence
you yourself got wretchedness,
bitter sorrow and laming,
shame and confusion.
You suffered sufficiently, my heart,
for your sole noble action.
CW

'You ruined everything there was'

You ruined everything there was,
ruined the moon above Blaven,
the blue islands of the western headland,
ruined the "big music" and poetry.
CW

Chuir thu i mud amhaich àlainn
anns an òr-bhuidh' air a càradh;
ach nuair ghabh i blàths do cholainn
cha b' fhada gus an deach i dholaidh   10
's gun shruth i às, a' fàgail strìochan
a nochd gur suarach thu 's nach b' fhiach thu.

'Cùis-bhùrta dhèanamh de mo bhuadhan'

Cùis-bhùrta dhèanamh de mo bhuadhan,
toirt iodhal-adhraidh do thè
a tha briagach agus suarach –
sin an gànrachadh dom chèill.

'Dè a fhuair thusa, 'chridhe'

Dè a fhuair thusa, 'chridhe,
air lorg t' aon ghnìomh uasail?
Aig do spàirn is do dhìcheall
fhuair thu fhèin an truaighe
agus mulad searbh is siachadh
agus tàmailt 's buaireadh.
Rinneadh gu leòr riutsa, 'chridhe,
air lorg t' aon ghnìomh uasail.

'Mhill thu h-uile nì a bh' ann'

Mhill thu h-uile nì a bh' ann,
mhill thu 'ghealach os cionn Blàbheinn,
eileanan gorma an rois shiair,
mhill thu an ceòl mòr 's a' bhàrdachd.

To my lying love

Truth comes at a high price,
saying you are perverted and worthless,
but, my love, I won't concur.
Though you are more lying than a landlord,
cold-hearted and shallow,
replete with pointless vanity,
fond of money and possessions,
your face is shapely and inspiring
and your head a marvel of red and gold.
CW

'I thought she suffered from an infirmity'

I thought she suffered from an infirmity,
from a blemish
that reduced me to a state as painful
as the wounding of Heloise.

But in fact she was distressed
with a different kind of need;
she got my support thanks to lies,
but then it proved superfluous, and she left.
CW

At Ebb-Tide

A frequent topic on Communion Question days:
'There is no substance in the flesh';
'Here we have no continuing city.'
The text for preaching was unequivocal.

For your sake, beautiful wretch,
I would have thrown my own flesh away;
I was going anyway to a war
where it was easy to get killed.
CW

Do mo luaidh breugach

'S ann a thig an fhìrinn dhaor
ag ràdh gur tu an t-suarag chlaon,
ach cha chan mise sin, a ghaoil.
Ged 's tu as breugaiche na maor,
's tu fuar-chridheach agus staoin,
loma-lan de fhearas mhòir bhaoith,
dèidheil air airgead is maoin,
tha t' aodann eireachdail is còir
's do cheann 'na annas ruadh den òr.

'Shaoil mi i bhith fo èislean'

Shaoil mi i bhith fo èislean
agus sin le gaoid
a dh'fhàg mo staid cho geur dhomh
ri lèireadh Heloise.

Thàrla dhi bhith 'n èiginn
air sheòrs' eile dìth;
ghabh i taic rium le breugan
ach dh'fhalbh a feum is i.

Aig muir-tràigh

'S tric a chualas latha ceiste:
'Chan eil tairbhe san fheòil',
'Chan eil an seo baile mhaireas'.
Bha an ceann-teagaisg gun sgleò.

Air do sgàth-sa, thruaghain bhòidhich,
thilginn m' fheòil fhìn air falbh;
bha mi dol co-dhiù a chogadh
far am b' fhurasta bhith marbh.

'Woman who was fond of a playboy'

Woman who was fond of a playboy
and his gelded, glossy money
and who misled my kindness
when I thought her life was ruined.

Woman who deceived me with lies
after her clandestine adultery
when I thought her body would not stoop
to adultery, either blatant or hidden.

Woman who told the foolish lie
about me since she thought   10
Rommel's soldiers would put
a muzzle on my mouth under the earth.

Woman who told the base lie
about another man in the fighting
so that her playboy could be
wordy and drawling as was his habit.
CW

'Pride caused you to stay'

The bombardier and the captain ran off
and crept down into a hollow
while the pride of Clan MacLean sustained
another man, his body filled with resistance.

He thought about the brae of Mull
and the meadows around Loch na Keal,
and somehow that lessened
the awfulness of his situation.

When the bullets came in a hail,
bubbling up in the bare sand,
he remembered Inverkeithing –   10
there was inflexible valour in his spine.
CW

'Tè lem bu mhiann an gille-mirein'

Tè lem bu mhiann an gille-mirein
agus airgead spothte slìom
's a thug an car às mo choibhneas
nuair shaoil mi a beatha bhith a dhìth.

Tè a mheall mi le briagan
an dèidh a h-adhaltranais sa chùil,
's mi smaoineachadh gu robh a colann
seach adhaltranas follaiseach no 'n cùil.

Tè a dh'innis briag na h-òinsich
mum dheaghaidh fhìn agus i 'n dùil   10
gun cuireadh saighdearan Roimeil
glas-ghuib air mo bhial san ùir.

Tè a dh'innis a' bhriag shuarach
mu fhear eile bha san spàirn
a chum gum biodh a gille-mirein
bialach, sgleogach mar a ghnàths.

'Thug an t-àrdan ort fuireach'

Theich am bombardair 's an caiptean
agus liùg iad ann an sloc,
is chum àrdan Chloinn Ghill-Eain
fear eile, 's an cruadal 'na chorp.

Smaoinich e air Bràighe Mhuile
's air lèanagan mu Loch nan Ceall
agus thainig seòrssa taisidh
air a' chruadal a bh' ann.

Nuair bha na peilearan 'nam frasan
a' builgeadh anns a' ghainmhich luim,   10
thàinig cuimhn' air Inbhir Chèitein
is treuntas dìreach 'na dhruim.

433]

To the Rev. Thomas M. Murchison at the Gaelic Society of Inverness Dinner 14.IV.61

Twists and eddies in the current
passing through Kylerhea as the tide turns
and the slopes of Glenelg
basking in the sun they stretch in.

The old strength with the old beauty
sets the sea tossing in the Sound of Sleat
and the battlements of our Island
are sculpted in the blue-green exultation of the skies.

Knoydart, Glenelg and Lochalsh
and the great miracle of Kintail   10
in a struggle that is no struggle against the Island,
an eternal, unspoken dialogue.

History's breezes blow
on the deeps with time's mildness,
no matter how much bitterness was involved
at times of warping or confusion.

Donald Murchison's rock is at peace,
his loyalty wreathed in the warmth of story
and, fragrant in the narration,
the name of the man from Auchtertyre.   20

No ebb but is followed by a full –
part of the secret of the seasons –
but our ebbing will not return
if Time's current sweeps away our language.

You understood so well, Murchison,
that it would be a mistake to move with Kylerhea,
that following the current of the world
does not prove a man, or a ship's, worth.

You were young when you won your people's praise,
toiling without rest at a pilot oar,   30

Don Urramach Tòmas MacCalmain aig Dinneir Comann Gaidhlig Inbhir Nis 14.IV.61

Càir is cuartagan an t-srutha
tigh'nn tro Chaol Reatha leis an lìonadh
agus leathadan Ghlinn Eilge
sìnte ris a' ghrèin gam blianadh.

Tha 'n seann neart 'na sheann àilleachd
a' luasgadh clàr na Linne Slèitich,
agus baidealan ar n-Eilein
geàrrt' an luathghair ghuirm nan speuran.

Cnòideart, Gleann Eilge 's Loch Aillse
agus mìorbhail mhòr Chinn t-Sàile   10
san t-strì gun strì ris an Eilean,
an còmhradh suthainn gun chànan.

Agus tha oiteagan na h-eachdraidh
le tlàths na tìme air na cuantan,
ge b' e bha annta de shearbhachd
an àm dèabhaidh, no de bhruaillean.

Suaimhneach carragh Dhòmhnaill MhicCalmain:
suainte 'm blàths an sgeòil a dhìlse,
agus cùbhraidh anns an aithris
ainm an fhir bha 'n Uachdar Thìre.   20

Cha tig aon tràigh gun a lìonadh –
's e sin roinn dìomhaireachd nan tràthan –
ach oirnne thig an tràigh gun tilleadh
ma sguabas sruth na Tìm ar cànan.

'S math a thuig thusa, MhicCalmain,
nach mithich falbh le Caol Reatha,
nach ann a' dol le sruth an t-saoghail
a dhearbhar daoine no soitheach.

'S òg a fhuair thu cliù do dhaoine,
ag iomairt gun fhaochadh ràmh bràghad: 30

and at your most effective
your input was no small one.

Your way was not the Lochaber man's –
sitting on the cargo quaffing wine –
you concentrated all your strength on the task,
and the distant shelter was not Kyleakin.

Others weakened but you did not,
nor did you doze off, Murchison:
you trained both body and mind
on the ocean from your perch.   40

You are a look-out for your people:
you made your gift to the Gaels
and kept your eye on the windward side,
watching for a menace from any direction.

Kylerhea offers an appropriate image
for your life, Murchison:
you pointed the slim prow of oakwood
strong and steadfast against the waves.
CW

'Is the world going to wake up anywhere'

Is the world going to wake up anywhere
if it doesn't happen in France?
Was the great awakening in Russia
nothing more than a brief watchfulness
after which man was buried
in a narrow, constricting creed?
What sort of awakening was there in China?
Is the flesh of the Viet Cong
the best flesh for sacrificing?

There were so many of them, so many of them   10
at the Meuse and at the Sambre,
their great hearts beating
at the gates of iron

agus air àirde a' choimeis
cha b' e do chothachadh bu tàire.

Cha b' e do ghnìomh-sa gnìomh an Abraich –
'g òl gucagan fìon air a fàradh –
ach cumail rithe le do dhian-neart,
's a' chairidh cian – cha b' i Caol Àcainn.

Ge b' e lagaich, cha do lagaich
's cha do chaidil thus', MhicCalmain:
mhothaich thu an corp 's an spiorad
air do spiris ris an fhairge.   40

'S tu fear-faire do chinnidh:
thug thu do ghibhtean do na Gàidheil,
chùm thu do shùil air an fhuaradh
a' feitheamh fuathais gach àirde.

Is math an samhladh Caol Reatha
air do bheatha-sa, MhicCalmain:
chùm thu ceann caol a daraich
gu treun daingeann ris an fhairge.

'Am bi dùsgadh anns an t-saoghal'

Am bi dùsgadh anns an t-saoghal
mura tig e às an Fhraing?
An robh dùsgadh mòr na Ruis
ach 'na chaithris airson greis
gus an tiodhlaicteadh an duine
ann an creud chruaidh chumhaing?
Dè an dùsgadh bha san t-Sìn?
An e feòil Viet Cong
an fheòil as fheàrr gu ìobairt?

Na bh' ann dhiubh, na bh' ann dhiubh   10
mun a' Mheuse, mun t-Sambre,
a' bualadh len cridheachan mòra
anns na geatachan iarainn

which would open on the land of their longing,
on the bright islands of their promises
manured with the substance of their blood.

No other human nation
is like France
which produced great thousands of martyrs 20
who pursued their cause.
Here is no continuing city,
yet that's no reason why it should be filthy,
harsh, haughty, restricted,
with no God but Mammon
and the bankers of Zurich.
Money is the father of whores.

"Great Scotland will be ruled by beasts"
in the ear of the man who slept so deeply,
but in Charles Stewart's head 30
there were beasts and many a whore,
perhaps as many of them in his head
as in that of the Butcher
and in Fair Colla,
in the head that ploughed the beach
so as to keep the shellfish
from the poor creatures of the world.

Every army has had two faces
since they stood by the Meuse;
Thermidore and the *Directoire*
and Bonaparte, with his many faces, 40
murdered those courageous French soldiers
who had the valour of angels.
Where can their like be found now
if not with Mao,
crying as they did that the world
was vast and free for mankind?

Christianity has thousands of martyrs
but never in one year had it

a dh'fhosgladh gu tìr na h-iargain,
gu eilean sorcha a' gheallaidh
mathaichte le brìgh am fala.

Chan eil dùthaich aig an duine
coltach ris an Fhraing
a ghin na mìltean mòra mhartar
a' dol air adhart len agairt.
Chan eil an seo baile mhaireas –
'n e sin reusan a bhith salach,
e bhith borb uaibhreach caol,
gun Dhia aige ach Mamon
agus bancairean Zhurich?
'S e 'n t-airgead athair nan siùrsach.

'Bidh Alba mhòr fo bhinn bhèistean'
an cluais fear a' chadail mhòir,
ach bha na bèistean 's iomadh siùrsach
ann an ceann Theàrlaich Stiùbhairt –
dh'fhaodadh gu robh uiread dhiubhsan
'na cheann 's a bha 'n ceann a' Bhùidseir
agus na bha 'n Colla Bàn
'na cheann a' treabhadh na tràghad
fiach an cumadh e a' mhaorach
o chreutairean bochda 'n t-saoghail.

Cha robh arm gun dà aodann
ann bhon sheas iad air a' Mheuse;
mharbh *Thermidore* 's an *Directoire*
agus Bonaparte le iomadh aodann
saighdearan curanta na Frainge
san robh treuntas nan ainglean.
Càit a-nis a bheil an leithid
mura h-eil iad aig Mao,
's iad ag èigheach gu robh 'n saoghal
farsaing saor don chinne-daonna?

Tha mìltean mhartar aig Crìosdachd
ach cha robh aice an aon bliadhna

this great generation which rose at the Meuse
in the French armies;   50
humanity has since
had only one nation.
France was the nation of the world
even though Bonaparte led it astray,
it is the nation of mankind.
CW

My Country

Scotland itself is my country,
Skye is my island
and Raasay of the MacLeods;
Portree and Osgaig are my villages,
Achnahanaid and Ollach;
and the village above all other villages
is blue-green Clachan over there –
and blue-green Clachan in Lochalsh.

My other country is Ireland,
and after it, France;   10
but Mull and Uist
are tucked into the depths of my heart.
"Since the company scattered
which was in Mull of the hills" –
I, too, am of the company
that has not and will not come to this side.
CW

Stalin

They keep saying you were
unscrupulous, ruthless,
out of your mind with lust for power,
that you caused millions to die
in a famine which could have been avoided
which you yourself inflicted on them.

am pòr mòr seo a dh'èirich mun Mheuse
ann an armailtean na Frainge;   50
cha robh aig a' chinne-daonna
ach aon dùthaich on uair sin.
B' e 'n Fhraing dùthaich an t-saoghail
ged chuir Bonaparte i iomrall,
's i dùthaich a' chinne-daonna.

Mo Dhùthaich

'S e Alba fhèin mo dhùthaich,
m' eilean an t-Eilean Sgitheanach
agus Ratharsair nan Leòdach;
mo bhailtean Port Rìgh is Òsgaig,
Ach na h-Anaid is an t-Òlach;
agus an clachan thar gach clachain,
an Clachan gorm ud thall –
agus Clachan gorm Loch Aills'.

Mo dhùthaich eile Èirinn
's à deaghaidh-se an Fhraing;   10
ach tha Muile agus Uibhist
am falach an doimhne mo chridhe.
'On a sgaoileadh a' chuideachd
a bha 'm Muile nam beann' –
tha mise cuideachd dhen cuideachd
nach tàinig 's nach tig a-nall.

Stàilin

Tha iad ag ràdha gu robh thu
cealgach, an-iochdmhor,
às do rian le miann na cumhachd,
gun do leig thu bàs le milleanan
le gort a ghabhadh seachnadh,
a thug thu fhèin orra.

But others say
your understanding
surpassed all other men's,
that your capacities were inexpressible,   10
that you saw coming
the crazed army of the Nazis
and Europe in its entirety
subjugated by capital,
with Christ's mask
on some of their banners;
that you murdered now
in the interests of tomorrow and the day after tomorrow,
that you preferred famine and death
affecting thousands and millions   20
for one, two, three or four years,
for five, six, seven, eight, nine or ten,
rather than see the future
in the hands of Wotan and Krupp,
of Rosenberg and Nietzsche
and their pitiless, inhuman creed;
that you saw both past and future,
that freedom could only mean
the understanding of necessity.
CW

James Connolly

When the pale day dawned in 1916,
weak and dazed, with tormenting wounds,
tightly bound to the chair you would be executed in,
having cast your soul from you before God's Son,

if anyone could have told you on that morning
that men and woman today throughout your land
would be poverty-stricken and naked, with no aspiration
beyond misery and deprivation, living as beggars!
CW

Ach their càch
gu robh do thuigse
thar tuigse gach aoin eile,
gu robh do chomas do-labhairt,
gum faca tu tighinn
arm caothaich nan Nàsach,
's an Roinn-Eòrpa gu lèir
fo chumhachdan Mhamoin,
le aghaidh-choimhich Chrìosda
air cuid dem brataichean;
gun do mhurt thu an-dràsta
air sgàth màireach 's an-earar,
gum b' fheàrr leat a' ghort 's am bàs
aig mìltean is milleanan
airson bliadhna, no dhà, no trì, no ceithir,
no còig, no sia, no seachd, ochd, naodh, deich,
na gum biodh an tìm ri teachd
aig Bhòtan 's aig Krupp,
aig Rosenberg 's Nietzsche
's aig an creideamh an-iochdmhor mì-dhaonda;
gum faca tu na bha 's na bhitheadh,
nach robh an t-saorsa
ach an tuigse na b' fheudar.

10

20

Seamus Ó Conghaile

Aig bànadh an là ghil am bliadhna nan Sia-Deug,
tràighte, faoin-lag, cràdhte, fo chreuchdaibh,
ceangailte gu dlùth ri cathair nam pian dhut –
seadh, tilgeil t' anam an làthair Mhic Dhè uat,

nan abradh neach riut madainn an là ud
gum biodh daoine an-dràsta air feadh do thìre
bhiodh bochd is nochd; gun an dùil ri aon rud
ach an-shògh is call, is iad beò an dèirce.

For Sir Lachlan MacLean of Duart on the 80th anniversary of the restoration of the Castle

Five years after Culloden
the secret information that reached London
about the state and spirit of every clan
was that the Clan MacLean was rash and proud,
with no great prudence of their worldly state,
with a boast that they never turned their backs
on enemies even ten times their number,
the Spartans of the North.

Duart Castle was then
a ruin with broken walls,   10
and its lord in exile, as was his father,
its company scattered,
with no gathering of the host in Aros,
except what was in the mouths of seanachies
about the deeds of Lachlan Mor and Hector Roy;
where Donald Glas's body fell,
and what MacLean of Boreray said on Leac an Lì.

Duart Castle a ruin
for more than two hundred years,
and Mull going under sheep,   20
bracken, rushes and heather.
The MacLean chiefs unfortunate
in the eyes of the big world,
but fortunate in the fame of generations:
that they never cleared tenantry from Mull,
from Morvern or from Tiree,
or from Iona,
or from any other place.

Duart Castle restored
by a generous and brave chief,   30
as was his grandson after him
from what I heard
from a brave Skyeman who was with him

Do Shir Lachlainn MacGill-Eain Dhubhaird air ochdadhach ceann-bliadhna ath-thogail a' chaisteil

Còig bliadhna às dèidh Chùil Lodair
's e 'n t-iomradh dìomhair a ràinig Lunnainn
mu chor 's mu spiorad gach cinnidh
gu robh Clann Ghill-Eain bras is uaibhreach,
gun ro-chùram mun staid saoghail
le bòst nach do chuir iad riamh an cùl
air nàimhdean deich uairean cho lìonmhor,
Spartanaich na h-Àirde Tuath.

Bha Caisteal Dhubhaird an uair sin
'na làraich de bhallachan briste,   10
is a thriath air fògradh, mar bha athair,
a' chuideachd a bha ann air sgaoileadh
's gun chruinneachadh sluaigh ann an Àros,
ach na bha 'm briathran nan seanchaidh
mu ghnìomhan Lachlainn Mhòir is Eachainn Ruaidh,
far na thuit corp Dhòmhnaill Ghlais
is dè thuirt Fear Bhoraraigh air Leac an Lì.

Caisteal Dhubhaird 'na làraich
còrr is dà cheud bliadhna,
agus Muile dol fo chaoraich,   20
fo fhraineach, luachair is fraoch.
Cinn-cinnidh Chloinn Ghill-Eain mì-shealbhach
ann am beachd an t-saoghail mhòir,
ach fortanach ann an cliù nan linntean:
nach do thog iad tuath à Muile
no às a' Mhorbhairne no à Tiridhe
no à Ì Chaluim Chille
no à àite sam bith eile.

Caisteal Dhubhaird air ath-thogail
le ceann-cinnidh còir treun,   30
mar a bha ogha às a dheaghaidh,
a rèir na chuala mise
o Sgitheanach treun a bha cuide ris

in the last great war,
and from many another mouth.

Therefore the Castle of Duart
is young in its eighty years
and stainless from the generations
of three hundred years,
scoured from every blemish   40
left on any old building.

'That breaking means a double breaking'

That breaking means a double breaking,
your own and the breaking
the centuries wrought upon your kindred,
the disease that became part of us.
I realised the day we said goodbye
on Diurinish Point to the strong man
who combined the precious spirit
inherited from the Vikings and from the Gaels
that our people would not again have
the share which once was theirs.   10
CW

The Silver Button

*(There is a tradition in Raasay that the last MacLeod chief could give only a
silver button off his coat to one of the men who ferried him to Applecross when
he was leaving Raasay.)*

Their plight is to my flesh and bones
a white-hot iron.

The fields empty under sheep
from the Raised Beach of Eyre to Meall Damh,
from Screapadal to Fearns,
from Rubha na Lice to Rubha Mhanais.

The children, women and big men
of Raasay among the rocks of Rona.

446]

sa chogadh mhòr mu dheireadh,
agus o iomadh beul eile.

Uime sin tha Caisteal Dhubhaird
òg 'na cheithir fichead bliadhna,
agus gun smal o na linntean;
fad nan trì cheud bliadhna
air a sgùradh o gach smal   40
a dh'fhàgar air seann togail sam bith.

''S e bhith briste leis an dà bhristeadh'

'S e bhith briste leis an dà bhristeadh,
do bhristeadh fhèin agus am bristeadh
a thug na linntean air do chuideachd,
'n èitig a thàrmaich air ar siubhal.
Thuig mi an latha dh'fhàg sinn
an Sròn Dhiùrainis am fear làidir
an robh còmhla an spiorad daor
sìnte on Lochlannach 's on Ghàidheal
nach biodh an cuibhreann a-rithist
mar a bha i do ar cinneadh.   10

Am Putan Airgid

*(Tha bial-aithris ann an Ratharsair nach b' urrainn an triath mu dheireadh
de Chloinn MhicGhille-Chaluim ach putan airgid dhe 'chòta a thoirt do fhear
dhe na fir a dh'aisig e don Chomraich 's e fàgail Ratharsair.)*

Tha 'n càradh-san rim fheòil 's rim chnàmhan
'na iarann teinntidh geal.

Na raointean falamh fo chaoraich
o fhaoilinn Aoighre gu Meall Damh,
o Sgreapadal gu Baile na Feàrnaibh,
o Rubha na Lice gu Rubha Mhànais.

Clann is mnathan is fir mhòra
Ratharsair measg chreagan Rònaigh.

Children, women and men
on whom Rainy brought destruction.   10

The children, women and big men
of Sgoirebreac in a fank in Braes,
poverty and hardship their pain.

And the green lush pastures
of Sgoirebreac without efficacy for them.

Rainy and the MacDonald lords
spoiled the big men of my kind.

Children and women and good men
from the green glens of MacLeod's Due
turned to bracken in Brae Eynort   20
and gone to the sea-wrack
from Rubha 'n Dunain to Dunvegan.

Norman and other Norman,
John Norman and another Norman,
they got flattery enough;
their pin is in the bone and blood of the MacLeods.

He who was nearest to me
among the chiefs of the MacLeods
left a silver button in his estate
as he took the stealthy ferry   30
to Applecross, his moonlight flitting.

Mac Gille-Chaluim did not clear
one man of the Clan MacLeod
nor one man of the Clan MacLean,
of the Clan MacSwan or Clan MacNicol,
of the Clan Mac Gill-Iosa
or of the Clan Mac Gill-Other.

Clann is mnathan agus fir
air an tug Rèanaidh an sgrios.   10

Clann is mnathan is fir mhòra
Sgoirebreac am faing sa Bhràighe,
a' bhochdainn 's an t-anacothrom gan cràdhadh.

Agus raointean gorma brìoghmhor
Sgoirebreac gun dad brìgh dhaibh.

Rèanaidh is Morairean Chloinn Dòmhnaill
a mhill fir mhòra mo sheòrsa.

Clann is mnathan agus seòid
o ghlinn ghorma Dhùis MhicLeòid
air dhol 'nam fraineach am Braigh Aoineart   20
agus air a dhol don tiùrradh
o Rubha 'n Dùnain gu Dùn Bheagain.

Tarmad agus Tarmad eile,
Iain Tarmad 's Tarmad eile,
mheal iadsan sodal gu leòr;
tha 'm bior an cnàimh 's am fuil Shìol Leòid.

Dh'fhàg am fear bu dlùithe dhòmhsa
de chinn-chinnidh nan Leòdach
putan airgid 'na oighreachd
's e gabhail aiseag na foille   30
don Chomraich, imrich na h-oidhche.

Cha do thog Mac Ghille-Chaluim
fear sam bith de Chloinn MhicLeòid
no fear sam bith de Chloinn Ghill-Eain,
de Chloinn MhicSuain no Chloinn MhicNeacail
no de Chloinn Mhic Ghill-Ìosa
no de Chloinn Mhic Ghill-Eile.

He took the night ferry,
leaving the silver button.
Not so the seed of Norman
nor the barons of Sleat.

My kinsman left no stain of filth
in the forehead of the Seed of Torquil of the Sun.

Poor John Mac Gille-Chaluim went
and left the debts. Small their disgrace
to the disgrace of the chiefs that stayed.
Their staying was a branding-iron
on Trotternish and Minginish,
on Bracadale and Sleat.

I prefer the Seed of Torquil of the Sun.

'The mountains are speechless'

The mountains are speechless
if what they say cannot be understood,
and the many-voiced ocean is silent
if no-one knows its language.

For all the voices that may emerge from lips
between Sutherland and the Mull,
no point in being close at hand
if their Gaelic is not heard.

Ben Nevis has no voice
other than Donald of the Songs',
and Ben Dorain is struck dumb
if Duncan Ban is dead.

Finlarig and Taymouth
are heaps of stone and mortar
to eyes which failed to see the flame
raised by love's revenge.

Ghabh esan aiseag na h-oidhche,
a' fàgail a' phutain airgid.
Cha b' ionann sin do Shìol Tharmaid 40
no do Mhorairean Shlèite.

Cha d' fhàg mo charaid-sa smal brèine
am bathais Shìol Thorcaill na Grèine.

Dh'fhalbh Iain bochd Mac Ghille-Chaluim
's dh'fhàg e na fiachan. Bu bheag am masladh
seach masladh nan triath a dh'fhuirich;
bha 'm fiachan-san 'nan iarainn-losgaidh
air Tròndairnis 's air Minginis,
air Bràcadal agus air Slèite.

'S fheàrr leamsa Sìol Thorcaill na Grèine. 50

'Tha na beanntan gun bhruidhinn'

Tha na beanntan gun bhruidhinn
mura tuigear an glòir,
's an cuan iolaghuthach sàmhach,
ma tha 'chànain gun eòl.

Air gach guth thig o bhilean
eadar Cataibh 's a' Mhaoil,
mur èistear ri 'Ghàidhlig,
chan eil fàth bhith ri thaobh.

Chan eil guth aig Beinn Nibheis
ach le Dòmhnall nan Dàn 10
's tha Beinn Dòbhrain 'na balbhan
ma dh'eug Donnchadh Bàn.

Tha Fionn-Làirig is Bealach
'nan torran cloiche is aoil
dhan t-sùil nach fhaca an lasair
a thog dìoghaltas a' ghaoil.

Ben Cruachan is merely a big lump,
voiceless, ignorant,
if the outlaw does not elude
pursuit on its hillside.   20

The Moriston river is dry, coming
through the glen without a burble,
if the din made by Donald Donn's
boots cannot be heard.

And the warbling of Rùsgaich
is merely pointless birdsong
if that music does not pierce
the flesh when heard.

Sheep are reposing
on a hundred summits as high   30
as that speckled, beloved castle,
joyous Dun of the MacLeods.

The wind scours Culloden
with a chill, piercing blast –
the whitened corpses would have turned black
were it not for John Roy's lament.

Every custom and delight
our people had since the beginning
is dumb in a castle prison,
locked up in a fortress.   40

Blind folk are searching for them
and the key has been lost:
if Gaelic disappears
there can never be release.

What matters it should another sun rise
over summit and ocean?
If it is not a Gaelic sun,
its aspect is indifferent to us.
CW

Chan eil an Cruachan ach meall mòr
gun ghuth is gun fhios
mura tàrr am fear fuadain
às an ruaig air a shlios.   20

Tha Moireasdan tioram,
tighinn gun ghlug tro na glinn,
mura cualas a' chaismeachd
a bh' aig bròg Dhòmhnaill Dhuinn.

'S chan eil ceileireadh Rùsgaich
ach 'na fhaoineas guth eòin
mura cluinnear a thorman
'na shitheadh san fheòil.

Tha na caoraich 'nan laighe
air ceud mullach cho àrd   30
ris an dùn sin breac gaolach,
Dùn Leòdach an àigh.

Tha 'ghaoth sguabadh Chùil Lodair
le sgal craingidh fuar
's na cuirp ghlè-gheal air dubhadh
mur b' e tuireadh Iain Ruaidh.

Tha gach gnàths agus annas
bh' air ar cinneadh o thùs
am balbh-phrìosan a' chaisteil
agus glaist' anns an dùn.   40

'S e 'n dall tha gan sireadh
's an iuchair air chall;
ma chaillear a' Ghàidhlig
chan fhuasglar am bann.

Dè ma dh'èireas grian eile
air creachainn no cuan
's nach i grian na Gàidhlig,
's coingeis dhuinne a tuar.
CW

453]

Notes

I: 1932–1940

There are a number of previously uncollected poems in this section, which corresponds to the same period as the 'Dàin do Eimhir'. 'Road to the Isles', 'An Dùn 'na Theine', 'Air an Adhbhar Cheudna', 'Do Mhgr. Niall Mac an t-Seumarlain', 'Don Bhritheamh a thubhairt ri Iain MacGill-Eain gum b' e gealtair a bh' ann', 'An Seann Òran', ''N e d' mhiann', 'Gabh a-mach às mo bhàrdachd', 'Thug Yeats dà fhichead bliadhna', 'An uair a thig an teannachadh', 'An seo an gaol', and 'Gealach Ùr' appeared in the 'Dàin eile' section of MacLean 1943. MacLean's own translation of 'An Seann Òran' is taken from MS 29557 in the National Library of Scotland, except for ll. 49–64, absent there, which have been translated by ED. The translation of 'Don Bhritheamh' &c. comes from the same manuscript. For 'Craobh nan Teud', see the note to that poem. 'Scotus Erigena' was previously published in *Scottish Arts and Letters* No. 1 (1944) p. 38.

Conchobhar

In the Ulster Cycle, Conchobhar mac Nessa ruled from Eamhain Mhacha (Navan Fort) near Armagh. Among the many stories involving him, the story of Deirdre and Naoise is one of the most famous. Conchobhar had Naoise and Naoise's two brothers killed after luring them back to Ireland from Scotland, where Naoise had eloped with Deirdre. Deirdre later ended her own life rather than be the wife of Conchobhar. Glendaruel and Glen Etive are both places associated with Deirdre and Naoise's exile in Scotland.

An Saothach

MacLean wrote to Douglas Young on 18th December 1941 regarding this poem:

> Have I ever told you that the 'black ship' and 'white ship' stand respectively for the poetry of the great known and of the unknown poets?

But, I fear, Eimhir got mixed up with the symbolism of the [stanza 7] lyric and gave it some tang. As for the rest of the allegory there appear crudely the "Celtic Twilight" (the chap in the fog), the Clearances quite plainly, and Calvinism and the doctrine of Election very recognisably towards the end.

See note to 'Anns a' Phàirce Mhòir' for an explanation of 'Taghadh/Election' (here l. 80.)

Road to the Isles

Scottish singer and composer Margery Kennedy-Fraser (1857–1930) collected and arranged Gaelic folksongs published from 1909 to 1921 in the three volumes of *Songs of the Hebrides*. Her assistant Kenneth Macleod, the Church of Scotland minister on Gigha, wrote an English language song called 'Road to the Isles'. MacLean's attitude would later soften in comparison to his vituperative epigram on Kennedy-Fraser (for which see section 9), as evidenced in these lines from *Old Songs and New Poetry* (first published in 1970):

> The Celtic Twilight of the 1890s and its product, the *Songs of the Hebrides*, were to the realities of Gaelic song poetry as Victorian Gothic is to the North French cathedrals. There is, however, in Gaelic song such an intrinsic quality of poetry and music that some of it could not fail to come through again and again, even in the *Songs of the Hebrides*, just as there is such a quality in Gothic architecture that it often shines through sham Gothic. In the 1920s, therefore, much 'educated' Gaelic opinion was right in preferring the *Songs of the Hebrides* to almost all nineteenth-century Gaelic song, which now seems, to me at any rate, to have been a natural product of the Clearances, the Evangelical Revival and the Education Act of 1872. (MacLean 1985, pp. 107–8)

An t-Eilean

In an early typescript, this poem was dedicated to 'the Seven', friends of the poet while he was in Portree between 1934 and 1937. MacLean names them in MS 29564, f.75, in the National Library of Scotland as 'Stuart, MacLeod, Matheson, Steele, Campbell, Swanney and Duncan MacLean (the vet). The first six were all teachers in Portree School.' Note that MacLean's translation of l. 1, 'You gave me the valuable enough', has been amended to 'You gave me the valuable sufficiency' for the sake of clarity.

Cornford

John Cornford (1908–1937) was an English poet and communist who fought with the International Brigade in the Spanish Civil War and was killed in Copera, near Córdoba. Julian Bell (1908–1937), son of Virginia Woolf's sister Vanessa, was an English poet who took part in the same war as an ambulance driver on the Republican side. He was killed in battle at Brunete. Poet and dramatist Federico Garciá Lorca (1898–1936) was shot by Nationalist partisans, supporters of Franco, shortly after the outbreak of the Spanish Civil War.

Clann Ghill-Eain

Few MacLeans returned to Mull after the Battle of Inverkeithing, fought on 20 July 1651. A detachment of Leslie's Royalist army was defeated by Lambert and nearly 700 members of the clan killed. John Maclean (1879–1923) was a Scottish schoolteacher who held open classes in 'Marxian economics'. He was a pacifist who campaigned against military and industrial conscription during the First World War and was imprisoned for those beliefs in 1916 and 1918. He was appointed the first Bolshevik consul for Britain in the aftermath of the October Revolution. He campaigned for a separate Scottish Communist Party but lost out to a coalition which formed the Communist Party of Great Britain.

An Dùn 'na Theine

In November 1938 a fire destroyed one wing of Dunvegan Castle, ancestral home of the MacLeod chieftains.

Air an Adhbhar Cheudna

For the *Annie Jane* see note to 'An Cuilithionn' I: 107ff. in section 8.

Do Mhgr. Niall Mac an t-Seumarlain

Arthur Neville Chamberlain (1869–1940) was UK Prime Minister between 1937 and 1940. MacLean refers to his failure to support the Spanish Republic during the Spanish Civil War, when he replaced Stanley Baldwin as Prime Minister, continuing the earlier policy of non-intervention, and to his signing of the Munich Pact in September 1938, when he capitulated to Hitler, allowing the Nazis to annex the Sudetenland, which had been assigned to Czechoslovakia at the end of the First World War.

An Seann Òran

MacLean refers to figures from Irish mythology in the second, third and fourth stanzas. Goll mac Morna, Fionn mac Cumhail, Caoilte mac Rònain and Diarmad were members of the warrior band, the Fianna, in the Fenian (or Ossianic) Cycle. Osgar was the grandson of Fionn. Cuchulain and Conall Ceàrnach were heroes of the Ulster Cycle, while Maebhe was the Queen of Connacht in the Ulster Cycle. For the MacCrimmon piping dynasty, see note to 'Craobh nan Teud' below. MacLean's English version is supplied from MS 29557 except for the last two stanzas, which are translated by ED.

Craobh nan Teud

In MacLean 1999, lines 33–56, 81–96, 101–116, 137–144 and 177–192 are cut with respect to MacLean 1943. They are here restored, the poet's English version being supplied from National Library of Scotland MS 29557. 'Wicked', in line 51 of the English translation is editorial. 'Craobh nan Teud' is the title of a famous pibroch, also known in English as 'Lament for the Harp Tree'. MacLean gathers together examples of poets and musicians whose grief and lament are transformed into beauty by the inspirational power of music and lyric. Ruairi Dall MacMhuirich, 'An Clàrsair Dall/The Blind Harper' (c.1656–1713/14), became established in Dunvegan in close association with the MacLeod chiefs in the early 1680s, and composed 'Òran do MhacLeòid Dhùn Bheagain/Song to MacLeod of Dunvegan', a lament for the decay of the old Gaelic traditions of patronage in which he employs 'Mac-talla' or 'Echo' to put forward the idea that music and song are no longer heard in the chief's hall. The dates traditionally ascribed to the principal members of the famed MacCrimmon piping dynasty are: born 1570 for Donald, c.1595–1670 for Patrick Mòr, and c.1645–1730 for Patrick Òg. They enjoyed the patronage of the Dunvegan MacLeods and are said to have maintained a piping college close by at Boreraig. Tradition relates that, having buried seven of his eight sons in the space of a year, Patrick Mòr composed the celebrated 'Cumha na Cloinne' or 'Lament for the Children' cited in 'Dàin do Eimhir' XXIII. This is also referred to in 'An Cuilithionn' (VII: 200), as are further MacCrimmon tunes the 'Caogach' ('MacCeich's Flame of Wrath or Flash of Temper') and 'Maol Donn' ('MacCrimmon's Sweetheart', also 'The Brown-Polled Cow', for which see further 'Dàin do Eimhir' XXXV). Irish poet Aodhagán Ó Rathaille

(Egan O'Rahilly) (c.1675–1729) enjoyed the patronage of the Brownes, Catholic and Jacobite, favourable to the native Irish. After the defeat of King James at the Battle of the Boyne in 1690, their estates were confiscated, and Ó Rathaille's own circumstances affected as a result. Many of his poems are his way of making sense of the chaos and the painful change that Ireland was going through at the time, such as his most famous creation, 'Gile na Gile / Brightness Most Bright', an early *aisling* or vision poem.

Scotus Erigena

Johannes Scotus Erigena (c.815–877) was an Irish theologian and Neoplatonist philosopher who put forward the theory that religion and philosophy are one and the same and that all beings reflect God, with whom they will eventually come into harmony. For Erigena, Hell was symbolic of a condition in which a person becomes purified, rather than being a place of everlasting punishment. In the 1860s his work was 'rediscovered', with Schopenhauer mentioning Erigena in his 'Sketch of a History of the Doctrine of the Ideal and the Real'.

Coilltean Ratharsair

In l. 62, 'crunluath' is a set of grace-notes in 'pìobaireachd', which bring the tune to a climax as a crowning movement (Roderick D. Cannon, *The Highland Bagpipe and its Music*: Edinburgh, John Donald 1988, p. 59). Actaeon was a Theban hero in Greek mythology. Artemis having turned him into a stag as a punishment for accidentally coming upon her naked, he was torn to pieces by his own hounds. The repetitions of 'triùir' ('threesome') in ll. 137–144 suggest a possible confusion with another myth, where Paris is faced with awarding the apple which is a prize for supreme beauty to either Aphrodite, Artemis or Hera.

2: 'An Cuilithionn' 1939 (cùibhreannan)

These extracts are sourced in the Aberdeen manuscript copy of the poem, with English versions by the poet from MS 29559 in the National Library of Scotland. Both are edited by Whyte as MacLean 2011.

à Earrann I

The extract occurs at a point corresponding to I: 61 in the 1989 text of the poem.

81: For the eviction of tenants from Scorrybreck near Portree, ancestral home of MacLean's mother's people, the Nicolsons, see 'Am Putan Airgid' in section 9.

100: Seton Gòrdan (Seton Paul Gordon) (1886–1977) was a celebrated naturalist, photographer and folklorist.

104: See note to 'Road to the Isles' in section 1.

112: Niall MacLeòid (Neil MacLeod) of Glendale (1843–1924), author of *Clarsach an Doire*, was the most popular Gaelic poet of the nineteenth century.

133ff.: These lines may refer to Ian Murray, who took over as headmaster of Portree High School shortly after MacLean joined the staff there in autumn 1934.

à Earrann II

The extract occurs at a point corresponding to II: 150 in the 1989 text of the poem.

167: James Lithgow (1883–1952) headed the Clydeside cargo shipbuilding firm and played a crucial role in Scotland's industrial economy in the 1920s and 1930s.

203: The last great clan fight on Skye, between MacDonalds and MacLeods, was fought in the upper reaches of Glenbrittle in 1601.

207, 211: Battles fought between May and September 1915 on the Western Front in which the Queen's Own Cameron Highlanders, with a significant Inverness-shire contingent, played a significant role. Late in life MacLean devoted a specific poem to Festubert.

à Earrann III

The extract occurs at a point corresponding to III: 43 in the 1989 text of the poem.

69: See note to 'Craobh nan Teud' for Patrick Mòr MacCrimmon.

72: See MacLean 1985 for a significant essay on the work of nineteenth-century Islay poet Uilleam MacDhunlèibhe (William Livingston) (1808–1870).

à Earrann VI

The extract occurs at a point corresponding to VI: 250 in the 1989 text of the poem.

247: See note to 'Dàin do Eimhir' XVIII for Georgi Dimitrov.

à **Earrann VII**

The first extract occurs at a point corresponding to VII: 96, the second to VII: 146 in the 1989 text of the poem; ll. 285–288 are translated by CW.

110: The assassination in February of Kurt Eisner (1867–1919) helped provoke the attempted setting up of a Soviet Republic in Bavaria in April 1919, in the wake of which Gustav Landauer (1870–1919) was murdered. Ernst Toller (1893–1939) gained renown for the plays he wrote while imprisoned for his part in the same uprising. For Liebknecht, see note to 'An Cuilithionn' II: 98 in section 8.

3: Dàin do Eimhir

MacLean supplies dates of composition in a letter to Douglas Young dated 30 March 1942. I was written in Raasay in August or September 1931, II in Edinburgh in summer 1932, III in Portree in November or December 1936, IV in Mull in March or April 1938, V to VIII in Edinburgh in September 1939, IX–XVI in Hawick very early in November 1939 and XVII–XXXVI in December. XXXVII–LV were written in Hawick between February and April 1940, LVI in Catterick in early 1941, LVII–LIX in London at the start of August and LX in early September. Eimhir was the wife of Cuchulainn, the principal hero of the Ulster Cycle in early Irish literature. Three different women are addressed in the course of the sequence. III concerns a Skye girl. The 'Irish Eimhir', Nessa O'Shea (later Mrs Doran), enters the sequence with IV, while it is likely that V concerns A. M., the 'Scottish Eimhir', who comes to dominate from XXIII onwards. Forty-eight numbered items from the sequence were published in MacLean 1943, with a further two (VI and XV) figuring among the 'Dàin eile'. XL, XLVI and XLVII achieved magazine publication in 1970. MacLean 1977 features twenty-eight items as individual poems, each with its own title. A further nine were added in 1990.

The text here reproduces, with minor modifications, MacLean 2002, where the entire sequence appeared in print for the first time (with the exception of VII, which has not so far been traced). XLVIa was discovered by Ian MacDonald among MacLean's papers in Aberdeen in March 2011. Lineation has been normalised in I and XVI. In the latter item the reading 'thabhartas', from George Campbell Hay's transcript in National Library of Scotland MS 26722, is preferred to 'thachartas' (taken to be a slip on MacLean's part, provoked by 'thachair' in the preceding line). MacLean's English versions of XII and LVIII are quoted from National Library of Scotland MS 29557.

I The opening and closing stanzas were added in December 1939.

IV The revolution organised by miners in Asturias, northern Spain, in October 1934, is also referred to in 'An Cuilithionn' II: 111ff. For the Slave Ship, see note to 'An Cuilithionn' I: 98 in section 8.

VI originally began 'Ged a thèid mo mharbhadh' ('Though I shall be killed'). An annotation by Douglas Young names the eatery in question as St Giles' Grill.

X MacLean draws further parallels between his experience and that of the Gaelic love lyricist in the poem 'Uilleam Ros is mi fhìn' ('William Ross and I', see section 4).

XII 'I have in one Eimhir poem accurately, I think, enumerated the four chief emotional dynamics of my life . . . I am afraid the last has been far more important than you or anybody else has ever imagined' (letter to Young dated 11 September 1941).

XIII takes as its point of departure Ezra Pound's version of 'Na Audiart' by Provençal poet Bertran de Born (1150–c.1215). Maud Gonne, unrequited love of Irish poet W. B. Yeats (1865–1939), married Major John MacBride in Paris in February 1903. 'Mo nighean donn à Cornaig' and 'An t-amadan bòidheach' are traditional Gaelic songs, while Thomas Costello and Una MacDermott are featured in Douglas Hyde's *Love Songs of Connacht* (1893).

XV MacLean's contempt for the English poets of the 'MacSpaunday' group was shared by Hugh MacDiarmid (see his 'British Leftist Poetry, 1930–40').

XVIII makes striking use of the eloquent language of sermons in the Free Presbyterian denomination, dominant in the island where MacLean grew up (see Terence McCaughey in Ross and Hendry 1986 pp.127–36). The opening lines were altered before publication to 'A chionn nach eil dìon ann / agus a chionn nach eil m' iarrtas . . .' ('Because there is no refuge / and because my desire . . .'). Bulgarian communist Georgi Mikhailovich Dimitrov (1882–1949), famed for his self-defence in court against charges of having set fire to the German Reichstag in February 1933, also figures in 'An Cuilithionn' (see especially VI: 206ff). For James Connolly see 'Àrd-Mhusaeum na h-Èireann' in section 6. The original version of this line read 'cho treun ri Dimitrov, cho glic ri Stàilin' ('as brave as Dimitrov, as wise as Stalin'). For line 56, see *John* 13, 10: 'Thubhairt Ìosa ris (.i. ri Peadar), An tì a tha air ionnlad, chan eil feum aige ach a chasan ionnlad, ach tha e gu h-iomlan glan.' ('Jesus saith to him, He that is washed needeth not save to wash his feet, but is clean every whit.') And for line 69, *Jeremiah* 12, 5: 'Ma ruith thu leis na coisichean, agus gun do sgìthich iad thu, cionnus idir a nì thu strì ri eachaibh?' ('If thou hast run with the footmen and they have wearied thee, then how canst thou contend with horses?') For line 78, see the answer to Question 31 in the *Shorter Catechism*.

XIX Ossian spent 300 years with Niamh of the Golden Hair in the land of eternal youth (more usually 'Tìr nan Òg'). Line 32 is strikingly reminiscent of Skye poet Màiri Mhòr nan Òran (Mary MacPherson 1821–1898) but this item also contains echoes of Horace and Marvell, as well as of Shakespeare's *Sonnets* (for MacLean 'perhaps more important than any other English influence' (letter to Young dated 11 September 1941)).

XXII MacLean subsequently clarified that 'certain circumstances, family circumstances, prevented me from going to fight in the International Brigade. It wasn't a woman fundamentally that kept me from going though there was one' (see interview with Angus Nicolson in *Studies in Scottish Literature* XIV (1979)).

MacLean wrote to Young concerning **XXVIII** and **XXIX** that:

> about 2 or 3 a.m. on Wednesday 20th [December 1939] I got up out of bed and very quickly wrote down 'Samhlaidhean' and 'Coin', of which, as far as I remember, I have never changed one word from that first writing down. It seems to me that I composed them simultaneously in a troubled sleep. (Letter dated 30 March 1942)

XXXIII Gaelic poet Donnchadh Bàn Mac an t-Saoir (Duncan Ban Macintyre) (1724–1812) spent the latter part of his life in Edinburgh, where he was a member of the City Guard from 1766 to 1793.

The opening quatrain of **XL** is a bitter reworking of verse 6 from 'Mo rùn geal dìleas', considered by MacLean to represent a high point of Gaelic song anterior to 1800.

The Aberdeen manuscript of the sequence ends with **XLI**, which may have been intended at one point as its conclusion.

XLV Betelgeuse, brightest in the constellation of Orion, is among the largest stars known.

In **XLVI** the presence of two women behind the name Eimhir becomes explicit. See also 'A' Mhalairt Bhreugach' ('The False Exchange') in Section 4.

MacLean was delighted when Young found **LI** to be 'in the later style of Yeats', whose 'Where had her sweetness gone?' provided the 'germ' for **LVII** (letters of 19 August 1940 and 11 September 1941 respectively). The ten years referred to in **LVI** may be taken as beginning in 1931 (when I was written) and ending in 1941 (LVI to LX). See also 'Iadhshlat' ('Honeysuckle') in Section 7.

LVII, with its extended meditation on time, memory and the ephemeral, and its ultimate rejection of Platonic Idealism in favour of positions closer to those of the eighteenth-century Scottish 'common sense' school of philosophers, has drawn the attention of noteworthy translators: Douglas Young and Sydney Goodsir Smith (into Scots, the latter preserved in an unpublished copy in the National Library of Scotland, Accession 10397/3) and Iain Crichton Smith (*Poems to Eimhir*). Nazi forces invaded the Soviet Union on 22 June 1941, in breach of the 1939 Molotov–Ribbentrop pact, which had permitted the annexation of the Baltic republics and a renewed dismemberment of Poland. German tanks crossed the river Dnieper on 10 July.

LIX Alexander Carmichael (1832–1912) began publishing *Carmina Gadelica* in 1900. This celebrated collection of folk material, gathered mainly between 1855 and 1899, while undoubtedly containing a notable degree of editorial intervention, nonetheless constitutes a treasure-trove of Gaelic oral literature. It includes the celebrated 'Hymn to the Graces', as recited by a crofter from South Uist.

4: 1941–1944

The previously uncollected poems in this section are reminiscent in theme and imagery of the poems included in the 'An Ìomhaigh Bhriste / The Broken Image' section (August 1941–April 1944) of MacLean 1999. 'An t-Àilleagan', 'A' Bheinn' and 'Mhag mo reusan' were previously published in *An Gàidheal* 41 (1945–6) pp. 24, 35, 74. 'Knightsbridge, Libia' appeared in *Poetry Scotland* 2 (1945) p. 42. 'Do Bhoireannach Breugach Coirbte' followed a year later in *Poetry Scotland* 3 (1946) pp. 32–3. 'An Dà Ghehenna, 1939–44' was previously published in *Gairm* 35 (Spring 1961) p. 257. See under the individual poems for unpublished, additional lines in 'Mhag mo reusan' and 'Knightsbridge, Libia'.

Ma Theid Mi Suas don Bhail' Ud Shuas

According to MacLean (1999), the title 'If I go up to yonder town' comes from a poem attributed to Donald, son of MacDonald of Bohuntin in Glen Roy. The poem is said to have been made while he was waiting to be executed for cattle-lifting and for abducting a daughter of the Chief of the Grants. The 'town' was either Inverness or a place in Glen Urquhart. The date is uncertain, but seems to have been in the 1690s. An extended essay on this man's poems is included in MacLean 1985.

Uilleam Ros is Mi Fhìn

According to tradition, Gaelic lyricist Uilleam Ros (William Ross) (c.1762–1791) fell in love with Marion Ross from Stornoway, who later married an English sailor, Captain Samuel Clough. Ross fell ill while journeying to visit her, and died of consumption. Marion in fact moved to Liverpool in 1782. Only three of Ross's extant songs (including the celebrated 'Òran Eile'), collected from oral tradition after his death, actually concern her.

An Ceann Thall

In stanza 11, the 'quartet of sorrow' comprises Deirdre and the Sons of Uisneach. See the note on 'Conchobhar' in section 1 for this story and its relevance to Glen Etive and Glendaruel (*Gleann Dà Ruadh*).

A' Choille Ghrod

Nikolai A. Nekrassov (1821–1877) was born in Nemirov, Yaroslav province, Russia. He grew up on his father's estate of Greshnova, near the Volga River, where he witnessed the hard labour of the Volga boatmen. The poet's observation of the struggle of the common people influenced his writing.

Mhag mo reusan

MS 14966 in the National Library of Scotland has a further four lines, as follows:

'S tusa, Shomhairle, 'chuis-bhùrta
thar gach duine 's ainmhidh
a chionn gun do chuir do mhagairle
a' bhacag air t' eanchainn.

('You, Sorley, are the laughing-stock/more than any man or animal,/ given that your balls/ tripped up your intelligence' CW).

Knightsbridge, Libia

See note on 'Alasdair MacLeòid' in section 5. MS 14966 gives a further quatrain, as follows:

Dè 's fhiach an còrr on dhearbh thu
nach b' fhiach thu m' uaill is m' àmhghar
's on mhaslaich thu led shuarachas
an t-uabhar bha 'nam dhàintean?

('What can the rest matter, since you showed/you deserved neither my pride nor my anguish,/since your baseness put to shame/the pride that was in my poems?' CW)

Do Bhoireannach Breugach Coirbte

While serving in North Africa in the British Eighth Army MacLean was involved in action in the places named in June and September 1942.

An Dà Ghehenna, 1939–44

Gehenna refers to the Valley of Hinnom in Jerusalem, which surrounds the Old City. It was known as wasteground for all of the refuse of the city, but was originally the place where followers of Ba'al Moloch sacrificed their children by fire. Perhaps for this reason, in Jewish folklore Gehenna is thought of as a place of destruction and evil and also the place of spiritual purification for the wicked. It is distinct from Hell, but both places share similarities.

5: Blàr (1942–1943)

The poems in this section are reproduced in the order of MacLean 1999. Despite the heading '1942–1943', they were not all composed during this period. For instance, 'Glac a' Bhàis' was written considerably later about an experience MacLean had while on active service (see School of Scottish Studies Sound Archives, SA1974_175).

Dol an Iar

The precise number of casualties in the Nazi air attack on Rotterdam on 14 May 1940 is unknown. It is thought that around 1,000 people were killed and 85,000 made homeless. Clydebank, with its production of ships and munitions for the Allies, was also a major target. Luftwaffe air raids on 13 and 14 March 1941 left 528 people dead and 617 seriously injured, with 40,000 homes destroyed and 35,000 people homeless. In March 1939 Hitler had threatened a Luftwaffe attack on Prague if the Czech army did not capitulate. MacLean wrote to Douglas Young on 9 November 1941 from Catterick Camp, Yorkshire:

> What a hellish world we are living in. The worst has happened for millions and millions in Europe. I wonder if it has happened for all Europe for two or three or four generations. To me the death in battle of thousands seems tolerable when compared with the lonely suffering of say the French and Czech hostages.

On 26 April 1937 German Luftwaffe 'Condor' legion and Italian Aviazione Legionaria planes caused widespread destruction and civilian deaths in the Basque town of Guernica, in one of the first examples of terror bombing.

Alasdair MacLeòid

MacLean mentions Alasdair MacLeòid in a letter to Douglas Young dated 6 October 1942:

> You remember Alasdair MacLeod, the Raasayman, whom you taught Greek at Aberdeen. He has been missing since March, lost over Germany. He was an air observer. It is a terrible loss as he was a wonderfully brave and generous fellow, as well as being magnificent physically.

The Battle of Gazala was fought from 26 May to 21 June 1942 around the Port of Tobruk between Major General Neil Ritchie's Eighth Army and Rommel's German and Italian forces. On 31 May Rommel's forces attacked the fortified 'Knightsbridge box' in the Gazala line, on 1 June they seized the 'Cauldron', and on 5 June the Eighth Army's counterattack against the Afrika Corps in the Cauldron went disastrously wrong. A city, seaport and peninsula on Libya's eastern Mediterranean coast near the border with Egypt, Tobruk has a deep, natural, protected harbour and was thus a highly useful place from which to supply a desert war campaign.

Gluaisibh gu Deas

This poem specifically deals with the Eighth Army's planned counterattack against the Afrika Corps forces on 5 June 1942. It was codenamed

'Aberdeen'. The infantry tank brigade was destroyed by minefields and British losses numbered 6,000 troops. During the Battle of Gazala (see above) the First Free French Division defended Bir Hacheim against the attacking German and Italian forces commanded by Rommel. The Free French eventually fell but they gave the retreating British Eighth Army time to reorganise themselves, allowing them later to halt the advance of the Germans and Italians at the First Battle of El Alamein, which took place from 1–27 July 1942 (see 'Glac a' Bhàis').

Curaidhean

Lannes was Napoleon's Marshal from the Pyrenees. He was noted for his courage when Napoleon attacked Ratisbon during the Austrian Campaign of 1809. MacGillFhinnein (MacLennan) was standard bearer to the Earl of Seaforth at the battle of Allt Èire (Auldearn) in 1645. He refused, when ordered, to retreat, saying that the banner had never gone back in the hands of one of his family. Gill-Ìosa (Gillies MacBain) was second in command of the Clan Chattan at Culloden. Alasdair à Gleanna Garadh (Alasdair of Glengarry), who died around 1720, had a number of elegies composed for him. He was a Jacobite who had fought at the Battle of Sheriffmuir. His relative Sìleas na Ceapaich's lament for him begins and ends with 'Alasdair à Gleanna Garadh, / Thug thu an-diugh gal air mo shùilean', which MacLean echoes for effect in this poem.

Glac a' Bhàis

The Ruweisat Ridge in the western Egyptian desert was a prominent defence line in the First and Second Battle of El Alamein during the Second World War.

6: 1945–1972

While most of the poems in this section were included in MacLean 1999, a selection of previously uncollected poems shows other aspects of his work. 'Feasgar Samhraidh: Linne Ratharsair' was previously published in *Poetry Scotland* 4 (1949) p. 29. 'Cò rinn coimeas ur saothrach' was first published in *TGSI*, Vol XLI (1951–2) pp. 126–7, and recited at the 1951 Annual Dinner for the Society's anniversary, in honour of eighty years of useful work. 'Cò Their' was first published in *TGSI*, Vol XLI (1951–2) pp. 275–6, and was recited at the 1952 Annual Dinner. 'Sruth Tràghaidh' was published in *Gairm* 31 (Spring 1959) p. 267. See notes to this poem for details of an earlier version, 'Chunna mi Long sa Chaol Chanach'. 'Còig Bliadhna Fichead o Richmond 1965' was previously published in *Contemporary Scottish Verse 1959–1969*, eds Norman MacCaig and Alexander Scott (London, Calder and Boyars 1970), pp. 162–5. 'Ach an Dà Theàrnaidh', a poem dedicated to Prof. Angus Matheson, was first published in *An Gaidheal* LX (September 1965) and republished in *Celtic Studies: Essays in Memory of Angus Matheson*, eds James Carney and David Greene (London, Routledge and Kegan Paul 1968) pp. vii–viii.

Cùil Lodair 16.IV.1946

The Battle of Culloden on 16 April 1746 was the final confrontation of the Second Jacobite Rising. After the forces of Charles Edward Stewart were defeated by the Duke of Cumberland's army, Charles escaped to France and mounted no further attempts to challenge Hanoverian rule. Persecutions in the wake of Culloden accelerated the breakdown of the clan system.

Cò Rinn Coimeas Ur Saothrach?

In l. 20, the thirty-seven mentioned are presumably the members of the Gaelic Society of Inverness, whom MacLean believes have, over time, made impressive contributions to the advancement of scholarship. In l. 44 Ùisdean Friseal (Hugh Fraser) is Hugh Fraser, MBE, MA, a Chieftain of the Gaelic Society of Inverness and a council member during the 1940s. The Graham may be Donald Graham, MA, also a Chieftain and council member of the society during the 1940s. Clann Bhàtair are presumably the celebrated place-names scholar, William J Watson (1865–1948), who married the daughter of Alexander Carmichael and in 1914 became Professor of Celtic at the University of Edinburgh, and his son James Carmichael Watson, who succeeded to this chair on his father's retiral in 1938. The latter was one of 190 men who lost their lives when a U-boat torpedoed the vessel on which they were serving off the Egyptian coast on 26 March 1942.

Nighean is Seann Òrain

'Cairistìona' is an old Gaelic song of unknown origin, dated to the sixteenth or seventeenth century on account of its style, and thought to be addressed to a chief's daughter. The voice in the song mourns the death of Cairistìona and laments the fact that the ships which are arriving are for her funeral and not her wedding. Note the discrepancy in l. 8 between the Gaelic and the English: 'while an expectation seeks it' can at best be described as a very loose translation of 'fhad 's a mhaireas dùil ga iarraidh'.

Sruth Tràghaidh

This poem first appeared in *Gairm* 7 (Spring 1954) p. 232, with some minor changes in wording (including 'tighinn' for 'a' falbh' in the last line), and without ll. 25–26, as 'Chunna mi Long sa Chaol Chanach'. This earlier title is taken from a traditional song of which a version can be found in John MacInnes *Dùthchas nan Gàidheal: Selected Essays* ed. Michael Newton (Edinburgh, Birlinn 2006) p. 332.

Hallaig

Hallaig is a township north of Beinn na Lice on Raasay, cleared after 1846. Having purchased the island in November 1843, George Rainy, son of a minister from a notable Highland family, took possession at Whitsuntide 1846. This was the year of the potato famine and Rainy used emigration, in some cases forced, as an answer to the situation, clearing fourteen townships. As well as Hallaig, they included Screapadal and Suishnish. MacLean writes that:

> Up to the Second World War, there were in Raasay many of the native birches, hazels, rowans, elders and planted conifers of many kinds, and also a relatively large area of deciduous trees, beeches, chestnuts, elms, ash, oaks, thujas, aspens – even eucalyptus, planted by a wealthy English family of landlords from 1875 onwards. With the War they were nearly all cut down, and replaced by quick-growing conifers. I soon became very fond of the 'old woods' of Raasay (MacLean 1999 p. xv).

It should be noted that birch trees are often the first to repopulate a landscape after natural or unnatural destructive influences have cleared woodland. 'Mac Ghille-Chaluim' was the patronymic of the MacLeod chiefs of Raasay, the last of whom left in the 1840s.

Dà Dhòmhnallach

Reference is made to Colonel James MacDonald, who forced shut the wooden gates of the farmyard of Hougoumont against the French (Hougoumont remained in British hands throughout the Battle of

Waterloo), and Jacques Etienne Joseph Alexandre MacDonald, who commanded the army of the Sambre-et-Meuse in the 1790s, and who, after the Battle of Wagram in 1809, was made a Marshal of France by Napoleon. Jacques MacDonald visited Sir Walter Scott in 1825 during a trip to Scotland (l. 37). During this trip MacDonald also visited family in South Uist, where he took away soil from the ruin of his father's house. 'Tìr an Eòrna' ('the Land of the Barley') in line 30 is a poetic name, traditionally used for Uist and Tiree.

Cuimhne air Alasdair MacNeacail, Bràthair Mo Mhàthar

Described by MacLean as 'the most intellectual of my relations', the uncle in question was a sceptic of the Free Church and a Socialist. His *History of Skye* (1930) is an important source for the treatment of the Clearances in 'An Cuilithionn'.

Anns a' Phàirce Mhòir

In Calvinist theology, 'election' means that, before creating the world, God chose certain inviduals to be saved without regard to what their beliefs or actions would turn out to be. The remainder of humanity was to be damned. Such 'unconditional' election is contrasted with the 'conditional' election proposed by the Arminians, according to which God's choice could be influenced by divine foreknowledge of the beliefs and actions of the individual concerned.

Còig Bliadhna Fichead o Richmond: 1965

Richmond is a market town in North Yorkshire, near Catterick Camp, where MacLean received his army training before being posted to the Middle East. Richmond Castle was used as a British Army headquarters during the Second World War.

Am Botal Briste

The River Clyde here refers to Red Clydeside, which is a term used to describe the era of political radicalism, lasting from around 1910 to the 1930s in Glasgow and the urban areas around the River Clyde, also synonymous with John Maclean. For James Connolly see 'Ard-Mhusaeum na h-Èireann' below, and for Wolfe Tone note to 'An Cuilithionn' VI: 134–135 in section 8.

Do Uilleam MacMhathain

Uilleam MacMhathain (William Matheson) (1910–1995), Senior Lecturer in Celtic at the University of Edinburgh, a great authority on Highland history, genealogy and song, was Chief of the Gaelic Society of Inverness in 1968 . The people and places mentioned in the poem are all associated with Gaelic song and *dualchas*. 'Òran Chaluim Sgàire' is the title of a song composed in the mid-1800s by Malcolm MacAulay from Lewis, who emigrated to Quebec. Bean Mhòr an Lagain (The Big Wife of Laggan) was a witch who attempted to trick and kill a hunter, coming to him in the shape of a cat. The hunter's dogs attacked her, and before she died she eventually admitted to being in league with the Devil and present at the death of Iain Garbh. The boulders on the beach of Mol Steinnseil in Staffin were said to have been thrown up from the sea on to dry land on the day of the drowning in 1671 of Iain Garbh Mac Gille Chaluim, renowned for his strength and courage, 7th Chief of Raasay until his death. He and his men were caught in a violent storm while returning from the christening of the Earl of Seaforth's child on Lewis. Màiri Nighean Alasdair Ruaidh composed a famous eulogy for him. Gormal, the Witch of Moy, warned Lochiel, Chief of Clan Cameron, that the Earl of Atholl planned to murder him, and foretold that Lochiel would one day hang her son. Despite all efforts to the contrary, her prophecy proved true. Cas a' Mhogain Riabhaich (Brindled-Sock-Foot) was a witch from Glencoe.

Beinn Dòbhrain, a mountain in the Bridge of Orchy hills, was the subject of Duncan Ban MacIntyre's famous poem, 'Moladh Beinn Dòbhrain' ('In Praise of Ben Dorain'). 'Ailein Duinn' (Brown-haired Allan) was the name of the well-known Gaelic lament for Allan Morrison by his fiancée. After he set sail to Scalpay to marry her he was caught in a storm and drowned.

The Battle of Auldearn was fought on 9 May 1645. The Royalists led by Alasdair MacColla and Montrose were victorious over the Covenanter Army. In the Battle of Killiecrankie, fought on 27 July 1689, the forces of King James II and VII defeated government troops supporting William of Orange.

See 'Craobh nan Teud' in section 1 for note on an Clàrsair Dall (the Blind Harper).

Ach an Dà Theàrnaidh

Professor Angus Matheson (1912–1962) was lecturer and first Professor of Celtic at the University of Glasgow from 1956 until his death. Ach an Dà Theàrnaidh (The Field of the Two Descents) was the traditional Matheson gathering place near Plockton.

Palach

Czech student Jan Palach (1948–1969) committed suicide by self-immolation in Wenceslas Square in Prague as a political protest against the Soviet-led invasion of Czechoslovakia in August 1968. This invasion crushed the liberalising reforms of Alexander Dubček's government which had been introduced during the Prague Spring. In Père Lachaise Cemetery in Paris there is a monument honouring the French volunteers in the International Brigades in the Spanish Civil War. The Communard's Wall is also located in the cemetery and is the site where 147 Communards, the last defenders of the workers' district of Belleville, were shot on 28 May 1871, the final day of 'Bloody Week' when the Paris Commune collapsed. The Volga, the largest river in Europe, flows through central Russia and is often viewed symbolically as the national river of Russia. During the Battle of Stalingrad (17 July 1942–2 February 1943), the Red Army had to attempt a crossing of the Volga with supplies under German fire. The river was said to have run red with blood. The road to Corunna through the Pass of Guadarrama near Madrid saw intensive fighting during the Spanish Civil War. The town had to be rebuilt completely as a consequence. The River Neva in north-western Russia is the third largest river in Europe after the Volga and the Danube, in terms of annual discharge. The Siege of Leningrad (today St Petersburg) began on 8 September 1941, the Nazis sealing off the city, with the only road out being the frozen River Neva. The Red Army eventually lifted the siege in January 1944. This poem can be viewed as a telling revisiting of themes and preoccupations from 'An Cuilithionn', four decades later.

Tìm is Sgùrr Ùrain

According to the notes in MacLean 1999, Sgùrr Ùrain (wrongly named on maps as Sgurr Fhuaran) is the highest of the 'Five Sisters of Kintail'. Iain Mac Mhurchaidh (John son of Murdo), a MacRae, was a famous Kintail poet; he went to Carolina in the 1770s, became a United Empire

Loyalist and died in an American prison. Fearchar a' Choire (Farquhar of the Kettle), also a MacRae, an outlaw for part of his life, left a wonderful song. Rìgh na Tuaighe (The Axe-King), Donnchadh Mòr (another MacRae) was noted for his feats in the Battle of Park, c.1490. Donnchadh Mòr Torra Laoighsich (Big Duncan of Torrloighsich) was killed at Sheriffmuir in 1715. Donnchadh nam Pìos (Duncan of the Silver Cups) was the most important MacRae of the second half of the seventeenth century, a poet and compiler of the Fernaig Manuscript. Aonghas Òg (Young Angus), a MacDonald, was killed c.1600, fighting against the MacKenzies and their allies, the MacRaes, Mathesons, etc. Treas Làmh na h-Òlachd (the Third Hand of Generosity), another Angus of Glengarry, is buried in Lochalsh, and is mentioned in an elegy by a MacLeod chief of Raasay. Uilleam Dubh (Black William) was the 5th Earl of Seaforth, who fought at Sheriffmuir in 1715 and at the Battle of Glenshiel in 1719.

Àrd-Mhusaeum na h-Èireann

Irish Socialist leader James Connolly (1868–1916) was born in Edinburgh and went on to take part in the Easter Rising in 1916. He was shot by a British firing squad for his role as one of the leaders in the Rising. The Lia Fáil is the coronation stone for the High Kings of Ireland on the Hill of Tara in County Meath, Ireland.

Aig Uaigh Yeats

Ben Bulben is the burial-place of William Butler Yeats and his wife, George. In the legend of Diarmad and Gràinne, Diarmad was killed by an enchanted boar on Ben Bulben. The second half of stanza 2 offers a defence of Constance Markievicz (supporter of the revolutionary Labour cause and second-in-command of the detachment of James Connolly's Citizen Army at St Stephen's Green during the Dublin rising) against criticisms levelled at her in Yeats' poem 'Easter 1916'.

A' Bheinn air Chall

For Sgùrr Ùrain see note on 'Tìm is Sgùrr Ùrain'. Dugald Buchanan (1716–1763) was a Gaelic poet and evangelical preacher from Balquhidder.

Cumha Chaluim Iain MhicGill-Eain

Calum MacLean (1915–1960), one of the poet's younger brothers, was a folklorist, ethnographer and collector who took a first class degree in Celtic Studies at the University of Edinburgh (1935–9) and went on to study Early Irish and Medieval and Modern Welsh at University College, Dublin. He converted to Catholicism while collecting folklore for the Irish Folklore Commission in the Connacht Gaeltacht in Ireland after the outbreak of the Second World War. Later he was sent to the Hebrides where he collected an immense amount of material in his native Raasay, South Uist, Barra and Benbecula. He was also active throughout the mainland Highlands. The poem's impressive roll-call of place-names is indicative of how far and wide Calum MacLean travelled in his quest for folklore. He was an instrumental figure in the setting up of the School of Scottish Studies in 1951 at Edinburgh University, where he became a Senior Research Fellow. From the summer of 1951 to the autumn of 1952 Calum MacLean was based at Uppsala University in Sweden where he received professional training in folklore methodology, archival techniques and cataloguing. His index system for the School of Scottish Studies was based on the one by Professor Dag Strömbäck from Uppsala. Diagnosed with cancer in the late 1950s, he died in 1960 at the Sacred Heart Hospital, Daliburgh, South Uist. He was buried at Hàllainn Cemetery, South Uist.

Donnchadh Pheigh'nn an Aoirean is the story-teller, Duncan Mac-Donald of South Uist. Dòmhnall Ruadh Phàislig or Dòmhnall Mac an t-Saoir (Donald MacIntyre) (1889–1964) from Snishival, South Uist, was a Gaelic poet who passed on many waulking songs, charms and other traditions to Calum MacLean and John Lorne Campbell.

Mull was the traditional clan land of the MacLeans, An Ros Muileach (the Ross of Mull) being the island's south-west promontory. See 'Clann Ghill-Eain' in section 1 for the Battle of Inverkeithing.

The landmarks of South Uist which Sorley MacLean associates with his brother, A' Bheinn Mhòir (Ben More) (620 metres) and Teacal (Hecla) (606 metres), dominate the eastern side of South Uist. Stadh-labhal (374 metres) is another hill on the same island.

7: 1972 is às dèidh sin

See note to 'Uamha 'n Òir' for the additional fragments of that poem included here. Previously uncollected items in this section are 'A' Ghort Mhòr', which was first published in *Somhairle: Dàin is Dealbh*, ed. Angus Peter Campbell (Stornoway, Acair 1991) pp. 6–9, 'An t-Ascalon', from *A Gathering of Friends for Moelwyn*, eds Eluned Brown and Terence Hawkes (Llanydsul, Gomer 1992) pp. 72–3, 'An t-Earrach 1937', from *Skye Camanachd: A Century Remembered*, ed. Martin MacDonald (Portree, Skye Camanachd 1992) p. 108, 'Festubert 16/17.v.1915', from *Skye 1992* (Skye, Portree High School 1992) and 'Gealach an Fhàis os cionn Shlèite', from *A Waxing Moon: The Modern Gaelic Revival*, Roger Hutchinson (Edinburgh, Mainstream Publishing 2005) p. 6, courtesy of Sabhal Mòr Ostaig.

An Dotair MacLachlainn

According to MacLean (1999), Gaelic poet John MacLachlan (1804–1874) came from Rahoy, Morvern. 'A' chill mhòr os cionn Loch Alainn' ('the big graveyard above Lochaline') is at Kiel Church, Morvern, Lochaber. The Cameron mentioned in the fifth stanza was Alasdair Cameron, whose pen-name was 'North Argyll'. He lived at Bun Allt Eachainn on Loch Suaineart.

Uamha 'n Òir

The first three parts of MacLean's last substantial poem are included in MacLean 1999. A selection from the fourth and fifth parts appeared in MacLean's English translation in *Chapman* 30, Vol. VI No. 6 (Summer 1981). The corresponding Gaelic stanzas are quoted from MS 29563 in the National Library of Scotland.

The poem is based on a traditional tale concerning a piper, said to be one of the MacCrimmons, who went into the Cave of Gold at the end of Harlosh Point in Loch Bracadale. His pipes were heard 'saying' that he would not return again. His dog returned from the cave without a hair on its body, and the pipes were heard 'telling' those outside the cave that a green fairy demon was attacking him. A woman sitting at the well of Tulach near Harlosh is said to have heard the piper's voice coming up through the water (see Douglas Sealy in Ross and Hendry 1986 p. 74). There are supposedly two Caves of Gold in Skye and one in

Mull, and the pipers connected to these caves are variously MacCrimmons, MacArthurs and MacKinnons. MacLean takes the MacCrimmon piper in the MacLeod country in Skye as the basis for his poem, which is concerned with extremes of behaviour. The second last stanza of Part III gives some of the words 'said' by the pipes, according to MacLean's Matheson grandmother and his uncle, Alasdair Nicolson (see National Library of Scotland MS 29563 f202).

Dàn (le John Cornford, air a chur an Gàidhlig)

See note on 'Cornford' in section 1. Huesca in north-east Spain, which saw some of the worst fighting during the Spanish Civil War, was besieged by the Republicans but never fell.

Sgreapadal

According to MacLean (1999), Royston Mackenzie was George Rainy's tenant farmer (see note on 'Hallaig'). Maighstir Ruairi was Roderick MacLeod, a grandson of Mac Gille-Chaluim of the '45. A great evangelist and champion of the common people, he often preached in the Giant's Cave in Rona, being the first Free Church minister in Skye.

An t-Earrach 1937

This poem is based on the Robertson Cup final of 1937 when Portree School defeated Sleat to win the trophy for the second time. As a young teacher, MacLean played for the school. The school team that day was composed of Alasdair Macleod, Raasay; Willie Lockhart, Portree; Sorley MacLean, Raasay; Alasdair Campbell, Breakish; Willie Reid, Kyleakin; Angus Macdonald, Lewis (living in Arnisort); Murdo Ferguson, Carbost (captain); George Buchanan, Borve; Ruari Mackinnon, Broadford; Donald Gillies, Raasay; Donald John Robertson, Strath and Peter Finlayson, Dunan. Two of them – Alasdair Macleod and Peter Finlayson – were killed in the Second World War (*Skye Camanachd: A Century Remembered*, ed. Martin Macdonald, Portree 1992, p. 108).

Festubert 16/17.v.1915

The Battle of Festubert in the Artois region of France began on 15 May 1915 and ended on 25 May. The British Army attacked German troops between Neuve Chapelle in the north and the village of Festubert in the south. The offensive only gained about 1km, yet British troops, including the Cameron Highlanders, many of whom were Skyemen, sustained severe losses. News such as this had a devastating effect on the community. The places mentioned in lines 14–21 are all in the Portree area.

Gealach an Fhàis os Cionn Shlèite

Sabhal Mòr Ostaig, the Gaelic college on Skye, is part of the University of the Highlands and Islands, offering BA degrees from 2002. It came out of small beginnings, being founded in 1973 at Ostaig Farm Square by Sir Iain Noble, with the intended purpose of teaching through the medium of Gaelic and acting as a 'teaching laboratory' for producing new materials in the language. Sorley MacLean was one of four *urrasairean* at this time. It is fitting that Dunscaith is mentioned in line 1 of the poem – while Dunscaith originally belonged to Clan Donald of Sleat, it is said to have been built on the site of the legendary college for heroes, where the Celtic warrior, Sgàthach, passed on her knowledge of the art of warfare to the Irish hero, Cuchulainn.

8: An Cuilithionn (1989)

MacLean's abridgement of his original manuscript from 1939 reduced the overall length of this poem from 1638 to 1223 lines, making only minimal additions. The most significant cuts occur in the first and last parts. He planned to write 'a very long poem, 10,000 words or so, on the human condition' whose 'symbolism was to be, mostly, native symbolism', inspired by MacDiarmid's *A Drunk Man Looks at the Thistle*. He would subsequently insist that it never reached completion. A brief section of Part 1 was written in Mull in the spring of 1938 ('Ann an talla . . .') The remainder was begun in Edinburgh in April or May 1939, then interrupted about a month later in the course of Part II, when MacLean renewed acquaintance with the 'Scottish Eimhir'. It was resumed in Hawick in November, the concluding section being written in the early hours of 1 January 1940. In the 1989 and subsequent editions of the collected poems, the following remarks precede the poem:

> It was in the Spring or early Summer of 1939 that I started what was meant to be a very long poem radiating from Skye and the West Highlands to the whole of Europe. I was regretting my rash leaving of Skye in 1937 because Mull in 1938 had made me obsessed with the

Clearances. I was obsessed also with the approach of war, or worse, with the idea of the conquest of the whole of Europe by Nazi-Fascism without a war in which Britain would not be immediately involved but which would ultimately make Britain a Fascist state. Munich in September 1938 and the Nazi occupation of Czechoslovakia and Franco's victory in Spain in early 1939 convinced me that the only hope of Europe was the Red Army of Russia, and I believed that all the anti-Soviet propaganda, or most of it, came from Fascist or pro-Fascist sources. The first two parts of the poem were made by June 1939, when I was closest to Communism, although I never accepted the whole of Marxist philosophy, as I could never resolve the idealist-materialist argument. I regarded philosophical materialists as generally more idealistic morally than philosophical idealists.

The poem stopped abruptly with the conclusion of the second part in late May or June 1939 and was not resumed until late October or November 1939. It was abruptly stopped some time in December 1939, but the concluding lyric came to me in sleep in the last days of December 1939, or at least the 'Cò seo' verses did.

Shortly after the appearance of 17 *Poems for Sixpence*, in late January or early February 1940, Douglas Young came and pretty well took me over aesthetically, although we never agreed politically, but there was never any question of publishing 'The Cuillin' as it was then. When I was invalided out of the army in 1943, there was talk of publishing it, but W. D. MacColl's objections to almost every line of my own translations of it delayed that until the behaviour of the Russian Government to the Polish insurrection in 1944 made me politically as well as aesthetically disgusted with most of it.

I reprint here what I think tolerable of it.

Dedication

Hugh MacDiarmid was the pseudonym of Christopher Murray Grieve (1892–1978), fomentor and principal figure in the interwar resurgence of literary activity in Scotland known as the Scottish Renaissance Movement. 'An Cuilithionn' in fact shows a clearer debt to MacDiarmid's *To Circumjack Cencrastus* (1930) than to *A Drunk Man* (1926). Alasdair Mac Mhaighstir Alasdair (Alexander MacDonald, c.1695–c.1770) is the outstanding Gaelic poet of the eighteenth century. He published a Gaelic–English vocabulary in 1741 and is said to have deserted his teaching post in 1744 to help rally the clans. He held a captain's commission in the Jacobite army.

Earrann I

26: Politically radical, of humble origins and outspokenly polemical, Màiri Mhòr (Mary MacPherson) (1821–1898) was the unofficial bard of the Land League agitation, and fittingly completes the trio of poets presiding over 'An Cuilithionn'.

43ff.: MacLean's account of the Skye clearances shows a considerable debt to the chapter 'The Clearances and Emigration' in his uncle Alexander Nicolson's *History of Skye* (1930). It focuses in particular on Minginish, the area immediately west of the Cuillins, and identifies the culprits in the two principal landowning families on the island, the MacLeods of Dunvegan and the MacDonalds of Armadale in Sleat.

54ff.: Resistance to the evictions peaked at Glendale, where in 1882 local crofters allowed their sheep and cattle to wander onto the farm of Waterstein, as a consequence of which five men known as the Glendale 'martyrs' stood trial in Edinburgh; and in the so-called Battle of the Braes, where in April 1882 local people (mainly women and older folk, most able-bodied men being absent at the fishing) repulsed the officers sent to deliver notices of ejection in a violent tussle. These actions led in due course to extended investigation by a Royal Commission and, in 1886, the passing of the Crofters' Holding Act which ensured fair rentals and security of tenure for smallholders.

98ff.: In spring 1739 about one hundred people were forced on board the *William* at Loch Bracadale in Skye and Finsbay in Harris, on the orders of Norman MacLeod, tacksman to the MacLeod chief of Dunvegan, but recovered their freedom when the ship docked at Donaghadee in County Down in October. MacLean quotes two lines from a traditional list of Skye place-names.

107ff.: The *Annie Jane* set sail from Liverpool for Montreal in Quebec in the middle of August 1853 and broke up in the sound between Vatersay and Barra in the early hours of 29 September. The bodies of 348 victims are buried nearby.

111: Born in Glendale, Niall MacLeòid (Neil MacLeod) (1843–1924) was the most popular Gaelic poet of the nineteenth century. His song 'An gleann san robh mi òg' ('The glen where I was young') deals with the tragedy of the evictions in muted tones.

119: One of the 'Glendale martyrs', Iain Mac a' Phearsain (John Macpherson) is buried in St Comgan's chapel, not far from Dunvegan Castle.

131ff.: An Dotair Màrtainn (Dr Nicol Martin) held lands on the west side of Loch Dunvegan. Alexander MacAllister was laird of Strathaird in the 1880s. A Eòghainn (Ewen) Cameron from Lochaber was farm manager for Kenneth MacAskill of Glenbrittle, who organised the amalgamation of smaller holdings into one large sheep farm in Minginish. Am Màidsear Uilleam Friseal (Major William Fraser) of Kilmuir was in the 1880s the third most important landowner on Skye. Ballingall, an infamous factor to Lord MacDonald, figures more than once in Alexander Nicolson's account, while an Englishman named Gibbon, factor to MacLeod of Dunvegan, figures in the evidence given to the Royal Commission. MacKinnons from Corrie were factors both to MacLeod of Raasay in the 1840s and to Lord MacDonald in the 1860s. At a meeting held in 1884, crofters specifically asked for the dismissal of solicitor and factor Alasdair Ruadh (Alasdair Roy) MacDonald of Bernasdale in Snizort. Having acquired Raasay, MacLean's native island, in November 1843, Rèanaidh (George Rainy) took possession at Whitsuntide 1846 and proceeded to clear tenants. Between 1872 and 1874 the island was owned by George G. Mackay.

171–172: The account given by writer and geologist Archibald Geikie (1835–1924) of the clearances at Suisnish in Strath parish is quoted at length by Nicolson. MacLean's 'Clio of Skye' makes further reference to these evictions at VI: 90–95.

175: John Murdoch (1818–1903) founded the magazine *The Highlander* in 1873 as a means of spreading his views in support of the right of the people to own the land they lived on.

185: When news arrived in May 1887 that the Braes crofters were to get the grazing rights to Ben Lee at a reduced rent, Màiri Mhòr composed a special song in celebration.

187: Resistance to Major Fraser on the Kilmuir estate was headed by a crofter and fisherman from Valtos, Norman Stewart.

189: Known today as Fairy Bridge, Beul Àtha nan Trì Allt was in 1843 an important site of open-air preaching in the evangelical revival or 'dùsgadh'. Eight hundred crofters met there on 13 May 1884 to discuss the findings of the Royal Commission.

195: Rev. Donald MacCallum (1849–1929), minister of Waternish in Skye from 1884 to 1887, was arrested in 1886 for 'inciting the lieges to violence and class hatred', but never brought to trial.

205: Ernst Thaelmann (1886–1944) became chairman of the German communist party in October 1925. Arrested in 1933 and kept in solitary confinement, he was shot in the concentration camp at Buchenwald.

206: For John Maclean see note to 'Clann Ghill-Eain' in section 1. His funeral in Glasgow in 1923 was attended by a crowd numbering several thousands (see VII: 102–103).

Earrann II

53: For the MacCrimmon piping dynasty see note to 'Craobh nan Teud' in section 1.

98: Hugh MacDiarmid translated into Scots a poem by Rudolf Leonhardt (1889–1953) about the death of Karl Liebknecht, captured and killed together with Rosa Luxemburg after the suppression of the January 1919 uprising in Berlin.

102: See note to 'Dàin do Eimhir' IV for the October 1934 revolution in Asturias in northern Spain.

144: This quotation from Mac Mhaighstir Alasdair's song 'Òran Ailein', a coded composition in support of the Jacobite cause, recurs in the unpublished poem 'Am bi dùsgadh anns an t-saoghal'.

162: The bog of Mararaulin lies close to Coire an t-Seas(g)aich, north of Glenbrittle in Minginish.

165: Coire na Creiche ('corrie of the spoil'), north-west of the main ridge of the Cuillins, was the site of a clan battle between MacDonalds and MacLeods in 1601, the last such clash to take place on Skye.

Earrann III

21–22: The 1939 version has two further lines immediately after these: 'Cò chuireas dhuinn a-mach am buachar/mur teirinn Stàilin bho na cruachan?' ('Who will cast out the dung for us/unless Stalin descends from the heights?').

89ff.: A parody of a song composed by MacDonald poet Iain Lom (c.1625–after 1707) on the battle between MacDonalds and Campbells fought at Inverlochy in February 1645.

110: The year in question marked the last Stuart rebellion in 1745–6.

134–135: MacLean wrote to Young (27 October 1940) that 'Christ and Lenin to me are only almost random examples of great minds realising emotionally as well as intellectually the "miseries that will not let them rest". For that matter there could be many others with them. As to what they would say to one another I am not concerned. I think final systems of philosophy are just play.'

Earrann VI

37: MacLean here echoes the version known to him of the 'Cumha do Shir Tormod MacLeòid' by Màiri Nighean Alasdair Ruaidh (c.1615– c.1707).

99–101: Between 300 and 400 crofters from Bernera made a protest march to Stornoway Castle in 1874 as a consequence of which they retained their threatened grazing rights.

103: In November 1897 some two hundred crofters and cottars marched into Lady Matheson's deer forest at Park in Lewis, with the aim of slaughtering as many deer as they were able. All six defendants were acquitted when brought to trial in January 1898.

134–135: Patrick Pearse (1879–1916), like James Connolly, was executed for his part in the Easter Rising. Wolfe Tone (1763–1798) was among the founders of the mainly Protestant Society of United Irishman, committed to universal suffrage and Catholic emancipation. Lord Edward Fitzgerald (1763–1798) was arrested five days in advance of a planned insurrection against English rule in Ireland. Robert Emmet (1778–1803) was involved in a chaotic attempt at rebellion in Dublin in 1803.

138–141: Wat Tyler and John Ball were among the leaders of the Peasants' Revolt in England in 1381. Robert Kett took part in an uprising against enclosures in Norfolk in 1549, which was suppressed by John Dudley, 1st Duke of Northumberland. John Lilburne (1614–1657) was one of the Levellers and coined the term 'freeborn rights'. Cromwell suppressed in 1649 a mutiny by soldiers in the New Model Army with strong Leveller sympathies which had Captain William Thompson at its head.

159: Giacomo Matteotti (1885–1924), secretary general of the Italian socialist party, was kidnapped and murdered by fascist 'squadristi'.

162: Ioannis Metaxas (1871–1941) established an authoritarian dictatorship in Greece in 1936.

167: Jawaharlal Nehru (1889–1964) was India's first prime minister, while Mahatma Gandhi (1869–1948) was famed throughout the world for his commitment to non-violent resistance, to unity between Hindus and Muslims, and to ending discrimination against the 'untouchables'.

176: In a celebrated incident during the Long March of Mao's troops in 1935, the latter made a heroic crossing of the Long River using a nearly collapsed iron-chain suspension bridge.

182–185: Perhaps lesser-known figures from this group are the Marquis de Condorcet (1743–1794), among the authors of the *Encyclopédie* and artificer of the French state education system; William Cobbett (1763–1835), who supported the 1832 electoral Reform Bill; and philosopher Johann Gottlieb Fichte (1762–1814), regarded as the founder of German idealism and a crucial link between Kant and Schopenhauer.

189–191: It would appear that Bolshevik forces in fact encountered limited resistance when they occupied the Winter Palace in Petrograd on the night from 6–7 November (Western style) 1917.

192–193: MacLean echoes the opening lines of 'Smeòrach Chlann Dòmhnaill' by North Uist poet John MacCodrum (1693–1779), frequently considered an imitation of Mac Mhaighstir Alasdair's 'Smeòrach Chlann Raghnaill'. MacDiarmid had already echoed these lines in a passage from *To Circumjack Cencrastus* (1930).

194–195: A quotation of the opening lines from a lament for Iain Garbh of Raasay, who drowned on Easter Monday 1671, as sung by the poet's uncle.

206–207: For Georgi Dimitrov, see note to 'Dàin do Eimhir' XVIII.

218–219, 226: MacLean here echoes the 'Òran do MhacLeòid Dhùn Bheagain' ('Song to MacLeod of Dunvegan') by Roderick Morison, the Blind Harper, for whom see note to 'Craobh nan Teud' in section 1.

252: In the original version of 'An Cuilithionn', this passage is addressed specifically to Dimitrov.

258–261: Though by MacLean, this quatrain echoes the opening of the MacDiarmid lyric which closed Part V.

Earrann VII

2ff.: Possibly part of a trilogy or even a tetralogy, *Prometheus Bound* by Greek dramatist Aeschylus (525 or 524–456 or 455 BC) was the inspiration for Shelley's play *Prometheus Unbound* (see ll. 25–26).

20: Some 6,000 prisoners were crucified along the Appian Way outside Rome after the suppression of a revolt led by former gladiator Spartacus in 73–71 BC.

66: A reference to the serpent which is a pervasive symbol of MacDiarmid's poem *To Circumjack Cencrastus*.

86: Himself the son of a slave and a firm opponent of slavery, Toussaint Louverture (c.1743–1803) headed the independence movement in Haiti at the time of the French Revolution. English humanist Thomas More (1478–1535) described an idealised city-state in his *Utopia*.

100: After emigrating to Canada, stonemason Dòmhnall MacLeòid (Donald MacLeod) (c.1814–1857) published his letters and pamphlets, now among the most celebrated denunciations of the Highland Clearances, under the title *Gloomy Memories*.

9: Dàin nach deach fhoillseachadh

Texts and translations are reproduced, with minor modifications, from MacLean 2011, where all items appear in alphabetical order of the opening line. Details concerning manuscript sources and problems of interpretation can be found there.

Thig is faic

Cf. *John* 1: 46 'Agus thubhairt Natànael ris, Am faod nì math air bith teach à Nàsaret? Thubhairt Philip ris, Thig agus faic.' ('And Nathanael said unto him, Can there any good thing come out of Nazareth? Philip saith unto him, Come and see.')

Soraidh le NicUalraig-Fhriseal

For Marjory Kennedy-Fraser, see note to 'Road to the Isles' in section 1.

1939. Fuil

The poem is closely related in mood and theme to 'An Cuilithionn'. See MacLean 2011 for difficulties in interpreting the original text, whose 'ar' has repeatedly been emended to 'ur'. The poets Miguel Hernández (1910–1942) and Federico García Lorca (1898–1936) both fell victim to Franchist repression. In ll. 21–24 MacLean lists industrialists and financiers from Britain, Germany and the United States as representatives of international capitalism. Elstree in Hertfordshire was the location of the famed British film studios (a variant reading here has 'Hollywood'). Line 18 originally featured Stalin in place of John Murdoch.

Mo ghaol san lios creachte

See 'Dàin do Eimhir' XL, XLVI and XLVII for the 'màbadh' or mutilation which the poet believed the 'Scottish Eimhir' to have suffered.

Shaoil mi i bhith fo èislean

Philosopher and theologian Peter Abelard (1079–1142) was castrated as punishment for his relationship with the nun Heloise.

Aig muir-tràigh

For l. 2 see *John* 6: 63 'Is e an Spiorad a bheothaicheas; chan eil tairbhe air bith anns an fheòil . . .' ('It is the Spirit that quickeneth; there is no substance in the flesh . . .') And for l. 3, *Hebrews* 13:14 'Oir an seo chan eil againn baile a mhaireas' ('For here we have no continuing city'). MacLean refers to the texts given out for preaching and discussion on Presbyterian communion days.

Don Urramach Tòmas MacCalmain

Educated at Portree High School and Trinity College, Glasgow, the Very Rev. Thomas Moffat Murchison (1907–1984) was Moderator of the General Assembly of the Church of Scotland from 1969 to 1970. A volume of his writings edited by Donald Meek was published by the Scottish Gaelic Texts Society in 2010.

Am bi dùsgadh anns an t-saoghal

The Armée de Sambre-et-Meuse was formed on 29 June 1794 from three previously existing forces and played a key role in the conquest of the Austrian Netherlands and the Dutch Republic. See also 'Dà Dhòmhnallach' in section 6. 'Thermidore' was the second month of the summer quarter in the French Republican calendar. It marked the end of the reign of Terror in 1794 and has come to stand for any reactionary turn in a revolutionary process. The 'Directoire' or First Republic, established in 1795, can be seen as a step leading to the concentration of power in the hands of Napoleon Bonaparte. The Fair Colla referred to is most likely Coll MacDonald of Barrisdale in Knoydart (1698–1750), cattle thief, blackmailer, Latin scholar, torturer and a double agent in the '45. For Charles Stewart and 'Butcher' Cumberland see note to 'Cùil Lodair 16.4.1946' in section 6.

Stàilin

Gustav Krupp (1870–1950) headed the German heavy industry conglomerate which bore his name from 1909 to 1941, but could not stand trial at Nuremberg for reasons of health. Alfred Rosenberg (1893–1946) was the leading ideologue and racial theorist of the Nazi movement, keen to appropriate symbols of pagan mythology such as Wotan, ruler of the gods.

Do Shir Lachlainn MacGill-Eain Dhubhaird

A poem specifically composed to be recited in the Aros Hall, Tobermory, Mull, in 1992. The MacLeans surrendered Duart Castle and the land on Mull to the Duke of Argyll in 1691. Although in ruins, it was used as a garrison for government troops until 1751, then abandoned until it was purchased by Sir Fitzroy MacLean, the 26th Chief, in 1910. He set about the task of restoring it. In 1991, Sir Lachlan MacLean, the present clan chief, and the man to whom this poem is dedicated, engaged Prof. Sir James Dunbar Naismith to repair the castle. Work was largely completed by 1995.

Aros (l.13) was a stronghold of the Lords of the Isles. Lachlan Mor (1558–1598) (l.15) was the much celebrated 14th clan chief of Clan MacLean. Eachann Ruadh could refer to the 6th chief of Clan MacLean, known for his daring exploits, including aiding the Irish against English troops in 1400, but also a MacLean of Coll from the mid-16th century. Dòmhnall Glas (l. 16) was a MacLean of Coll 'who being left hostage by Lachlan Mor, aboard of that ship of the Spanish Armada that was blown up at Tobermory bay in Mull called the *Florida*, there lost his life in the year 1588 (National Library of Scotland Accession 7609, f. 59). In c.1460, Clan MacLean of Ardgour acquired the island of Boreray (l. 17) from Lord MacDonald of Sleat after a game of draughts.

Am Putan Airgid

MacLean's treatment does not correspond precisely to historical fact. The earliest indication of emigration was in 1803 – the *Polly*, which sailed for Prince Edward Island, was said to have had a strong representation of people from Raasay on board. The MacLeod estate was in financial difficulty when MacKinnon of Corrie took over as factor for the Raasay chief around 1834. The south end of the island was soon cleared to make way for single tenants, Upper Hallaig also being cleared during the 1830s. MacLean may have felt hostility towards the Skye MacDonalds because, besides treating crofters harshly, their estates abolished the runrig system (much more beneficial in sustaining many people on limited land) in 1811. It persisted in the north end of Raasay into the twentieth century.

Tha na beanntan gun bhruidhinn

This item contains a series of references to songs and songmakers from Gaelic tradition: 'Òran na Comhachaig', set in the mountains behind Ben Nevis and most likely a group of poems, rather than one single item, composed around 1585 by Lochaber poet Dòmhnall Mac Fhionn-laigh nan Dàn; the extended nature poem on a Perthshire mountain, 'Moladh Beinn Dòbhrain' by Duncan Ban MacIntyre (1724–1812); an anonymous song thought to be by a MacGregor woman, 'Clann Ghriogair air Fògradh'; 'Bràigh Rùsgaich', by Ian MacDougal of Bunloit by Loch Ness; the songs of An Clàrsair Dall, who lambasted the abandonment of ancient patronage customs by the MacLeods of Dunvegan; and the post-Culloden poems for which Badenoch-born Iain Ruadh Stiùbhart (1700–1752) is remembered. Further echoes permeate the third and second stanzas from the end, where the manuscript's 'urchair' has been emended to 'iuchair'.

Clàr-innsidh nan tiotal is rann-toiseachadh

Index of Titles and First Lines

Locations

An Lùnne Shléiteach

An Caisteal Uaine
(Caisteal a' Chamais)

An Srath

Dùn Sgàthaich

Boraraig

Strais

Suidhisnis

Loch Shlaopain

Srath Shuardail

A' Gharbheinn

Blàbheinn

Glàmaig
Mosgaraidh

Beinn Lì

A' Chlànaich

An Caol Mòr

Sligeachan

An Màm

An Cuillthionn

Sgùrr nan Gillean
Fuacal a' Bhàstair
Sgùrr na h-Uamha
Bruach na Frìthe
Sgùrr an Fheadain
An Bidean
Sgùrr na Banachdaich
Sgùrr Dubh
Sgùrr Thuilm
Sgùrr a' Ghreadaidh
An Sgùrr Dearg
An Sgùrr Bioarach
Sgùrr an Sgùmain

Minginis

Sòdhaidh

Maraabhlainn

Loch Harport

Bràigh Aoineart
Brunnal
Grùla

Priseal

Talasgar

Rubha 'n Dùnain

Rubha
nan Clach

Am Bioda Ruadh

900 metres
700
500
300
150
50
0 metres

0
5 miles
10 kilometres

508]

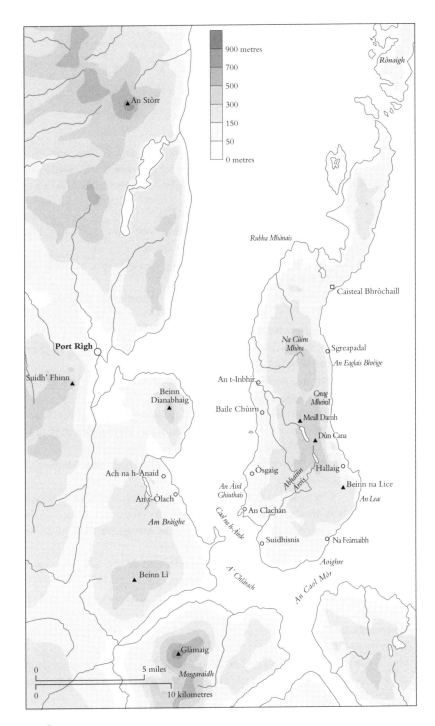

Rònaigh

An Stòrr

900 metres
700
500
300
150
50
0 metres

Rubha Mhànais

Caisteal Bhròchaill

Na Cùm
Mhòra

Sgreapadal

Port Rìgh

An Eaglais Bhrèige

An t-Inbhir

Suidh' Fhinn

Creag
Mheiril

Beinn
Dianabhaig

Baile Chùirn

Meall Damh

Dùn Cana

Ach na h-Anaid

Òsgaig

Hallaig

An t-Òlach

An Àird
Ghiuthais

Abhainn
Àrois

Beinn na Lice

Am Bràighe

An Leac

Caol na h-Àirde

An Clachan

Suidhisnis

Na Feàrnaibh

Aoighre

Beinn Lì

A' Chlàrach

An Caol Mòr

Glàmaig

0   5 miles

0   10 kilometres

Mosgaraidh

Glossary of Place-names

Principal entries are given under the Gaelic name, to which English names are cross-referenced. In preparing the glossary, which concentrates with few exceptions on Gaelic Scotland, reference was made to Douglas Sealy's helpful treatment in Ross and Hendry 1986 pp. 223–30.

Abhainn Àrois or Inverarish Burn flows south-west from Loch na Mnà, beneath Dun Caan in Raasay, and enters the sea at Inverarish.

Ach an Dà Theàrnaidh was the Clan Matheson gathering place, situated near Plockton in Wester Ross.

Ach na h-Anaid lies slightly north of Ollach, on the road leading southwards to Braes in Skye.

Achnahanaid see Ach na h-Anaid

Àigeach, an t- is a striking rocky outcrop facing north-west, half a mile from Neist Point, the westernmost spot in Skye.

Àird Ghiuthais, an the 'promontory of the pine' is the peninsula to the west of Raasay House, Raasay.

Àird Mhòr, an the 'great promontory', is in Waternish, Skye. MacLean, however, may also have in mind the promontory of Elgol in Strath parish.

Aird of Sleat see Àird Shlèite

Àird Shlèite is the southernmost settlement in Skye, lying four kilometres from the Point of Sleat.

Allt Èire east of Inverness was the site of a battle on 9th May 1645, in which Montrose and Alasdair MacDonald defeated the Covenanter army.

Allt Rabhraidh ('burn of the murmuring') is near Ach an Dà Thearnaidh, in Lochalsh.

Aodann Bàn, an t- a settlement at the south end of the sea inlet Loch Greshornish, which opens onto Loch Snizort.

Aoighre is the site of a raised beach (Eyre Point) at the south-east end of Raasay

Applecross see a' Chomraich

Ardmore see an Àird Mhòr

Àros is part of the Duart/Argyll estate on Mull. The 13th century castle at Àros, overlooking the Sound of Mull, was a stronghold of Clan MacLean and Clan Donald.

Aros Burn see Abhainn Àrois

Auldearn see Allt Èire

Baile Chùirn is a township approximately two and a half miles from Raasay House, Raasay.

Bailtean na Machrach The cities of Sodom, Gomorrah, Admah, Zeboiim and Zoar in the Old Testament, thought to have been situated near the Dead Sea.

Bealach Early in the 19th century the Campbells of Breadalbane demolished Balloch Castle, built around 1550, to replace it with the far larger establishment known as Taymouth.

Beàrnaraigh is an island off the north-west coast of Lewis.

Beinn Dianabhaig is a mountain south-east of Portree, Skye.

Beinn Dòbhrain is a mountain in the Bridge of Orchy hills (1076m).

Beinn Dubhagraich is a hill, with associated loch, in Bracadale.

Beinn Lì is the mountain whose grazing rights were long contested by the Braes crofters, their efforts being crowned by success in May 1887.

Bheinn Mhòr, a' is a mountain in South Uist (620 metres).

Beinn na Lice ('the mountain of the flagstone') is between Hallaig and Fearns in the south-east of Raasay.

Beinn Shianta (Ben Hiant) (527 metres) rises on the south coast of the Ardnamurchan Peninsula opposite the Sound of Mull.

Beinn Thota-Gormail occurs in a traditional rhymed list of Skye place-names and is not identified, though perhaps situated in Bracadale.

Ben Cruachan see Cruachan

Ben Dianabhaig (also **Tianabhaig**) see Beinn Dianabhaig

Ben Dorain see Beinn Dòbhrain

Ben Duagraich see Beinn Dubhagraich

Ben Lee see Beinn Lì

Ben More (Uist) see a' Bheinn Mhòr

Ben Thota-Gormail see Beinn Thota-Gormail

Bernera see Beàrnaraigh

Beul Àtha nan Trì Allt is the the Fairy Bridge near Dunvegan Castle of tourist brochures, an important location for open-air preaching in the 1843 evangelical revival. Some 800 crofters gathered there on May 13th 1884 to consider the findings of the Napier Commission.

Bhaltos The rocks of Valtos lie near the fort of Dun Dearg in the parish of Kilmuir, on the east side of the Trotternish peninsula.

Bhatairnis is the peninsula in northern Skye bounded by Loch Snizort to the east and Loch Dunvegan to the west.

Bhatarsaigh is an island in the Outer Hebrides, to the south of Barra.

Bhatairsteinn is the westernmost peninsula in Skye, culminating in Neist Point.

Bidean, am Bidein Druim nan Ràmh (869 metres) stands east of Sgùrr a' Mhadaidh and south-east of Sgùrr an Fheadain, in the northern section of the Cuillin range.

Bioda Ruadh, am is situated on the coast beneath Preshal Beg, south of Talisker Bay.

Bior Haicheim, a remote oasis in the Libyan Desert, was defended by the First Free French Division against Rommel's forces during World War Two.

Bir Hacheim see Bior Haicheim

Blàbheinn (927 metres) is not part of the main Cuillin ridge, but lies some distance to the east.

Blaven see Blàbheinn

Boraraig and **Suidhisnis** were townships in Strath parish, on the east side of Loch Slapin, infamously cleared by Lord MacDonald's factor Ballingall late in 1853. The former is easily confused with Boreraig on the west side of Loch Dunvegan, traditionally the site of the MacCrimmon piping college.

Bo(r)reraig see **Boraraig**

Bràcadal is a parish in Skye, though MacLean generally restricts its meaning to the land east of Loch Bracadale and Loch Harport.

Bracadale see Bràcadal

Brae Ainort see Bràigh Aoineart

Brae Rusgaidh see Bràigh' Rùsgaidh

Braes see am Bràighe

Bràighe, am (also **Bràighe Chloinn MhicNeacail**), a chain of small crofting settlements south of Portree, on the east coast of Skye facing Raasay. By the 1880s these had become seriously overcrowded due to the arrival of tenants evicted from elsewhere, leading in 1882 to the first popular opposition to the clearances.

Brahan see **Brathann**

Bràigh Aoineart was a settlement in Glen Eynort within the bounds of the Rhundunan/Glenbrittle farm.

Bràigh' Rùsgaidh is near Callander in Stirlingshire.

Brathann is approximately 3.5 kilometres south-west of Dingwall.

Brittle Shoulder see Guala Bhreatail

Brochel Castle see Caisteal Bhròchaill

Bruach na Frìthe is an outcrop extending northwards from Sgùrr an Fhionn Choire (958 metres), between Fionn Choire (am Fionnachoire) and Coire na Creiche.

Brunnal was a settlement in Glen Eynort within the bounds of the Rhundunan/Glenbrittle farm. Braigh Brunal descends steeply into the west shore of Loch Eynort.

Burford Bridge see Drochaid Àth Bhuirg

Bùta Leòdhasach, am is the northernmost tip of the Isle of Lewis.

Butt of Lewis, the see am Bùta Leòdhasach

Cailleach, the see Chailleach, a'

Caisteal Bhròchaill is a ruin in the north of Raasay, originally built for MacSwan or MacLeod of Raasay.

Caisteal Tioram, an is a ruined castle which sits on the tidal island, Eilean Tioram, in Loch Moidart. The castle could control access to Loch Shiel. The traditional seat of the Clan MacDonald of Clan Ranald, it was seized by government forces in 1692 as a result of the clan's involvement with the Jacobite cause. In 1715 the castle was recaptured and destroyed to keep it out of Hanoverian control.

Caisteal Uaine, an is a former stronghold of the MacDonalds on the east coast of Sleat, south of Cnoc Uaine.

Calgaraidh is a bay on the north-west coast of Mull, pointing westwards and slightly south in the direction of Tiree.

Calgary see Calgaraidh

Camas Alba ('the bay of Scotland') is a white shingle and sand bay, north-west of Raasay House, Raasay.

Canaigh is the westernmost of the Small Isles in the Inner Hebrides.

Canna see Canaigh

Caol Àcainn is a village on the east coast of Skye, opposite the mainland town Kyle of Lochalsh.

Caol Mòr, an the Sound between Raasay and Scalpay.

Caol na h-Àirde ('the strait of the promontory'), the Narrows of Raasay, lies between an Àird Ghiuthais, Raasay and Braes, Skye.

Caol Othasaigh is the strait between Colonsay and Oronsay.

Caol Reatha is a village on the east coast of Skye, also a strait which splits Skye from the mainland.

Caolas, an is the strait between Barra and South Uist.

Caolas Bhatarsaigh (the Sound of Vatersay) lies between Vatersay and Barra.

Cararoe see Ceathramh Ruadh, an

Carn Mor, the see Cùirn Mhòra

Càrna is a small island which nearly blocks the mouth of Loch Teacuis in Morvern.

Carna see **Càrna**

Castle Rock, the see Creag a' Chaisteil

Castle Tioram see Caisteal Tioram, an

Catàra is a basin within the Libyan Desert, northwestern Egypt.

Ceannachnoc (also Ceannacroc) rises on the west side of the River Moriston, shortly after it receives its tributary the River Loyne.

Ceannchnoc see Ceannachnoc

Ceann Loch Aoineart is at the inner end of Loch Ainort, on the east coast of Skye between Sconser and Broadford, and lies beneath Glàmaig and Marscro, two of the Red Hills west of the main Cuillin range.

Ceann Loch Nibheis ('the head of Loch Nevis') is at the eastern end of the sea loch separating Knoydart and Morar.

Ceathramh Ruadh, an is a village (Cararoe in English, an Cheathrú Rua in Irish) within the Gaeltacht of Connemara, Ireland.

Ceastal Odhar, an is situated south-west of Dingwall in Easter Ross. It belonged to the Earls of Seaforth, who were Jacobite supporters.

Chlàrach, a' is the part of the Sound of Raasay between Caol na h-Àirde (to the north) and an Caol Mòr (to the south), corresponding to Braes and Scalpay on the Skye side.

Chomraich, a' ('the sanctuary'), in English Applecross, is named after Maol Rubha, the Irish monk who is said to have brought Christianity to the area.

Chùil, a' ('the recess'), a little bay approximately half a mile north of Camas Alba, Raasay.

Cill Chaluim Chille is Keil Church near Lochaline on the Morvern peninsula. It looks over the Sound of Mull. The church has associations with St Columba, who is thought to have founded a monastery there in the 500s.

Cille Chòmhghain The 'Glendale martyr' John Macpherson is buried at St Comgan's chapel between Glasphein and Lephin, some miles west of the MacLeod residence at Dunvegan.

Cinn t-Sàile is a district in the north-west Highlands, facing Sleat, with a celebrated range of mountains known as the Five Sisters of Kintail.

Cities of the Plain see Bailtean na Machrach

Clachan, an is the principal village on Raasay, with the old cemetery of Cill Mo Luag and Raasay House.

Clachan (Loch Aillse) is the Kirkton of Lochalsh ('village containing a church').

Clachan Dubhaich is the ancient burial ground of the Clan MacRae, lying at the east end of Loch Duich in Kintail.

Clachan Duich see Clachan Dubhaich

Clàrach, the see Chlàrach, a'

Cnoc an Rà ('the hill of the fortress') is a ridge running northwards from Raasay House with a cemetery on its eastern slope.

Cnoc nan Aingeal is a small burial ground, used by the MacRaes and MacKenzies, high above the main burial ground of Kirkton in Lochalsh.

Cnòideart is the mainland area between Morar and Glenelg facing Sleat in Skye.

Còig Mhumhan is a province in Ireland comprising the counties of Clare, Kerry, Limerick, Cork, Tipperary and Waterford.

Coir' Each may be identified with Coir' an Eich in the Cuillins, north and east of Sgùrr nan Gobhar, and directly south of An Diallaid.

Coire an t-Seas(g)aich appears without 'g' on recent maps and lies just north of the bog of Mararaulin.

Coire Lagain ('corrie of the hollow') lies between Sgùrr Dearg and Sròn na Ciche, the latter an extended outcrop of Sgùrr Alasdair and Sgùrr an Sgùmain.

Coire a' Mhadaidh ('the dog's corrie') is part of the Cuillin, facing north-west, at the foot of Bidein Druim nan Ràmh, Skye.

Coire Monaidh lies in the upper reaches of the River Enrick, which enters Loch Ness at Drumnadrochit.

Coire 'n Uaigneis ('the corrie of loneliness') descends eastwards from Sgùrr a' Ghreadaidh.

Coire na Creiche ('corrie of the plunder') commemorates the last clan battle in Skye, fought between MacLeods and MacDonalds in 1601. It lies north-west of the main Cuillin ridge.

Confluence of the Three Burns, the see Beul Àtha nan Trì Allt

Corcal is an area about half a mile west of Plockton in Wester Ross.

Corcul see Corcal

Corrie of Solitude, the see Coire 'n Uaigneis

Corriemony see Coire Monaidh

Creag a' Chaisteil is to the north of Screapadal in Raasay and refers to the rocky outcrop on which the ruined castle Brochel sits.

Creagan Beaga ('Little Rocks') is a ridge in Raasay situated between Camas Alba and a' Chùil ('The Recess').

Creag Dallaig is a rocky hill to the south of Plockton in Wester Ross.

Creag Mheircil runs north from Dun Caan to Screapadal, parallel to the east coast of Raasay.

Crò Chinn Tàile ('the sheep-pen at the head of the salt-water') is a valley with a circular fort, at the head of Loch Duich.

Cro of Kintail, the see Crò Chinn Tàile

Cruachan (Ben Cruachan) (1126 metres) is a mountain east of Taynuilt and north of Loch Awe in Argyllshire.

Cùil Lodair Drumossie Moor near Inverness, where the last Jacobite Rising was put down in 1746.

Cuil, the see Chùil, a'

Cuillin, the see an Cuilithionn

Cuilithionn, an a range of hills in Minginish, Skye whose rocks of Laurentian age present a strikingly wild and savage appearance. It describes a rough semi-circle around Harta Corrie and Loch Coruisk.

Cùirn Mhòra is in the north of Raasay, slightly north-west of An Eaglais Bhrèige.

Culloden see Cùil Lodair

Duart see Dubhaird

Dubhaird overlooks the Sound of Mull. Duart Castle is the ancestral home of Clan MacLean.

Diurinish Point see Sròn Dhiùrainis

Diùrainis is a peninsula separated from the main body of Skye by Loch Dunvegan, to the north, and an arm of Loch Bracadale, to the south.

Diurinish see Diùrainis

Drochaid Aonachain is in the Great Glen, between Fort William and Fort Augustus.

Drochaid Àth Bhuirg is MacLean's Gaelic name for Burford Bridge in North Oxfordshire, where the Levellers clashed with Cromwell in 1649 and the leaders of the revolt were later executed.

Druim Athaisidh, a moor near Inverness, was the site of the Battle of Culloden in 1746.

Druim Buidhe, an is south-west of Plockton, on the banks of Loch Carron.

Druim Ruidhìseit in the western Egyptian desert was a prominent defence line in the First and Second Battles of El Alamein (fought in July and October-November 1942 respectively).

Drumbuie see Druim Buidhe, an

Drumossie see Druim Athaisidh

Dùis Mhic Leòid (the country of MacLeod) comprises the MacLeod lands in Skye, including Diurinish, Bracadale and Minginish.

Dùn Àbhart is a fort in Southend, Kintyre, which once belonged to Clan Donald. The Covenanter army besieged Dunaverty in 1647, then slaughtered many of the inhabitants of the castle after they surrendered.

Dùn Aorach is on the banks of Loch Fyne, Argyll.

Dun Aray see Dùn Aorach

Dun Averty see Dùn Àbhart

Dùn Bheagain The Castle of Dunvegan is the ancestral home of the MacLeods.

Dun Caan see Dùn Cana

Dùn Cana, at 443 metres the highest point in Raasay, is distinctive for its flattened top.

Dùn Leòdach, an the MacLeod castle at Dunvegan.

Dun of the MacLeods see an Dùn Leòdach

Dùn Sgàthaich on the west side of Sleat, Skye, is thought to have been the site of a school for warriors, where the Irish hero Cuchulainn learned the art of war from the queen Sgàthach.

Dùn Thuilm is a township on the most northerly point of the Trotternish peninsula in Skye.

Dunscaith see Dùn Sgàthaich

Duntulm see Dùn Thuilm

Dunvegan see Dùn Bheagain

Eaglais Bhrèige, an ('the false church') is a big rock on the eastern shore of Raasay, opposite the northern end of Creag Mheircil.

Edinbane see an t-Aodann Bàn

Eilean (Sgitheanach), an t- ('the island') a characteristic manner of referring to Skye in Gaelic.

Eist, an ('the stallion', also **an Eist Fhiadhach** 'the wild stallion') is the western-most place in Skye, a peninsula in the district of Diurinish. See an t-Àigeach

Fair Corrie, the see am Fionnachoire

Feàrnaibh, na was a settlement near Hallaig, on the east coast of Raasay.

Fearns see na Feàrnaibh

Fiacail a' Bhàisteir Am Bàisteir (934 metres) lies west of Sgùrr nan Gillean, where the northern extremity of the Cuillin ridge peters out. MacLean may also have in mind Sgùrr a' Bhàisteir (898 metres) immediately to the north.

Field of the Two Descents see Ach an Dà Theàrnaidh

Fionnachoire, am ('fair corrie', also Fionn Choire) lies between Sgùrr a' Bhàisteir and Bruach na Frìthe.

Finlarig see Fionn-Làirig

Fionn-Làirig lies between the River Lochay and Loch Tay, Perthshire. The castle there was an early 17th century stronghold of the Campbells of Breadalbane.

Garsven see a' Ghàrsbheinn

Geusto is a small bay facing west at the northern end of Loch Harport, Skye.

Gesto see Geusto

Ghàrsbheinn, a' (895 metres) is the southernmost peak in the Cuillin range, whose slopes look across the water to the island of Soay.

Giant's Cave, the see Uamha 'n Fhuamhaire

Glàmaig (775m) is the northernmost of the Red Hills and lies east of Sligachan, Skye.

Gleann Dà Ruadh in Cowal, Argyll, is associated in Irish and Scottish tradition with Deirdre and Naoise, who stayed there while in Scotland.

Gleann Dail in Diurinish, Skye was the home of John Macpherson, one of five 'Glendale Martyrs' sentenced in Edinburgh in 1882 for organising resistance among crofters.

Glen Dà Ruadh (Glendaruel) see Gleann Dà Ruadh

Gleann Eilge is a village in Lochalsh by the Narrows of Kylerhea.

Gleann Èite is the valley around upper Loch Etive, Argyll. The River Etive rises on the peaks surrounding Rannoch Moor.

Gleann Ruaidh ('the valley of the Roy'). Situated in Lochaber, it enters Glen Spean above Spean Bridge.

Gleann Seile is in the heart of Kintail, with the north side of the glen formed by the Five Sisters of Kintail.

Glen Etive see Gleann Èite

Glen Roy see Gleann Ruaidh

Glen Shiel see Gleann Seile

Glenelg see Gleann Eilge

Glendale see Gleann Dail

Great Helval see Healghabhal Mhòr

Great Kyle, the see Caol Mòr, an

Green Castle, the see Caisteal Uaine, an

Grùla (in English also Gruille) was a settlement in Glen Eynort within the bounds of the Rhundunan/Glenbrittle farm.

Guala Bhreatail or 'shoulder of Brittle'. Glen Brittle lies immediately west of the main Cuillin range.

Hallaig is a deserted township, which was cleared after 1846. It is north of Beinn na Lice, Raasay.

Hàllainn is in Daliburgh, South Uist, site of a cemetery.

Hallin see Hàllainn

Healghabhal Mhòr The two mountains of Healaval More (469 metres) and Healaval Beg (slightly higher, at 488 metres), also known as MacLeod's Tables, lie near Dunvegan in Diurinish.

Hecla see Teacal, an

Himeimat is the 'mountain' on the edge of the Quattara Depression in north-western Egypt.

Homhsta (in English generally Hosta) see Hòmhstadh

Hòmhstadh lies on the north-west coast of North Uist, close to Tigharry.

Inbhir, an t- ('the estuary') where rivers draining the high lands west and north-west of Dun Caan enter the sea.

Inbhir Chèitein in Fife is the site of a battle fought on 20th July 1651, in which Clan MacLean suffered great losses when a detachment of Leslie's Royalist army was defeated by John Lambert's English Parliamentarian army.

Inbhir Ìonaid is on the banks of Loch Duich, south-east of Kyle of Lochalsh.

Inver see Inbhir, an t-

Inverinate see Inbhir Ìonaid

Inverkeithing see Inbhir Chèitein

Killiecrankie see Raon Ruairidh

Kinloch Ainort see Ceann Loch Aoineart

Kinloch Nevis see Ceann Loch Nibheis

Kintail see Cinn t-Sàile

Knoydart see Cnòideart

Kyle of Barra see Caolas (An)

Kylerhea see Caol Reatha

Kyle Vatersay see Caolas Bhatarsaigh

Kyleakin see Caol Àcainn

Lagan, an is just south of Invergarry, in the Great Glen.

Land of Barley, the see Tìr an Eòrna

Leac, an ('the flagstone') was a township on the east side of Beinn na Lice in Raasay.

Liathach (1055 metres) is one of the Torridon Hills in Wester Ross.

Lìonacro is situated on the western coastline of the Trotternish peninsula of Skye, 3 kilometres north of Uig.

Lionacro see Lìonacro

Lìondal is at the head of Loch Snizort, Skye.

Linne Shlèiteach, an is the Sound of Sleat separating Skye's southernmost peninsula from the Scottish mainland.

Loch Aillse is the area on the Scottish mainland, opposite the eastern tip of Skye, from which Sorley MacLean's Matheson ancestors originated.

Loch Àlainn (in English, Lochaline) is a short sea loch in Morvern opening southwards onto the Sound of Mull.

Loch nan Ceall, the principal sea loch on the Atlantic shore of Mull, comes close to cutting the island in two.

Loch Èite is a loch between 18 and 19 miles in length which enters the sea at Connel, near Oban.

Loch Etive see Loch Èite

Loch Harport is a sea loch between Bracadale and Minginish in eastern Skye.

Loch na Keal see Loch nan Ceall

Loch Shlaopain is a sea loch east of the Aird of Strath in Skye.

Loch Shnitheasort is a sea loch separating Waternish and Trotternish, in northern Skye.

Loch Slapin see Loch Shlaopain

Loch Snizort see Loch Shnitheasort

Lochalsh see Loch Aillse

Lyndale see Lìondal

Màm, am (407 metres, 'the round hill') is at the head of Glen Brittle, Skye.

Mararabhlainn is a marsh at the top of Glen Brittle, north of the Cuillin ridge, Skye.

Mararaulin see Mararabhlainn

Meall Damh (381 metres) is a hilltop close to, slightly north and west of, Dun Caan in Raasay.

Mhaoil, a' may indicate the Mull of Galloway, but more probably the Mull of Kintyre, south of Campbeltown.

Milk Hollow see Poll a' Bhainne

Minginis forms part of Bracadale parish. MacLean generally has in mind the area immediately west of the Cuillin, including Glen Brittle and Glen Eynort. The Ordnance Survey Explorer Map narrows the definition further still.

Minginish see Minginis

Moidart see Mùideart

Moireasdan is a river in Lochaber running through the glen of the same name. It flows into Loch Ness at Invermoriston.

Mol Steinnseil Stamhain is a beach in Staffin Bay, north-east Skye, into which flow the rivers Brogaig and Stenscholl.

Mol Stenscholl Staffin see Mol Steinnseil Stamhain

Mòrair is the area south of Knoydart.

Morar see Mòrair

Mhorbhairne, a' is a peninsula in south-west Lochaber.

Moriston River see Moireasdan

Morvern see a' Mhorbhairne

Mosgaraidh is the mountainous area between Loch Sligachan and Loch Ainort in Skye.

Mosgary see Mosgaraidh

Mùideart is the district south of Mallaig in Argyllshire, between Morar and Ardnamurchan.

Mull (of Kintyre) see a' Mhaoil

Munster see Còig Mhumhan

Nanga Parbat is at 8,126 metres the world's ninth highest mountain, located south of the Indus River in Kashmir.

Neist Point see an Eist

Òlach, an t- is slightly north of Braes in Skye, looking across the Sound of
Raasay to Oskaig.
Òsgaig, a township in Raasay north of Raasay House and Churchton Bay, was
MacLean's birthplace.

Pabail is a district in North Uist comprising several villages.
Paible see Pabail
Pine Headland see Àird Ghiuthais, an
Poll a' Bhainne ('milk hollow') is located to the north of Baile Chùirn in
Raasay.
Portree see Port Rìgh
Port Rìgh is the principal town in Skye and, despite the common pronuncia-
tion today (indicating 'the king's harbour'), originated as Port Ruigheadh
('of the slope').
Priseal Talisker Bay lies at the foot of a hill known as Preshal More (317
metres), with Preshal Beg (slightly higher, at 347 metres) to the south.
Prishal see Priseal

Quattara see Catàra

Raasay see Ratharsair
Rahoy (Gaelic 'Rath Thuaidhe') lies on the eastern shore of Loch Teacuis, a
sea inlet on the north side of Morvern.
Raon Ruairidh is the Gaelic name for the battle fought in 1689 on the northern
edge of Killiecrankie (Coille Chnagaidh), a village in Perth and Kinross.
John Graham of Claverhouse led the Jacobites to victory against superior
forces but lost his own life in the fighting.
Ratharsair is an island to the east of Skye, 14 miles in length and 24.1 square
miles in area, and MacLean's birthplace. Many of its townships were
cleared in the 19th century.
Rock, the see Chreag, a'
Rodel see Ròghadal
Ròghadal is a village on the south-east coast of Harris.
Ròmasdal is the name of a river (also Romesdal) flowing from west of the
Storr in Trotternish down into Loch Snizort Beag.
Romisdale see Ròmasdal
Rona see Rònaigh
Rònaigh is an island north of Raasay from which the last crofting family
departed in 1943.

Ros Muileach, an is the south-western promontory of Mull.

Ross of Mull see an Ros Muileach

Rubha Mhànais is Manish Point in Raasay, directly west of Loch Arnish.

Rubha na Lice is the promontory south of Hallaig on the east coast of Raasay, directly north of Beinn na Lice.

Rubha 'n Dùnain refers to the tip of the promontory extending southwards east of Loch Brittle, but more generally to a significant farm in the Minginish area (also Rhundunan).

Rubha na Fainge ('the promontory of the sheep-pen') lies west of Camas Alba in Raasay.

Rubha nan Clach is a promontory 'of stones' south of Talisker Bay where the coast swerves eastwards.

Rubha Hùnais is the northernmost tip of Skye.

Rubha Hunish see Rubha Hùnais

Ruweisat Ridge see Druim Ruidhìseit

St Comgan's Chapel see Cille Chòmhghain

Sanctuary of Maol Rubha, the see Chomraich, a'

Scarral see Sgarral

Scorrybreck see Sgoirebreac

Screapadal see Sgreapadal

Seaforth see Sìophort

Seasgach Corrie see Coire an t-Seas(g)aich

Sgarral is the name of two hills north-west of Grùla, Skye.

Sgoirebreac, in English both Scorrybreck and Scorryvreck, on the outskirts of Portree, was the ancestral home of MacLean's mother's people. Cleared after 1827, many of the tenants were resettled in Braes.

Sgreapadal is a township in north Raasay, cleared after 1846.

Sgùrr a' Ghreadaidh (973 metres) stands between the outcrops of Sgùrr Thuilm and Sgùrr nan Gobhar, north and east of the point at which the ridge of the Cuillins turns eastwards.

Sgùrr an Fheadain (688 metres) rises west of Coire a' Mhadaidh in the northern segment of the Cuillins.

Sgùrr an Sgùmain (946 metres) lies south-west of Sgùrr Alasdair on an outcrop of the main Cuillin ridge.

Sgùrr Dearg ('the red peak', 978 metres) rises on the north-westerly part of the Cuillin ridge, towards Glen Brittle.

Sgùrr Dubh is part of the Cuillin ridge. There are three Cuillin peaks with this name; Sgùrr Dubh Mòr (944 metres), Sgùrr Dubh an Dà Bheinn (938 metres) and Sgùrr Dubh Beag (732 metres).

Sgùrr nan Gillean (965 metres) is located in the northern part of the Cuillin range and consists of five needle-like pinnacles.

Sgùrr na h-Uamha is part of the northern segment of the Cuillin ridge (736 metres).

Sgùrr Ùrain is, at 1067 metres, the highest of the 'Five Sisters of Kintail' on the eastern side of Glen Shiel in Ross and Cromarty.

Sgurra Biorach, an more commonly known as Sgùrr Alasdair (991 metres) is the highest of the Cuillin peaks.

Sgurra na Banachdaich (965 metres) is more or less in the centre of the main Cuillin range, at its westernmost point.

Sgurra Thuilm (881 metres) is an outcrop of the main Cuillin range west of Sgùrr a' Ghreadaidh.

Sìophort is a sea loch opening east onto the Minch which separates Lewis and Harris in the Outer Hebrides.

Sleat see Slèite

Slèite is a peninsula forming the southernmost part of Skye, separated from the mainland by the Sound of Sleat and renowned as the part of the island which is richest in trees, sunniest and best cultivated.

Sligeachan with its hotel, at the point where Allt Dearg Mòr flows into Loch Sligachan, is a traditional point of departure for climbers approaching the Cuillin.

Slugannan, na is an area to the south-west of Portree.

Sluggans see na Slugannan

Soay see Sòdhaigh

Sòdhaigh is an island almost cut in two by sea inlets, positioned south of the Cuillin ridge and not far from Rubha 'n Dùnain.

Sound of Sleat see an Linne Shlèiteach

Spean Bridge see Drochaid Aonachain

Spideal is a village on the shore of Galway Bay, Ireland (in Irish 'an Spidéal').

Srath, an is the name of a parish in Skye extending from Kyleakin to Broadford and Elgol, traditionally MacKinnon territory.

Srath Shuardail connects Torrin on Loch Slapin to Broadford.

Sròn Bhiornaill is the northernmost end of the Trotternish ridge, Skye.

Sròn Dhiùrainis ('the headland of Diurinish') is the new cemetery of Portree, Skye.

Stallion, the see an t-Àigeach

Stadhlabhal (370 metres, in English also Stulaval) is a hill in South Uist.

Staolaval see Stadhlabhal

Stòr, an is an exposed, rocky hill in Trotternish, 719 metres high and looking onto the Sound of Raasay.

Storr, the see Stòr, an

Strath see an Srath

Strath Swordale see Srath Shuardail

Stron Dhuirinish see Sròn Dhiùrainis

Stron Vourlinn see Sròn Bhiornaill

Suidh' Fhinn is a hill immediately west of Loch Portree in Skye.

Suidhisnis is the name of a cleared village in Strath, Skye (see under Boraraig) and of a settlement beyond Inverarish, south of Clachan on the west coast of Raasay.

Suisnish see Suidhisnis

Talasgar lies on the western shore of Minginish and has a beach of strikingly polished black stones.

Talisker see Talasgar

Taymouth see Bealach

Teacal, an (606 metres) is a hill in South Uist.

Tìr an Eòrna ('the land of the barley') is a poetic name for both Uist and Tiree.

Tobar nan Uaislean ('the well of the nobles') rises in Bealach a' Mhàim, at the foot of Fionn Choire.

Tobruch is a city, seaport and peninsula on Libya's eastern Mediterranean coast, near the border with Egypt. It has a natural protected harbour, sought after by the Allied and the Axis forces during World War Two.

Tobruk see Tobruch

Tooth of the Bhaister, the see Fiacail a' Bhàisteir

Tòrr Laoighsich is near Inverinate, Kintail.

Torr-laoighsich see Tòrr Laoighsich

Tròndairnis is the northernmost part of Skye, between Loch Snizort and the Sound of Raasay, containing the parishes of Kilmuir and Snizort.

Trotternish see Tròndairnis

Uamha 'n Fhuamhaire ('the giant's cave') is on the eastern side of Rona.

Valtos see Bhaltos

Vatersay see Bhatarsaigh

Waternish see Bhatairnis

Waterstein see Bhatairsteinn